郑州大学当代资本主义研究中心资助

郑州大学政治学丛书
Zhengzhou University Political Science Series

# 实质自由与社会发展：
## 阿马蒂亚·森正义思想研究

刘晓靖 / 著

中国社会科学出版社

## 图书在版编目（CIP）数据

实质自由与社会发展：阿马蒂亚·森正义思想研究／刘晓靖著．—北京：中国社会科学出版社，2019.12

（郑州大学政治学丛书）

ISBN 978-7-5203-5759-3

Ⅰ.①实… Ⅱ.①刘… Ⅲ.①阿马蒂亚·森—政治哲学—研究 Ⅳ.①B351.5

中国版本图书馆CIP数据核字（2019）第289307号

| | |
|---|---|
| 出 版 人 | 赵剑英 |
| 责任编辑 | 赵 丽 |
| 责任校对 | 赵雪姣 |
| 责任印制 | 王 超 |

| | |
|---|---|
| 出　　版 | 中国社会科学出版社 |
| 社　　址 | 北京鼓楼西大街甲158号 |
| 邮　　编 | 100720 |
| 网　　址 | http://www.csspw.cn |
| 发 行 部 | 010-84083685 |
| 门 市 部 | 010-84029450 |
| 经　　销 | 新华书店及其他书店 |
| 印　　刷 | 北京明恒达印务有限公司 |
| 装　　订 | 廊坊市广阳区广增装订厂 |
| 版　　次 | 2019年12月第1版 |
| 印　　次 | 2019年12月第1次印刷 |
| 开　　本 | 710×1000 1/16 |
| 印　　张 | 17 |
| 字　　数 | 245千字 |
| 定　　价 | 96.00元 |

凡购买中国社会科学出版社图书，如有质量问题请与本社营销中心联系调换
电话：010-84083683
版权所有　侵权必究

# 总 序 一

2016年5月16日，习近平总书记在哲学社会科学工作座谈会上的重要讲话中呼吁包括政治学在内的哲学社会科学创新，这对充分体现新时代中国特色、中国风格、中国气派的政治学的发展，提出了新的更高的要求。

什么是政治学？在弄清什么是政治学之前，需要先弄清什么是政治。早在1940年，毛泽东在《新民主主义论》中就指出："一定的文化（当作观念形态的文化）是一定社会的政治和经济的反映，又给予伟大影响和作用于一定社会的政治和经济；而经济是基础，政治则是经济的集中的表现。这是我们对于文化和政治、经济的关系及政治和经济的关系的基本观点。那末，一定形态的政治和经济是首先决定那一定形态的文化的；然后，那一定形态的文化又才给予影响和作用于一定形态的政治和经济。"毛泽东这段著名论述告诉我们，一个大社会，是由经济、政治、文化三个部分组成。经济是基础，经济基础决定上层建筑，不仅决定政治的上层建筑，而且进而决定文化的上层建筑。但政治是经济的集中表现，在一定条件下，政治对经济、政治的上层建筑对经济基础又起着决定性的反作用。一定形态的政治又与一定形态的经济一道首先决定一定形态的文化。所以，一定的政治在一定的社会形态中，占有十分重要的不可替代的作用。

为了进一步弄清什么是政治学，让我们进一步从习近平总书记"5·17"讲话中寻找答案。习近平总书记指出："马克思主义理论体系和知识体系博大精深"，"涉及历史、经济、政治、文化、社会、生态、科技、军事、党建等各个方面";"中国特色哲学社会科学"应该"体现系统性、专业性。中国特色哲学社会科学应该涵盖历史、经济、政治、文化、社会、生态、军事、党建等各领域,囊括传统学科、新兴学科、前沿学科、交叉学科、冷门学科等诸多学科,不断推进学科体系、学术体系、话语体系建设和创新,努力构建一个全方位、全领域、全要素的哲学社会科学体系"。在列举的所有学科中,习近平总书记没有直接讲到法学,这决不是总书记的疏漏。法学本身不是一个领域,它仅是渗透到社会各个领域的一个工具,是阶级斗争的工具,是阶级意志的体现。法学也十分重要。但在总书记的讲话中,法学在哪,我个人理解,法学在政治学的涵盖之中。

无论从毛泽东的论述,还是习近平的论述,都说明我们不能把政治学的内涵理解得过于狭窄甚至偏颇。政治学的研究领域十分广阔,其研究对象应该是经济、政治和文化这三者组成中的"政治"即也可以称之为"大政治",应是与历史、经济、文化、社会、生态、军事、党建等各个领域相并列的政治领域、而不是仅仅限定于公共政策、公共管理、人事管理、社会调查与社会统计等方面的"小政治"。具体而言,政治学就是研究群众、阶级、领袖、政党、国家、政府、军队、法律以及统一战线、战略策略等方方面面发展变化着活动及其联系并上升到规律和本质的学问。仅仅研究公共政策、公共管理、人事管理、社会调查与社会统计等方面的"小政治"学,既不能有效地为坚持和发展中国特色社会主义服务,又不利于中国特色、中国风格、中国气派政治学的创新发展。

政治学作为治国理政的学问,其研究应当顺应历史趋势、围绕时代主题、坚持问题导向、满足人民期待。新时代中国政治学的创新需要适应新形势新任务的要求,紧随时代步伐,站在历史高度,坚持正确的政治方向、理论方向和学术方向,从理论与实践的结合上总结和提升马克思主义中国化的经验,在与政治建设和政治发展的互动中繁荣发展中国特色、中国风格、中国气派的政治学。

中国政治学研究的根本任务是为坚持和发展中国特色社会主义政

治制度服务，把马克思主义的基本原理与当今世情、国情、党情相结合，不断解决坚持中国特色社会主义政治制度和依法治国中的重大理论问题和实践问题。在经济全球化、政治多极化、文化多样化、社会信息化的当今世界，在改革开放和中国特色社会主义现代化建设的关键时刻，政治学研究者应该进一步增强责任感和使命感，坚定马克思主义信仰、坚定正确的政治立场、坚持理论与实践相结合，把政治学放到世界和中国发展大历史中去创新，着力建构中国特色社会主义的政治学。

郑州大学政治学团队正是立足"大政治学"的研究视野，服务国家和区域经济社会发展，着力研究"互联网国际政治学""政治安全学""文化政治学"，并取得了阶段性的丰硕成果。其中，余丽教授经过多年潜心研究出版了一部开创性学术著作《互联网国际政治学》，并入选2016年度"国家哲学社会科学成果文库"，这在一定程度上填补了业界空白，对我国国际政治学科的建设和发展都具有较为重要的作用。在郑州大学政治学学科荣获河南省重点学科之际，郑州大学政治学学科团队出版"郑州大学政治学丛书"，助力推进郑州大学"双一流"建设。

李慎明<br>
2019年7月于北京

# 总 序 二

政治学是研究社会政治关系及其发展规律的学问，改革开放四十年来，在党和政府领导下，在前辈学者开拓和建设的基础上，在政治学同仁的共同努力下，政治学已经成为我国哲学社会科学领域的重要学科，成为我国治理现代化建设的支撑学科，培养了一大批治国理政和政治学学术人才。

在习近平新时代中国特色社会主义思想指引下，构建具有科学性、民族性、原创性、时代性和专业性的中国特色社会主义政治学学科体系，建设具有中国特色、世界水平的一流政治学学科，是新时代政治学学科发展和建设的目标之所在。

同时，我们清醒认识到，我国政治学学科发展和建设面临的任务相当艰巨，所涉及的内容和范围也十分广泛。从宏观来看，按照社会科学发展的基本规律，任何一门社会科学学科的发展，首先集中在学科基本理论的发展和突破，研究方法的更新和扩展，重要研究领域的选择和深化这三个方面。按照这一基本规定性，可以认为，我国政治学的学科发展，应该把着眼点放在基础理论的深化发展、研究视角和方法的拓展以及具有重大现实和实践价值的领域确定和研究方面。这就要求我们首先要基于时代的发展和政治实践的进步，深入研究政治学的基本理论问题，以期在政治学基本理论研究方面取得突破性进展，进而形成具有相对成熟和科学的政治学基本理论。其次，在马克思主义政治理论和方法指导下，围绕政治学基本理论问题，结合时代和实践，针对新时代中国特色社会主义现代化和改革开放事业发展提出的重大实践问题，展开深入研究，力求获得重大突破。再次，需要对中国特色社会主义政治实践形成的经验加以总结提炼，上升为政治学的理论形态。

  政治学本质上是经世致用之学。政治学的生命力不仅在于其学术价值和理论价值，更在于其实际应用价值，这是政治学研究保持强大生命力的源动力。在这其中，尤为重要的是，我国政治学研究应该特别关注中国社会和政治发展的独特性。中国作为具有五千年文化传统的东方文明古国，作为中国共产党领导人民在半殖民地半封建社会基础上建设起来的社会主义国家，作为从传统计划经济转向社会主义市场经济的国家，它的社会、政治、经济、文化诸方面都具有自身的特殊属性，其发展和变革在人类社会文明发展史上亦具有独特之处，其在发展和变革过程中面临的许多问题，更是史无前例。这些独特之处，既是我国政治学学科发展和建设的巨大挑战，又为政治学科的发展和建设带来了独特机遇。

  中国特色社会主义发展的新时代，为我国政治学人提供了前所未有的广阔舞台，也呼唤着政治学研究者的新探索、新理论、新创造和新贡献。作为习近平新时代中国特色社会主义事业发展的纲领性文件，十九大报告具有鲜明的政治特性，集中展现了中国共产党人新时代锐意开拓发展的中国立场、中国气派、中国风格和中国智慧，周详阐述了新时代中国特色社会主义政治建设和发展的目标任务、总体布局、战略布局、发展方向、方式动力和实际步骤，是新时代中国政治学发展前行的航标和指南针，确立了中国政治学研究的历史方位、根本依据、指导思想、人民属性、主要命题、总体目标、核心精髓以及重大使命。

  在新时代的历史方位下，我国政治学人应该坚持辩证唯物主义和历史唯物主义，以人类社会历史发展为宏远视野，以习近平新时代中国特色社会主义思想为指导，根据中国社会主义经济政治社会的历史发展变化，深入研究共产党执政规律、社会主义社会政治建设规律和人类社会政治发展规律，紧紧把握"新时代治理什么样的国家和怎样治理这样的国家"这一重大时代和实践课题，从政治意义上分析和定性新时期、新阶段和新时代的各种矛盾，推进人民民主与国家治理的有机结合，为深入研究中国特色社会主义新时代的治理模式和深入探索中国特色社会主义政治发展道路贡献智慧和力量。

郑州大学政治学团队坚持本土化与国际化相结合，立足扎根中国的深厚土壤，以中国的实际问题为首要关切，着力研究"互联网国际政治学""政治安全学""文化政治学"，已经取得了阶段性成果。其中尤其值得一提的是，本学科带头人余丽教授的专著《互联网国际政治学》入选2016年度"国家哲学社会科学成果文库"，对学术前沿问题互联网国际政治学、网络空间政治安全管理进行了探索性、战略性、前瞻性的基础理论研究和应用研究，研究报告多次被中共中央和国务院相关部门采纳。

在郑州大学政治学学科荣获河南省重点学科之际，郑州大学政治学学科团队出版"郑州大学政治学丛书"，相信必将助力推进郑州大学的"双一流"建设，必将助力我国政治学科的发展和建设。为此，特联系我国政治学科发展的时代和实践使命，以序志贺，并且与全国政治学界同仁共勉！

王浦劬

2019年8月于北京

# 目 录

绪 论 ………………………………………………………………（1）

**第一章 阿马蒂亚·森的正义理论的背景、视角与方法** ………（27）
 第一节 阿马蒂亚·森的正义理论的背景分析 ……………（28）
 第二节 阿马蒂亚·森的正义理论的视角与方法 …………（43）

**第二章 实质自由是正义的首要辖域** ………………………（62）
 第一节 正义理论的信息基础 ………………………………（62）
 第二节 自由的两个方面：机会和过程 ……………………（76）
 第三节 可行能力与贫困 ……………………………………（82）
 第四节 可行能力与不平等 …………………………………（93）

**第三章 发展就是扩展人的实质自由** ………………………（110）
 第一节 自由在发展中的地位 ………………………………（110）
 第二节 自由在发展中的作用 ………………………………（117）
 第三节 正义意识与社会价值观在发展中的作用 …………（130）

**第四章 正义的实现依赖于体制形式** ………………………（144）
 第一节 机构改革与防止腐败 ………………………………（144）
 第二节 市场机制与社会机会 ………………………………（149）
 第三节 饥荒防止与权益保障 ………………………………（155）

第四节　社会正义与妇女主体地位的确立 …………………（163）

# 结论　阿马蒂亚·森的正义理论的特色 ………………………（168）

# 附　录 ……………………………………………………………（185）
　　附录1　公平、公正、正义、平等辨析 ……………………（185）
　　附录2　阿马蒂亚·森以"权利"和"可行能力"看待
　　　　　贫困思想论析 ………………………………………（195）
　　附录3　阿马蒂亚·森"以自由看待发展"思想
　　　　　论析 …………………………………………………（205）
　　附录4　阿马蒂亚·森反腐败思想简论 ……………………（214）
　　附录5　罗尔斯的正义理论及其启示 ………………………（222）
　　附录6　罗尔斯、诺齐克正义理论的比较及其启示 ………（230）
　　附录7　罗尔斯的"差别原则"及其当代意义 ……………（238）

# 参考文献 …………………………………………………………（247）

# 最后的话 …………………………………………………………（257）

# 绪　　论

## 一　选题的背景与研究意义

"公平正义"是我们所要建设的社会主义和谐社会的基本特征之一。因此，深入探讨"社会公平和正义"问题，建立和完善社会主义正义理论体系，是构建社会主义和谐社会的必然要求。

恩格斯在《〈反杜林论〉材料》中曾经明确指出："平等是正义的表现，是完善的政治制度或社会制度的原则，这一观念完全是历史地产生的。"① 恩格斯的这段论述表达了三层意思：一是说明了"平等"与"正义"的关系；二是说明了"平等"与"正义"并不是所有的政治制度或社会制度的原则，而是完善的政治制度或社会制度的原则；三是说明了"平等"与"正义"的观念并不是从来就有的，而是历史地产生的。

正是因为"正义"是历史地产生的，因此，它作为一个社会历史范畴，在不同的时代和历史条件下，是有着不同的具体内涵和诉求的。所以，英国学者以赛亚·伯林指出："诸如公正、平等、赏罚、公平这些概念，无疑应该被一再检视，如果它们要保持活跃而不是成为被遗弃的虚构之物的话。"②

正是因为"正义"是"完善的政治制度或社会制度的原则"，是政治价值的基本要素，所以，它必然要成为当代西方思想家们普遍关

---

① 《马克思恩格斯全集》第20卷，人民出版社1971年版，第668页。
② [英] 以赛亚·伯林：《自由论》，胡传胜译，译林出版社2003年版，第17页。

注的重大问题。因为在当代西方思想家看来，当今西方现行的资本主义制度是最"完善的政治制度或社会制度"。因此，作为西方资本主义制度的代言人，他们一方面要借助"公平正义"来为现行的资本主义制度进行合理性的论证；另一方面也要借助"公平正义"来向当政者谏言，说服他们对某些现行的、具体的制度、政策进行某种适度的调整，以协调各方的利益，缓和社会矛盾，稳定社会秩序，求得资本主义制度的进一步发展。

也正是因为"公平正义"是我们所要建设的社会主义和谐社会的基本特征之一，是人们普遍追求的价值目标，这就要求我们，必须深入研究它在当代社会历史条件下的具体内涵和诉求。而当代的社会历史条件则是极其复杂多变的。就国内情况看，当前我们正处在改革、开放、发展的关键时期，面临着许多非常复杂尖锐的矛盾和问题，尤其是各种利益关系的协调和平衡问题。就国际情况看，经济全球化趋势、区域经济一体化进程都在深入发展。这不仅推动了世界经济发展，同时也给我们带来了极大的挑战和风险。这就要求我们，研究当代社会历史条件下的正义问题，必须尽可能地扩大视野，主动回应当代西方正义理论的冲击和影响，借鉴其合理因素，为建立健全社会主义的正义理论体系服务。

就当代西方正义理论来说，人们一般认为，影响最大的莫过于罗尔斯的"作为公平的正义"理论。1971年，罗尔斯发表了他的《正义论》之后，立即引起了学者们的广泛关注。而对罗尔斯"作为公平的正义"理论持批评意见的学者中，影响最大的则是诺齐克。《正义论》出版不久，诺齐克出版了他的论著《无政府、国家与乌托邦》，提出了"权利正义"的理论。正是罗尔斯与诺齐克在"平等"与"权利"上的这种尖锐对立，"支配了当今西方关于价值问题的争论，确立了西方政治哲学的主调"[①]。使得"西方政治哲学的主流只

---

① [英]乔纳森·沃尔夫：《当代世界前沿思想家·诺齐克》，姚大志主编，王天成等译，黑龙江人民出版社1999年版，第7页。

能在罗尔斯与诺齐克之间确定位置"①。而阿马蒂亚·森则在对罗尔斯、诺齐克等人思想的分析比较中,提出并不断完善了他的"实质自由"诉求的正义理论体系。应该说,罗尔斯、诺齐克、阿马蒂亚·森各自的正义理论,都有其突出特色。然而,就目前国内学术界的研究实际情况看,学者们给予罗尔斯、诺齐克的正义理论的关注、研究较多,给予阿马蒂亚·森的正义理论的关注、研究相对来说较少。而与罗尔斯、诺齐克的正义理论比较起来,阿马蒂亚·森正义理论的特色、优势则更为突出,能够给我们带来的启示当然也会更多。同时,他作为1998年诺贝尔经济学奖获得者,其思想已日益引起人们的高度重视。因此,在当前形势下,加强对于阿马蒂亚·森正义理论的研究,具有重要的理论意义和实际意义。

## 二 文献综述

### 1. 国外阿马蒂亚·森思想研究概述

联合国前秘书长安南曾明确指出:"全世界贫穷的、被剥夺的人们在经济学家中找不到任何人比阿马蒂亚·森更加言理明晰地、富有远见地捍卫他们的利益。通过阐明我们的生活质量应该不是根据我们的财富而是根据我们的自由来衡量,他的著作已经对发展的理论和实践产生了革命性的影响。联合国在自己的发展工作中极大地获益于阿马蒂亚·森教授观点的明智和健全。"瑞典皇家科学院在授给阿马蒂亚·森诺贝尔经济学奖的公告中说:阿马蒂亚·森的理论贡献"开拓了供后来好几代研究者进行研究的新领域"②。阿马蒂亚·森作为当代世界范围内最著名的经济学家、哲学家之一,其思想自然要引起人们的广泛关注。既有赞扬之声,也有批评之声。

---

① [英]乔纳森·沃尔夫:《当代世界前沿思想家·诺齐克》,姚大志主编,王天成等译,黑龙江人民出版社1999年版,总序,第8页。
② [印度]阿马蒂亚·森:《以自由看待发展》,任赜、于真译,中国人民大学出版社2002年版,译者序言,第2页。

G. A. 柯亨在他的《什么的平等？论福利、善和能力》① 一文中，曾将阿马蒂亚·森与罗尔斯两人的思想进行了对比分析。他指出，罗尔斯的《正义论》一书出版之前，政治哲学为功利主义所主宰，功利主义理论认为，健全的社会政策的目的是在于福利的最大化。罗尔斯对功利主义福利尺度的批判是有力的，但罗尔斯企图以基本善来取代功利主义的福利尺度的思想，并不具有同样的说服力。表明他不认可罗尔斯以基本善来取代功利主义的福利尺度的主张。柯亨又指出，阿马蒂亚·森认为，人们应该有机会获得的不是福利，或者说不独是福利，而是"能力"。这在柯亨看来，阿马蒂亚·森超越了罗尔斯，推进了观念的变化。但柯亨又认为，阿马蒂亚·森所提出的"能力平等"有着严重的解释模糊性。并指出，阿马蒂亚·森对他所说的功能性活动，在不同的时候有不同的表述，这使得他的观点更加不精确。

阿马蒂亚·森认为，对于正义的评估应当依据"能力"。因而，他反对罗尔斯将"基本善"作为评估正义指标的思想。针对阿马蒂亚·森的反对意见，罗尔斯指出："为了说明基本善的指标的实际用处以及这样一种指标所能具有的灵活性，我将较详细地讨论阿马蒂亚·森对这个指标所提出的反对意见：它必定是极不灵活的，以至于根本就是不合适的。对此的讨论，特别是注意到基本善同阿马蒂亚·森的一种重要观念之间的关联，将会澄清基本善的理念，而阿马蒂亚·森的这种重要观念就是，人际比较必须至少部分地在一种尺度的基础上才能进行，他将这种尺度称为人的'基本能力'（basic capabilities）。"② 在这里，罗尔斯一方面说明了他所说的"基本善"与阿马蒂亚·森的"重要观念"是有"关联"的，另一方面又指出了通过这种"关联"，"将会澄清基本善的理念"。罗尔斯还特别强调：他的"关于基本善的说明确实考虑了基本能力，而且也没有转移对它的

---

① ［印度］阿马蒂亚·森、［美］玛莎·努斯鲍姆主编：《生活质量》，龚群、聂敏里、王文东、肖美、唐震煊译，社会科学文献出版社2008年版，第11—34页。
② ［美］罗尔斯：《作为公平的正义——正义新论》，姚大志译，上海三联书店2002年版，第276页。

## 绪　论

关注：这些基本能力就是公民作为自由平等的人根据他们的两种道德能力所拥有的能力"①。他还曾说："基本善的理念同拥有某些基本能力的公民之观念是紧密相连的，而在这些能力中最重要的是两种道德能力。"并指出，"这符合阿马蒂亚·森的这种观点，即基本能力不仅在从事人际比较的时候必须加以考虑，而且在设计理性的政治正义观念的时候也必须加以考虑"②。罗尔斯所说的两种道德能力，是指获得正义感和善观念的能力。罗尔斯所说的基本善，包括基本权利、自由、机会、收入和财富，以及自尊的社会基础。

作为阿马蒂亚·森在哈佛大学时的同事，希拉里·普特南在他的《事实与价值二分法的崩溃》一书中曾明确表示：他"不但欣赏他的出众才华（这使他在离开哈佛到剑桥大学三一学院不久就获得了诺贝尔经济学奖）和理想主义，而且开始认识到他所谓福利经济学的'能力'（capabilities）方法对人类当今面对的也许是最重大的问题即世界上的富人和穷人之间的贫富悬殊问题的重要性"③。他指出，阿马蒂亚·森的理论丰富了我们对于像饥馑（famine）等各种悲剧现象的理解。他特别强调，把相当宽泛的成就或功能的概念，与对于作为整体的人类生活的特征的关心联系在一起的观点，"应用到发展问题完全是阿马蒂亚·森的功劳"④。

罗纳德·德沃金在他的《至上的美德》一书的导论中曾经明确表示，他是倡导资源平等的。因而，他不认可阿马蒂亚·森的思想。他认为，阿马蒂亚·森对于能力平等的阐述是含混的。而要克服这种含混性，则能力的平等会还原为福利平等，或者资源的平等。⑤ 同时，

---

① ［美］罗尔斯：《作为公平的正义——正义新论》，姚大志译，上海三联书店2002年版，第277页。
② 同上书，第286页。
③ ［美］希拉里·普特南：《事实与价值二分法的崩溃》，应奇译，东方出版社2006年版，前言，第1页。
④ 同上书，第70页。
⑤ ［美］罗纳德·德沃金：《至上的美德》，冯克利译，江苏人民出版社2007年版，第300—301页。

他还指出:"森本人并没有为其平等观的制度化提出任何具体的和政治上可行的方案,他讨论问题的口气似乎表明,他的批评只是理论的而非实践的。"①

伯纳德·威廉斯在他的《生活水准:利益与可行能力》② 一文中,曾明确表示,他同意阿马蒂亚·森所说的大多数东西,尤其是他所总结的方法论原则:模糊的正确胜过精确的错误。他也很欣赏阿马蒂亚·森的主要的实质性结论,"即我们应该用诸如'可行能力'这样的概念来思考那些问题"。但他也指出,关于可行能力的界定仍然存在许多迫切的问题,因而,关于可行能力的争论需要进一步深化。对于威廉斯的质疑,阿马蒂亚·森在他的《答复》③ 中表示:完全同意这一点。并指出,我们还有很长的路要走。

德国学者威尔福莱德·亨氏在他的《被证明的不平等:社会正义的原则》一书中,论述了他的"需求正义"的理论,并将他自己的有关论述与阿马蒂亚·森的理论进行了比较。他认为:他有关福利特征、福利机会和福利选择的讨论,能够很好地与阿马蒂亚·森的"职责与才能"的理念结合起来。他指出,阿马蒂亚·森将与一个人的幸福状况相关的特征表述为"才能"或"福利实现",这与他所说的福利特征相对应。他把阿马蒂亚·森的观点概括为:在判断财富分配时,不应该直接以一个人对其个人幸福状况下已经实现的特征(职责)为导向,而应以他们的才能为导向。这就指明了对财富分配的道德判断应集中于一个人的才能,而不是其职责。亨氏表示,他不相信"仅通过才能这一概念本身,能够从公共立场出发定义物质的平等分配的标准"。所以他指出,他在研究时要"从福利机会这一概念入

---

① [美]罗纳德·德沃金:《至上的美德》,冯克利译,江苏人民出版社2007年版,第318页。
② [印度]阿马蒂亚·森等:《生活水准》,徐大建译,上海财经大学出版社2007年版,第117—128页。
③ 同上书,第129—140页。

手，再引入福利选择这一概念"①。

哈佛大学哲学系教授 C. M. 库斯哥阿德在他的《评 G. A. 柯亨的〈什么的平等？论福利、善和能力〉和阿马蒂亚·森的〈能力与福祉〉》② 一文中指出：他对玛蒂亚·森的"一个人的生活质量应当根据他的能力来评估"的观点，有条件的"首肯"。

德国奥斯纳布吕克大学经济学教授伍尔夫·盖德尔在他的《评阿马蒂亚·森的〈能力与福祉〉》③ 一文中说："森指出，从人均国民生产总值来看，印度和中国是很接近的，而从生存和教育的基本能力方面看，则相去甚远。"对于阿马蒂亚·森的这种依据基本能力来比较分析印度和中国情况的做法，他给予了肯定，承认诸如活得长久的能力、婴儿和儿童避免死亡的能力、读写能力等，对于分析贫困问题的重要性。但他又认为：阿马蒂亚·森提出，能力集的评价不应该根据一个人的实际成就，而应该依据真正的机会集。"但我们怎样来界定真正的机会集？这不是一个容易回答的问题。"因此，"有更多的工作不得不做"。

杰弗里·霍索恩在《生活水准》一书的"导论"中，曾就阿马蒂亚·森关于"生活水准"的两次演讲④，对阿马蒂亚·森的有关思想进行了这样的评述："他在这两次讲演中较少关心对于公共政策来说必须回答的总量问题，而较多地关心个人的生活水准本身这个居先的问题。但他和他的评论者所说的许多东西，确实与政府和其他机构要做的事情有关。"就是说，尽管阿马蒂亚·森较多地关心个人的生活水准本身，但个人的生活状况是与政府和其他机构的工作密切相关

---

① ［德］威尔福莱德·亨氏：《被证明的不平等：社会正义的原则》，倪道钧译，中国社会科学出版社 2008 年版，第 214—215 页。
② ［印度］阿马蒂亚·森、［美］玛莎·努斯鲍姆主编：《生活质量》，龚群、聂敏里、王文东、肖美、唐震烜译，社会科学文献出版社 2008 年版，第 62—70 页。
③ 同上书，第 71—75 页。
④ 阿马蒂亚·森两次演讲的题目分别是：生活水准（第一讲）：概念与批评；生活水准（第二讲）：生活与可行能力，载［印度］阿马蒂亚·森等《生活水准》，徐大建译，上海财经大学出版社 2007 年版，第 1—49 页。

的，因而，阿马蒂亚·森和他的评论者所做的研究工作，所提出的一些理论，也是与政府和其他机构的工作密切相关的。这显然是对阿马蒂亚·森和他的评论者所做的研究工作，以及所提出的有关理论社会意义的肯定。他认为，阿马蒂亚·森所提出的可行能力，的确让我们有了一个概念工具，来考虑他所谓的"可共同实现的可行能力集合"，并进而思考个人可借以获得这类集合的社会政治条件，并最终使这样的思考具有实际意义。在杰弗里·霍索恩看来，阿马蒂亚·森的贡献在于，他在澄清生活水准的概念方面做了很多工作，他的工作使争论的焦点和实质比先前清楚得多了。①

玛莎·C. 纳斯鲍姆在她的《正义的前沿》一书的"导论"中说："如今，存在三个尚未解决的社会正义问题，在现存理论中，对社会正义问题的视而不见似乎特别出问题。"那么，在她看来如今存在哪三个尚未解决的社会正义问题呢？第一，是"对那些生理和精神不健全（phyaical and mental impairments）的人，存在做正义之事的问题。这些人是人，但是在现存社会中，他们还未成为和其他公民一样平等的公民。"比如，对于这些人的继续教育、健康关怀、政治权利和自由、平等公民身份等，就是一些迫切需要解决的正义问题。在她看来，要解决这些问题，"需要一种关于公民是谁的新的思考方式，需要重新分析社会合作的目的（不是集中于互利），还需要强调作为一种社会首要善的关怀的重要性"。这就"不仅需要重新应用旧理论，而且还需要重构理论结构本身"。就是说，要解决那些生理和精神不健全的人所面临的社会正义问题，需要建立一种新的理论体系。第二，是"扩展正义到所有世界公民的紧迫问题"。她的理想是要实现一个整体上正义的世界。在她所理想的世界中，"出生的偶然性和民族起源不会弥漫性地、从一开始就影响人们的生活机会"。然而，现存的"西方所有主要的社会正义理论都从民族——国家开始，并把

---

① ［印度］阿马蒂亚·森等：《生活水准》，徐大建译，上海财经大学出版社2007年版，导论，第3、7—9页。

它作为基本单元"。这就需要建立新的理论结构,来思考这个问题。第三,是"我们如何对待非人类动物"的问题。她指出,对于动物在人类手中遭受痛苦和侮辱的问题,常常被勉强承认为是一个伦理问题,而没有被承认为是一个社会正义问题。如果我们承认这是一个社会正义问题,那就要求理论的改变。需要"形成一种新的不同类型的合作的设想"①。就是说,要建立一种能够把非人类动物纳入进来,把动物也当作合作互惠对象的社会正义理论。正是为了解决上述三个尚未解决的社会正义问题,她提出了一种关于基本权利的"能力进路"的政治学说。并明确表示,她采用了阿马蒂亚·森的论证。她说:"通过采用森的论证和一些额外的论据,我的能力进路支持森的建议。"②她还曾明确指出:"能力进路"是她"在哲学上、由阿马蒂亚·森在经济学上予以发展。森对此进路的运用集中在对生活质量的比较性衡量",而她则运用这一进路,"为核心人类资格"的解释,"提供了哲学上的支撑"③。

在《寻求有尊严的生活——正义的能力理论》一书中,玛莎·C. 纳斯鲍姆更是明确表示,她完全同意阿马蒂亚·森的观点,即"认为一种基于能力的福利观要优于基于欲求和认知状态的福利观"。在基于能力的福利观中,"有价值的能力是选择去做或者不做的自由,行动由始至终都被编织进来"④。就是说,阿马蒂亚·森的观点,始终关注着人实际的自由行动。

2. 国内阿马蒂亚·森思想研究概述

与罗尔斯、诺齐克比较起来,阿马蒂亚·森的思想理论传入我国的时间要晚一些。罗尔斯《正义论》的中译本是在1988年出版的,诺齐克的《无政府、国家与乌托邦》的中译本是在1991年出版的。

---

① [美]玛莎·C. 纳斯鲍姆:《正义的前沿》,朱慧玲、谢惠媛、陈文娟译,中国人民大学出版社2016年版,第1—2页。
② 同上书,第115页。
③ 同上书,第49页。
④ [美]玛莎·C. 纳斯鲍姆:《寻求有尊严的生活——正义的能力理论》,田雷译,中国人民大学出版社2016年版,第137—138页。

而阿马蒂亚·森比较有影响的著作的中译本,如《伦理学与经济学》《贫困与饥荒》《以自由看待发展》等,则分别是在2000年、2001年、2002年出版的。因此,就目前学术界研究的实际情况来看,对于阿马蒂亚·森思想理论研究的深度和全面性,自然赶不上对于罗尔斯、诺齐克等人思想的研究。然而,目前学者们对于阿马蒂亚·森思想理论的关注度在不断提升,并且多给予积极评价。

汪行福先生在他的《分配正义与社会保障》一书中指出:阿马蒂亚·森对社会权利结构与人的需求结构之间错位导致的政策失败特别敏感。阿马蒂亚·森在贫困和饥荒等问题上做出了特殊成就。"森的研究为福利经济学和公共政策等问题的思考指明了新的方向。"[①] 他又指出:"森对饥荒的研究已经引起经济学家的广泛注意,它的意义不限于发展中国家的粮食保障安全问题,而且涉及制度、权利在人的生存和能力发展中的作用。"[②] 他通过对比分析,认为:阿马蒂亚·森已经建立一个以积极的生活能力为中心的分配正义理论,这一理论虽然可归于基本需求理论的范畴,但是,它比一般的需求理论更精致和全面。因而,比罗尔斯和德沃金等人的理论对个体和社会集团的文化和伦理差异更敏感。[③] 在汪先生看来,社会政策必须考虑社会典型的生活方式和消费习惯,所以,他明确肯定,阿马蒂亚·森的观点在社会福利政策中有着重要意义。他还特别指出:"从经济政策取向上说,阿马蒂亚·森代表着比自由主义更积极的政治倾向,即社会保障和劳动保障等社会权利并不是满足政治家争取选民的策略,它是市场权利结构内在不足所必然要求的。"[④] 充分肯定了阿马蒂亚·森的正义理论的优势、意义和价值。

学者任赜、于真在《以自由看待发展》一书的"译者序言"中指出:人们总是追求各种各样的目标或价值。提升到理论概念,这些

---

① 汪行福:《分配正义与社会保障》,上海财经大学出版社2003年版,第137页。
② 同上书,第157页。
③ 同上书,第161—162页。
④ 同上书,第162页。

## 绪　论

价值标准有分析资源配置的经济学所集中注意的效率，有政治哲学、法哲学、伦理学和其他社会人文学科所讨论的公平、正义、民主、法治、平等，等等。"这些价值各自反映人的生活、社会状况的某一个或某些侧面，它们可以互相促进，也可能相互冲突。"而阿马蒂亚·森则"把自由作为价值标准的理论，试图提出一个综合的、全面的价值标准（体系），据以判定人的生活以及社会状况是否合乎理想，或者是否在向理想方向改革。"说明了阿马蒂亚·森建立自由正义理论的目的，是在于提出一个综合、全面的价值体系，来评判人的生活和社会状况。

何建华先生在他的《分配正义论》一书中说："贫困是一个多纬度现象。阿马蒂亚·森将贫困定义为能力不足而不是收入低下。联合国开发计划署认为贫困远不止是人们通常所认为的收入不足（收入贫困）问题，相反，贫困实质上是人类发展所必需的最基本的机会和选择权的被排斥"。因此，何建华先生将贫困具体划分为"收入贫困、人类贫困和知识贫困"。并解释说：所谓收入贫困，是指缺乏最低水平的、足够的收入或支出，极端贫困也是一种收入贫困，通常是指无力满足最低食物需求；所谓人类贫困，是指缺乏基本的人的能力，如不识字、营养不良、缺乏卫生条件、平均寿命短。所谓知识贫困，是指人们普遍缺乏获取、交流、应用和创造知识与信息的能力，或者缺乏权利、机会与途径获得这一能力。[①] 他还明确指出：21世纪人类新的综合的反贫困战略，应当从狭义地消除收入贫困转向更为广泛地持久地消除三大贫困。[②]

王艳萍博士在评述阿马蒂亚·森的"能力平等"观时说："森的能力平等观不仅在方法上富有新意，而且也丰富了我们对经济和社会现象的理解。能力方法超越了传统的不平等理论只考虑物质因素的狭隘性，以功能和能力为核心，成功地把对物质和结果方面的考察与对

---

[①] 何建华：《分配正义论》，人民出版社2007年版，第242页。
[②] 同上书，第242—243页。

自由和权利方面的考察结合在一起,从而使对不平等的评价从实际状态转向机会,从商品转向功能,从禀赋转向能力。大量的经验事实已经证明,在衡量平等、解析贫困以及探究饥荒问题上,这种方法的运用经常更加行之有效。"① 并指出:"能力平等观在一定程度上为我国的政府行为和公共政策提供了方向。""一方面,阿马蒂亚·森认为政府对消除不平等和贫困有不可推卸的责任。有效的公共政策存在与否影响着人们的能力和福利。另一方面,与以往较多关注个人的收入和物质利益不同,阿马蒂亚·森主张,政府的公共行为应该更多关注个人能力或自由的提高,比如基本教育、社会医疗保障制度,男女平等政策以及机会的均等等等而不应该仅限于收入方面的考虑。"还认为:"我国的科学发展观中的'五个统筹'蕴含着阿马蒂亚·森的平等理念。"②

周文文博士认为,阿马蒂亚·森的发展理论有三大特点,即以伦理原则指导发展;以理性争取发展;以自由看待发展。并指出:阿马蒂亚·森"秉承经济伦理分析传统,在可行能力的视角中,对'自由'进行了一次另行阐释。由此,在更加基础的层面上——更接近社会正义所要求的信息基础上——重新审视了人类孜孜以求的自由问题"③。

徐大建先生在《生活水准》一书的"译者序"中指出:在采用什么评价标准来比较不同社会状态的优劣问题上,阿马蒂亚·森认为,出路在于扩大评价的信息基础,即要根据人的良好生活,将各种功能活动和可行能力作为评价的因素。徐大建先生认为:阿马蒂亚·森对生活水准的探讨富有启发性而且非常有意义。他所提出的功能活动和可行能力的评价路径也颇具直观的说服力。因此,徐大建先生认

---

① 王艳萍:《克服经济学的哲学贫困——阿马蒂亚·森的经济思想研究》,中国经济出版社2006年版,第78—79页。
② 同上书,第80页。
③ 周文文:《伦理 理性 自由——阿马蒂亚·森的发展理论》,学林出版社2006年版,第127页。

为：阿马蒂亚·森"对生活水准的探讨不仅对整个社会科学研究领域的拓展，而且对我们目前强调的'科学发展观'研究，在理论和实践上都具有重大的启发意义"①。但同时徐大建先生也指出：阿马蒂亚·森并没有说明作为评价标准的实质自由或可行能力应当包括哪些具体内容。因此，徐大建先生认为：阿马蒂亚·森的探讨虽然富有成果，但确实也存在一些问题。即未能有力地论证究竟哪些功能活动和可行能力应当列入生活水准的评价之中。

刘建先生在《惯于争鸣的印度人》一书的"译后记"中指出：阿马蒂亚·森的"学说和思想，因为充满理性和实用价值而受到举世高度重视。他的人文精神受到了国际社会和许多知名人士的由衷赞誉和高度评价"②。他的经济学思想体现了强烈的人文精神，体现了智慧和良知。他勇于追求社会公正，从而成为当今之世正义的代言人和良知的化身。他在研究中，能将理论探讨与社会考察结合起来，将学术当作兼济天下的利器。因此，阿马蒂亚·森的学术思想具有震撼力和启迪性。

葛维钧先生在《惯于争鸣的印度人》一书的"中译本序"中指出："阿马蒂亚·森是一个富有道德精神的经济学家，坚持主张经济学应与伦理学相结合，以服务于人类正义。"③ 他的研究成果为有效地防止或减轻贫困、饥饿和饥荒问题，提供了实际的解决方法。他的理论能够使社会中最大多数人的福利得到最大限度地提高。同时，葛先生又指出："森的理论要点，尚不在论辩的成功，而在体现于论辩之中的宽容，乃至不同观点之间的理解、体谅和尊重。"④ 因此，葛先生认为，阿马蒂亚·森的思想更能给我们带来有益的启示。其价值已经为中国有眼光的人们所认识。

---

① ［印度］阿马蒂亚·森等：《生活水准》，徐大建译，上海财经大学出版社2007年版，译者序，第13页。
② ［印度］阿马蒂亚·森：《惯于争鸣的印度人》，刘建译，上海三联书店2007年版，译后记，第326—327页。
③ 同上书，中译本序，第1页。
④ 同上书，中译本序，第7页。

汤剑波博士在他的《重建经济学的伦理之维》一书中指出：阿马蒂亚·森探究评价活动的新颖之处是："从信息基础的角度来比较各种评价标准的恰当性，进而建立一个十分宽广的评价框架。"① 同时，汤博士又指出："森的整个研究与发展问题密切相关，人的发展构成评价框架的落脚点。凭借宽泛的可行能力评值体系，他在发展观中把哲学、经济学和伦理学紧密联系起来。"② 汤博士还指出，阿马蒂亚·森试图建立一门"人的发展科学"。汤博士分析说：循着阿马蒂亚·森的指引，"以人为本"有着别样的丰富内涵。即：彰显了人的"主体性"，个人自由和实际机会的扩展，是个人努力和社会安排的目标；以实质自由或可行能力为评值标准，体现了人的价值高于一切；将经济伦理研究的不同方法融合在了一起，它们都是关于"人"的科学。在《重建经济学的伦理之维》一书中，汤博士还分析说：参照阿马蒂亚·森以自由为核心的发展观，科学发展观应该是人类发展观的一种表述。就是说，科学发展的目标是人，应当把关心人、尊重人、解放人、发展人作为社会发展的目标。科学发展的内涵是全面的，应当包括政治、经济、社会和文化等方面。科学发展应当是平等的发展、可持续的发展。科学发展的过程应该是一个友善的过程。总之，在汤剑波博士看来，正是阿马蒂亚·森"为当代经济伦理贡献出了最有力量的阐述"③。

学者韩丹在其《发展的伦理审视》一书的"摘要"中指出："在当今发展理论研究的时代前沿，罗尔斯的正义论和阿马蒂亚·森的可行能力发展理论，无疑具有十分显著的地位。"同时指出，罗尔斯的正义论从宏观的制度层面探讨了如何构建一个正义的制度体系，提供了一种在社会的基本制度中分配权利和义务的办法。他"强调最少受惠者的最大利益，重视利益的分配"。而阿马蒂亚·森则在微观层面上，以可行能力为核心对发展进行了重新定义，他怀着对低收入人群

---

① 汤剑波：《重建经济学的伦理之维——论阿马蒂亚·森的经济伦理思想》，浙江大学出版社2008年版，第127页。
② 同上书，第223页。
③ 同上书，第311页。

## 绪 论

和弱势群体的深深关切,通过对发展伦理的基础性改造,"建构了发展的新型伦理基础——可行能力之伦理基础,并以此向人们展示了这一主题——发展就是个人获得可行能力,实现全面自由的过程"。另外,在《发展的伦理审视》一书第六章的第三节中,韩丹还将阿马蒂亚·森的可行能力与罗尔斯的正义论方法进行了比较,明确指出了阿马蒂亚·森的可行能力思想所具有的三个方面的优势。即:侧重于实际,针对性强;注重提高主体的可行能力,保证主体之间的平等关系;强调通过社会挖掘潜能、发挥潜能,从而培养人的可行能力。在罗尔斯那里,能力问题只是他所提出的差别原则要处理的一个方面,而在阿马蒂亚·森这里,可行能力则是其理论实质所在。

苏小和先生在他的《我们怎样阅读中国》中,以"阿马蒂亚·森的良知"为题,阐明了他对于阿马蒂亚·森的"伟大之处"的赞赏。他说:"森的伟大之处就在这里,他尽管一直在欧美的最高学府里从事研究工作,但毕生保持着他的印度国籍,并经常参与印度经济发展计划的制订工作,赢得了印度人民的认同和赞美。"[①] 当然,阿马蒂亚·森的"伟大之处"并不仅仅体现在这里,更重要的是体现在他的理论贡献上。"阿马蒂亚·森认为大饥荒的本质原因是公共行为的失误。"[②] 对于阿马蒂亚·森的这种"结论",苏先生表示"极力赞成"。他强调指出:如果将让·德雷兹和阿马蒂亚·森合著的《饥饿与公共行为》,与阿马蒂亚·森的另一本伟大著作《以自由看待发展》结合起来阅读,"相信国内的学者们会一致认为,其实阿马蒂亚·森在他的学术体系内,已经解决了本质性的制度问题"[③]。

朱振先生在他的《可行能力与权利——关于法治评估之权利指数的前提性思考》[④] 一文中指出:"森是一位百科全书式的学者,但其

---

① 苏小和:《我们怎样阅读中国》,北京航空航天大学出版社2009年版,第15—16页。
② 同上书,第16页。
③ 同上书,第18页。
④ 朱振:《可行能力与权利——关于法治评估之权利指数的前提性思考》,《河南大学学报》(社会科学版)2019年第2期。

道德哲学理论也带有比较浓厚的经济学思想。"并对阿马蒂亚·森"自由的价值"的思想进行了概括。"在森看来，自由的价值之一就是更多的自由赋予我们更多的机会去追求我们所珍视的目标，它提升了我们两方面的能力：一是决定过我们想过的生活并提升我们想促进的目标；二是实现我们珍视的东西。"朱振先生还揭示了阿马蒂亚·森的"功能性活动和实质自由概念"的思想渊源。他指出：阿马蒂亚·森的功能性活动和实质自由概念，可以追溯到亚里士多德关于生活质量和亚当·斯密关于生活必需品的论述。阿马蒂亚·森由此考察构成人的有价值的生活的各层级"功能性活动"。一个人的能力就是这些功能性活动的组合，而这些活动正是实质性自由的组成部分。在朱振先生看来，"能力理论也是一种独特的社会正义理论，只是其关注的对象不再是效用或基本物品的再分配问题，而是个人增进其目标的能力。""以能力来解释权利不是一种概念分析的进路，在根本上是一种关于权利的正义论"。在该文的最后，朱振先生指出："因为关注权利的质量，所以能力论的权利论在社会正义层面对我们当下法治评估及其相关的权利指标体系设计具有现实的借鉴意义"。

3. 对相关文献的总体分析

如上所述，阿马蒂亚·森作为当代西方最著名的经济学家、哲学家之一，作为诺贝尔奖获得者，其思想自然要引起人们的广泛关注。从上面所引述的思想资料来看，西方学者对于阿马蒂亚·森的思想观点，有的表示同意，有的表示欣赏，有的则提出了批评意见。但不管是同意、欣赏，还是提出批评意见，都体现了他的思想的影响力。就目前情况看，人们批评的着力点，主要集中在他所提出的"可行能力"上。而"可行能力"思想的提出，则正是阿马蒂亚·森理论创新的体现，正是他的理论的特色所在。因此，我们分析研究他的思想体系，应当特别注意他的关于"可行能力"的论述。

就目前国内的研究情况看，由于其思想引起人们关注的时间不长，因此，对于他的思想的研究，存在明显的不足。

第一，对于他的思想体系，目前还缺乏整体的、全面的、系统的分析研究。因而，对于他的思想观点缺乏整体的、全面的、系统的了解和把握，有分量的论文、论著很少见到。从客观上讲，这是由于他的思想体系涉及面宽，他发表的著作多，研究起来难度比较大，不经过一定时间的深入钻研，很难了解其思想全貌，很难把握其思想的逻辑体系。更为重要的是，阿马蒂亚·森的思想和其他经济学家的思想比较起来，能够给我们带来更多的启示。因此，学术界今后很有加强研究的必要。

第二，从已发表的论文和出版的著作看，目前学者们的着眼点主要是他的自由观、发展观和他的经济思想。而详细分析论述他的正义理论的有分量的研究成果并不多见。着力研究他的自由观、发展观和经济思想是很必要的。然而，在他看来，发展的目的是在于扩展人的"实质自由"，而"实质自由"则正是"正义的首要辖域"①。他"坚持主张经济学应与伦理学相结合，以服务于人类正义"②。由此可见，他的自由理论、发展理论、平等理论，以及他对于贫困与饥荒问题的分析等，都是与他关于如何实现社会正义的主张密切联系在一起的，可以说，都是"服务于人类正义"的。所以，从正义问题入手，有利于系统把握他的思想的逻辑结构，有利于深刻认识他的思想的特色和实质，有利于发掘和借鉴他的思想中的积极因素。

## 三 研究的理论与方法

### 1. 研究的理论

党的十七大报告明确指出："改革开放以来我们取得一切成绩和进步的根本原因，归结起来就是：开辟了中国特色社会主义道路，形成了中国特色社会主义理论体系。""中国特色社会主义理论体系，就是包括邓小平理论、'三个代表'重要思想以及科学发展观等重大

---

① [印度] 阿马蒂亚·森：《后果评价与实践理性》，应奇编，东方出版社2006年版，第221页。

② [印度] 阿马蒂亚·森：《惯于争鸣的印度人》，刘建译，上海三联书店2007年版，中译本序，第1页。

战略思想在内的科学理论体系。"这个理论体系"是马克思主义中国化最新成果,是党最可宝贵的政治和精神财富,是全国各族人民团结奋斗的共同思想基础。"因此,在全面建设小康社会、构建社会主义和谐社会、实现中华民族伟大复兴的今天,我们研究正义问题,分析西方思想家的正义理论,最基本的理论工具就是马克思主义的唯物主义历史观的基本理论和正义观念,最直接的理论工具则是马克思主义中国化的最新成果——中国特色社会主义理论的基本思想和正义观念。

首先,马克思主义唯物史观认为:"不是人们的意识决定人们的存在,相反,是人们的社会存在决定人们的意识。"[①] 正义思想属于意识范畴,自然是由"社会存在""社会结构"决定的。所以,在研究某一时代、某一思想家的正义思想时,必须从他所处时代的"社会存在""社会结构"出发,探寻他的正义思想形成的"基础"和根本原因。同时,我们还必须认识到,每个时代的每个学科,"作为分工的一个特定的领域,都具有由它的先驱传给它而它便由此出发的特定的思想材料作为前提"[②]。因此,我们在研究某一时代、某一思想家的正义思想时,也必须注意研究他从先辈们那里承继下来的特定的思想资料。

其次,说到底,当前我们开展对于正义问题的研究,对于西方思想家正义理论的研究,是出于全面建设小康社会、构建社会主义和谐社会、实现中华民族伟大复兴的实践的需要,是为当前社会主义现代化建设事业又好又快的发展服务的。因此,社会主义初级阶段理论、科学发展理论,是当前研究正义问题、分析西方思想家的正义理论的最直接的理论工具。

2. 研究的方法

马克思主义的唯物主义历史观的基本理论和正义观念,马克思主

---

① 《马克思恩格斯选集》第2卷,人民出版社1995年版,第32页。
② 《马克思恩格斯选集》第4卷,人民出版社1995年版,第703—704页。

# 绪 论

义中国化的最新成果——中国特色社会主义理论的基本思想和正义观念，既是本课题研究的最基本的理论工具，同时又是本课题研究的最基本的方法论。具体来说，本课题研究的基本方法有以下四种。

第一，以社会实践为基础的历史分析的方法。马克思主义的唯物主义历史观认为，作为历史主体的人，是通过以物质生产活动为最基本形式的社会实践求得生存和发展的。因此，人类所取得的一切成果，都是建立在社会实践基础之上的。作为社会意识形态的正义观念，正是人们在经济、政治等社会实践活动中形成、演变和发展的。而生活在一定历史阶段的人们，所从事的经济、政治等社会实践活动，又是受着这一时期的社会历史条件制约的。所以，我们在研究某一历史时期、某一位思想家的正义理论时，首先要做的工作，就是要弄清楚这一时期人们所从事的经济、政治等社会实践活动的状况和社会历史条件。从当时人们所从事的经济、政治等社会实践活动的状况和社会历史条件中，探讨正义观念形成、演变和发展的客观现实性和历史必然性。

第二，辩证分析的方法。马克思主义的唯物辩证法认为，世界上的各种事物都不是孤立存在的，而是相互联系、相互作用和不断发展的。作为社会意识形态的正义观念，当然也是不可能孤立存在的。它与社会存在、社会意识形态其他的方方面面，都是相互联系、相互作用的。正是在这种相互联系、相互作用中形成和发展的。所以，我们必须运用辩证分析的方法，才能够把握思想家们正义观念形成、发展的根本原因。

第三，系统分析的方法。任何一位思想家的思想体系，可以说都是一个系统。其正义理论只是整个思想体系这个大系统中的一个子系统或要素。这就要求我们在研究思想家的正义理论时，一定要把它放在思想家的整个思想体系的系统中，放在与其他子系统或要素的关系中，进行综合分析。只有如此，才能把握其实质。

第四，比较分析的方法。生活在不同时代的思想家们，由于面对的客观环境、条件、问题不同，因此，所建立的正义理论体系自然也就不同。即便是生活在同一时代的人们，由于所处的社会地位、立场不同，观察、分析问题的角度、侧重点不同，所建立的正义理论体系自然也会有所不同。然而，这些经过辛勤努力所取得的理论研究成果，尽管彼此存在差别甚至尖锐对立，但都是对人类所特有的正义观念的演变、发展的反映和记录，都为我们提供了可资借鉴的思想资料。同时，不同的思想家所提出的正义理论彼此虽然有着差异甚至对立的一面，但也有着相互吸收、借鉴、影响的一面。因此，通过横向的、纵向的比较分析，可以使我们更好地把握不同正义理论的特色、合理因素及其局限。

## 四　本书的基本框架结构和特点

本书除绪论外，分四章、结论和附录六个部分。

本书的绪论部分，主要论说本书选题的背景和研究的意义；概述国内外学者对于阿马蒂亚·森思想研究的基本情况；说明本书使用的理论工具和方法；说明本书的基本框架结构和特点。

第一章，阿马蒂亚·森的正义理论的背景、视角与方法。

阿马蒂亚·森出生于印度，又长期在英国和美国从事教学和研究工作。正是印度、英、美等各国的社会经济政治运行状况和所存在的突出问题，为阿马蒂亚·森展开对于社会正义问题的研究，提供了客观现实基础和动力。同时，为了探讨市场条件下社会经济政治运行的基本规律，他也非常关注包括中国在内的发展中国家的社会经济政治运行状况，为解决发展中国家所面临的社会正义问题，提出自己的意见和看法。

社会正义问题是古今中外思想家所普遍关注的历久而常新的话题。在西方，古希腊的思想家如苏格拉底、柏拉图、亚里士多德等，近代思想家如卢梭、洛克、休谟、亚当·斯密等，都对这一问题展开了论述。特别是西方当代思想家如约翰·罗尔斯、罗伯特·诺齐克等，更是注重对于社会正义问题的研究和探索，从而提出了各具特色的正义观。

## 绪　论

正是在上述社会经济政治和思想背景之下，阿马蒂亚·森展开了对于社会正义问题的研究和探索。与罗尔斯、诺齐克等思想家不同，阿马蒂亚·森研究正义问题的视角是"实质自由"，所使用的是可行能力分析的方法。他指出，能力分析的方法是依据个人拥有的实际机会，来识别和评估社会的不平等，而不是要设计出一种具体的社会组织方案。"能力方法侧重于人的生活，而不是仅仅在一些独立的有用的物体。"① 同时，阿马蒂亚·森还具体论述了依据可行能力进行实际评价和政策分析时采用的三种不同的实用方法。并指出，对于可行能力方法，要特别反对那种要么全盘应用，要么全盘不用的想法。要求人们，要从实际出发，根据实际情况灵活运用可行能力方法。

第二章，实质自由是正义的首要辖域。

阿马蒂亚·森认为，个人所享有的实质自由，构成正义的首要辖域。所以，他的正义理论正是围绕着实质自由而展开的。他把实质自由作为自己研究正义问题的视角，将自由定义为选择、追求、享受有理由珍视的生活的可行能力，并将这种可行能力作为分析正义问题的基本方法。

阿马蒂亚·森把"能力"作为正义评估的信息基础，并用可行能力方法分析贫困问题，认为贫困是基本能力的缺失。阿马蒂亚·森将自由区分为"机会"和"过程"两个方面，认为弄清这两个方面的区别，对于理解自由极其重要。同时，他也指出了这两个方面也不是完全不相干。他还指出，正是由于上述这种区分，使得他所提出的"以自由看待发展"的观点，与把发展定义为"人均产出的增长"的传统观点区别了开来。

阿马蒂亚·森用"权利关系之一"的"所有权关系"来分析贫困、饥饿、饥荒问题。但他也同时指出了这种"权利方法"，也还是

---

① Anmartya Sen, *The Idea of Justice*, England, the Penguin Group, First published 2009, p. 233.

有一定的缺陷的。因此，他又提出"以可行能力剥夺"来看待贫困。阿马蒂亚·森说："各种有关'正义'概念的不同阐述都与相应的平等观有紧密的联系。"[①] 并提出了以"基本可行能力"为信息基础审视、评价不平等的观点。为了显示他的能力分析方法的优越性，他将这种分析方法与罗尔斯的分析方法、效用分析的方法、机会分析的方法进行了比较。正是在对比分析的基础上，阿马蒂亚·森明确提出了他的关于如何评价社会制度的主张。

第三章，发展就是扩展人的实质自由。

阿马蒂亚·森明确表示，他要以不同类型的自由的实现与剥夺情况，来评价社会的利弊、分析社会制度的正义与否。"实质自由"在阿马蒂亚·森的正义理论体系中，是居于核心地位的。"实质自由"的实现和扩展，既是社会制度的价值目标，是社会正义的体现，又是社会发展的首要目的。基于这种认识，阿马蒂亚·森提出了与"狭隘的发展观"形成鲜明对照的"聚焦于人类自由的发展观"。他"把发展看做扩大人们享有的真实自由的一种过程"。他指出："扩展自由是发展的（1）首要目的和（2）主要手段。它们可以分别称做自由在发展中所起的'建构性作用'和'工具性作用'。"[②] 他从众多的工具性自由中，归纳概括出五个最重要的方面，即：政治自由；经济条件；社会机会；透明性保证；防护性保障。他指出，这些工具性自由各自的作用以及彼此之间的相互关联，强烈地影响着发展的过程。同时，阿马蒂亚·森还论述了"直接自由"和"间接自由"问题。

与上述各种类型的自由相适应，则需要建立诸如民主体制、法律机制、市场结构、教育和医疗保健设施、传播媒体等各种类型的机构。而正义意识与社会价值观对于确保多种形式的社会组织、机构的成功，具有非常重要的意义和作用。

---

① ［印度］阿马蒂亚·森：《论经济不平等/不平等之再考察》，王利文、于占杰译，社会科学文献出版社2006年版，第289页。
② ［印度］阿马蒂亚·森：《以自由看待发展》，任赜、于真译，中国人民大学出版社2002年版，第30页。

## 绪　　论

阿马蒂亚·森认为，政策制定者关切社会正义的价值标准，其中第一个更直接的理由是出于鉴别公共政策的目的和目标，以及为实现所选定的目标确定的适当工具。第二个比较间接的理由是，公共政策是建立在社会中的个人和群体的行为基础之上的，而社会中的个人和群体的行为，是要受到他们对社会伦理要求的理解和解释以及其他的相关因素的影响的，所以，"为了制定公共政策，重要的是，不仅要在选择公共政策的目标和优先主次时判断正义所提出的要求以及价值标准的作用范围，而且要理解普通民众的价值观，包括他们的正义感。"①

第四章，正义的实现依赖于体制形式。

阿马蒂亚·森指出，社会正义的实现不仅依赖于体制形式，而且依赖于富有实效的实践。所以，他在讨论诸如消除腐败和市场机制所造成的分配不平等、饥荒防止与妇女主体地位的确立等，这些关涉到社会正义的重大问题时，非常注重社会干预和社会安排。

在如何防止腐败行为发生的问题上，阿马蒂亚·森提醒人们，要注意总结、吸收防止腐败的历史经验。还可以通过机构改革的途径，来加强对于腐败行为的惩处力度，同时尽量减少腐败的诱因。从体制上采取措施，防止腐败行为的发生和蔓延。与此同时，也必须注意价值标准和行为规范在防止和减少腐败行为发生中的作用，也必须注意高级官员在防止和减少腐败中的引领作用。

阿马蒂亚·森指出，市场机制的首要的优点，并不在于它的高效率，并不在于它对经济增长的贡献，而是在于它"承认自由交换"，承认"进入劳动市场的自由"，具有保护"决策自主"的作用。但他也并不否定市场的副作用。市场机制从提高效率出发，所注重的是市场运作过程中竞争的公平、均等、正义、自由，而并不关心收入分配方面的公平、均等、正义，以及由此带来的实质自由问题。因此，他

---

① ［印度］阿马蒂亚·森：《以自由看待发展》，任赜、于真译，中国人民大学出版社2002年版，第271页。

说：“为了社会公平和正义，市场机制的深远力量必须通过创造基本的社会机会来补充。”①

阿马蒂亚·森认为，要在当代世界消除饥饿和饥荒，关键是要以一种足够宽广的视野，来分析饥饿和饥荒现象，来认识造成饥荒的原因。在他看来，要理解饥荒的起因，要防止饥荒，需要进行经济的分析，也需要进行政治的分析。并指出，在饥饿和饥荒的防止过程中，政府能够发挥极其重要的作用，其他经济和社会机构及制度，如贸易、商业和市场、非政府组织、新闻媒体等，也能够发挥重要作用。而政府在饥饿和饥荒的防止过程中的极其重要的作用能否发挥出来，则取决于统治者和被统治者之间的疏离程度。

阿马蒂亚·森非常关注妇女问题。他认为，变化着的妇女主体地位，是经济和社会变革的主要媒介之一。

结论，阿马蒂亚·森的正义理论的特色。

阿马蒂亚·森研究正义的视角和方法本身，就具有非常明显的个性特色。他运用能力方法来评价人的生活质量，认为人的生活质量取决于能力，生活质量的比较应当以功能性活动为标准。当然，这种能力方法也并非仅阿马蒂亚·森一人在运用。然而，事实诚如希拉里·普特南所说："把这一观点应用到发展问题上完全是森的功劳。"②

阿马蒂亚·森非常关注贫穷和被剥夺者的利益，对贫困与饥荒以及不平等问题进行了大量的理论性的和实证性的研究。他指出，为了社会公平和正义，市场机制必须与创造社会机会相结合，必须兼顾效率与公平。阿马蒂亚·森所热切关注的、所要维护的是贫穷和被剥夺者的利益。他运用能力方法来评价人的生活质量，目的正是在于使人们能够更加清楚地认识贫穷和被剥夺者失去自由的根源所在，从而从根本上解决贫穷和被剥夺者不自由的问题，提高他们

---

① [印度]阿马蒂亚·森：《以自由看待发展》，任赜、于真译，中国人民大学出版社2002年版，第135页。

② [美]希拉里·普特南：《事实与价值二分法的崩溃》，应奇译，东方出版社2006年版，第70页。

## 绪 论

的生活质量。

阿马蒂亚·森认为，发展是一个相互依赖的过程，经济的成功不可能与社会、政治和文化的成就相分离。他注重社会的整体发展和个人的主体地位。

阿马蒂亚·森具体论述了"人力资本"与"人类可行能力"之间的关系。他认为，两者虽然有着密切联系，但在价值评定方面存在重大区别。"人力资本"关注的是人的工具性价值，而"人类可行能力"则关注的是人的目的性价值。因此，他强调，必须在承认"人力资本"的重要性和有效范围之后，超越"人力资本"概念。并指出，是聚焦于"人力资本"还是聚焦于"人类可行能力"，这个区别对公共政策有重要的实践意义。

阿马蒂亚·森的正义理论与我国当前的科学发展理论、和谐社会理论存在不少契合点与相通之处，能够为深刻理解和全面贯彻科学发展观提供有益的理论帮助，能够为体制改革和制度建设提供可资借鉴的评价指标。

当然，阿马蒂亚·森的正义理论也有其不足之处。他提出并运用实质自由或可行能力作为自己正义理论的信息基础，但是，诚如学者们所说，他对实质自由或可行能力内涵的说明和论证还不够清晰明了。然而，他毕竟开辟了一条新的研究路径。

本书的特点，一是根据目前学术界对于阿马蒂亚·森的思想的研究状况，从正义问题入手，一方面集中分析阿马蒂亚·森的正义思想，另一方面着力厘清阿马蒂亚·森的思想的脉络与逻辑结构。二是从全面建设小康社会、构建社会主义和谐社会、实现中华民族伟大复兴的实践需要出发，将阿马蒂亚·森的正义、自由、发展等理论与和谐社会理论、科学发展理论结合起来，寻找其中的契合点，从而为深刻理解和全面贯彻科学发展观提供有益的理论帮助，为体制改革和制度建设提供可资借鉴的评价指标。三是因为玛莎·C.纳斯鲍姆完全同意阿马蒂亚·森的能力的福利观，"能力进路"是她和阿马蒂亚·森分别从哲学和经济学上予以发展的，所以，本书在分析阿马蒂亚·

森的正义思想时,也有意识的引述了玛莎·C.纳斯鲍姆的一些论述。这对于理解阿马蒂亚·森的正义思想,是有助益的。

  本书的附录,是已经公开发表的相关论文。这些论文,可以为本书的相关内容作一些补充。

# 第一章　阿马蒂亚·森的正义理论的背景、视角与方法

苏格拉底曾经明确指出："人类不仅在智力上优于其他动物，而且也只有人类才有正义和宗教。"① 柏拉图在他的《法篇》中也曾指出："正义对人类来说是一种不可否认的恩惠，它使得整个人类的生活得以可能。"② 正是因为"正义"对于人类生存、发展具有如此重大的意义，所以，他把正义看作一种比黄金还要珍贵的东西。也正是因为"正义"对于人类生存、发展来说，有着比黄金还要珍贵的价值，所以，它必定是中外历代思想家，特别是政治哲学家、伦理学家所普遍关注的重大问题。然而，由于人们所面对的社会经济政治生活环境条件不同，立场观点不同，研究的视角、方法不同，因此，所建立的正义思想理论体系自然也就不同。

同时，思想家们所从事的学术研究，是一种社会性的活动。一方面，他们要从先辈们所建立的思想体系那里汲取营养，把先辈们提供的思想资料作为自己继续前进的出发点；另一方面，处于同时代的思想家们，彼此之间也必然要进行交流、讨论，甚至激烈论争。而这种交流、讨论和论争，则正是人们认识提升的助推器，从而推动学术思想不断进步和发展。没有学术上的百家争鸣，不可能有学术繁荣的景象。因此，我们要研究某一思想家的正义思想时，首先要做的工作，

---

① 《柏拉图全集》第一卷，王晓朝译，人民出版社2002年版，第261页。
② 《柏拉图全集》第三卷，王晓朝译，人民出版社2003年版，第704页。

就是要弄清楚他的正义思想提出的社会、思想背景，以及他的研究视角和所采用的方法。只有如此，方能了解他的正义思想形成的历史必然性和客观现实性，才能把握他的正义思想的特征和意义。研究阿马蒂亚·森的正义思想，也必须遵循这一原则。

## 第一节　阿马蒂亚·森的正义理论的背景分析

阿马蒂亚·森1933年出生于印度，1953年在本国大学毕业后，又到英国剑桥大学继续学习，并于1955年、1959年先后获得剑桥大学学士学位和博士学位。他虽然曾一度回印度工作，但其大部分时间是在英国的剑桥、牛津，美国的哈佛等大学从事教学和学术研究工作。因此，印度和英、美的社会经济政治生活状况，对于他的正义思想的形成，有着直接的影响。

### 一　社会背景分析

首先，分析印度的社会经济政治生活状况。

阿马蒂亚·森的出生地印度，曾长期遭受英帝国主义的殖民统治。殖民主义者侵略、扩张，施行殖民统治的目的，无非是为了掠夺殖民地的财富。因而，生活在英帝国主义殖民统治下的印度广大民众，自然是饱受剥削和痛苦。当然，哪里有压迫、剥削，哪里就有斗争。在英帝国主义殖民统治下的印度民众，始终没有停止过斗争。这种社会历史状况，对于阿马蒂亚·森来说，不可能不产生影响。

根据阿马蒂亚·森的《贫困与饥荒》一书中的统计，1943年第二次世界大战期间，阿马蒂亚·森的家乡孟加拉发生了大饥荒。这次大饥荒造成的死亡人数高达300万人。以后，1972—1974年，埃塞俄比亚又发生了两次饥荒，死亡人数估计在4万到20万人，而当时埃塞俄比亚的总人口约为2700万人。还有萨赫勒地区发生的干旱与饥荒等。面对如此惨重的大饥荒，阿马蒂亚·森作为有"良心"的经济学家，也不可能视而不见、无动于衷。

同时,诚如学者们所指出的那样,印度是与中国可比较性最大的国家。两国都曾长期遭受殖民地半殖民地统治,获得完全政治独立及建立新政权的时间也大致相同,并且都是人口大国。① 然而,两国完全政治独立及建立新政权后,所选择的道路却不同。那么,两国的发展状况、速度自然也就不同。这种看得见摸得着、客观现实的鲜明对比,也不能不引起阿马蒂亚·森的格外关注。

其次,分析英国的社会经济政治生活状况。

在第一次世界大战中,英国政府出于应对战争的需要,开展了生产指标的下达,原材料的分发,物价的控制等一系列组织经济的活动。这样做的结果,不仅促使战争取得了胜利,而且证明了国家在经济领域中具有十分重要的作用。而第二次世界大战的"整体性、全民性更加明显,国家所发挥的作用也更加重要"。正是"由于国家干预,战时不仅物价稳定,而且工资还不断上升;尽管物资匮乏,人民的平均营养水平却反而提高了,根本就没有出现饥饿现象"。也正是应对两次世界大战的实践,使得国家干预"在英国人的头脑里扎下根来,为战后的变革创造了条件"②。

1945年,工党在大选中获胜,开始推行"福利国家"和国有化制度。并根据建设"福利国家"的需要,制定了《国民保险法》和《国民医疗服务法》。规定所有有收入的人,都要交纳保险金。如果遇到失业情况,可以领取生活补贴。并规定施行全民免费医疗。然而,要使国家福利制度运行起来,没有大量的资金是不行的。而国家资金的来源,不外乎税收。所以,"为维持福利制度的运作,资金的需求会越来越大,税收也就会越来越高,从而影响企业的效率,也影响个人的收入"③。

"福利国家"制度的理论依据,是约翰·凯恩斯提出的国家干预

---

① 张传鹤:《全球视野下的民主社会主义研究》,中共中央党校出版社2009年版,第172页。
② 钱乘旦、许洁明:《英国通史》,上海社会科学院出版社2007年版,第339页。
③ 同上书,第340页。

理论。即通过国家干预,来刺激消费、促进生产,以实现充分就业、消除贫困的目的。然而,20世纪60年代出现的"滞胀现象"宣告了凯恩斯国家干预理论的失败。一种新的"货币主义"理论代之而起。这种理论认为,"滞胀现象"的出现是由于公共开支大、税收高造成的。因此它主张采取减少货币总量,减少公共开支,降低税收,鼓励投资等措施,来达到刺激生产的目的。

1979年,玛格丽特·撒切尔上台后,依据"货币主义"理论,采取了四项措施:"一是私有化,二是控制货币,三是削减福利开支,四是打击工会力量。"[①] 诚如学者们所说,撒切尔的政策基本上是"扶富抑贫",其结果必然要造成贫富差距的进一步加大和对国家长远利益的损害。1990年撒切尔下台,约翰·梅杰接任首相。他所奉行的仍然是撒切尔的政策。1994年托尼·布莱尔出任工党领袖。在他看来,工党应当走"第三条道路"。"既非'自由放任',又非'国家干涉主义'主宰一切。"[②] 正是在布莱尔的领导下,工党在1997年的大选中取得了胜利。

最后,分析美国的社会经济政治生活状况。

20世纪40年代后期,第二次世界大战的结果给美国垄断资本带来了巨额利润,但给工人阶级带来的是失业、工资下降等困难,迫使工人阶级掀起了大规模的罢工浪潮。同时,广大黑人民众也广泛开展反对种族歧视、争取平等权利的斗争。在这种情况下,杜鲁门政府提出了"公平施政"。"公平施政"纲领的基本内容是:"扩大社会保障范围,提高最低工资限额";"提倡国民健康保险";"否决塔夫脱—哈特莱法";"建造廉价公共住宅";"继续维持农产品的价格支持计划";"要求制订保障民权的立法";"扩大联邦政府对教育的援助";"保护和开发自然资源"[③]。杜鲁门政府提出"公平施政"的目的,是

---

① 钱乘旦、许洁明:《英国通史》,上海社会科学院出版社2007年版,第345页。
② 同上书,第346—347页。
③ 刘绪贻、杨生茂主编:《美国通史》(第六卷·上),人民出版社2005年版,第73—78页。

企图通过采取一些改良措施,以缓和日益尖锐的社会矛盾。然而,由于保守势力的反对等原因,使得"公平施政"的政策、措施并未真正得到贯彻落实。

20世纪50年代初,美国疯狂对外侵略扩张,悍然发动了侵朝战争。战争的失败,导致了统治集团内部矛盾的激化。1953年,德怀特·D.艾森豪威尔上台。他在上台之初,虽然也曾试图削减政府财政年度预算,但他在执政期间,所奉行的实际上仍然是凯恩斯主义的财政赤字政策。他将国有财产和企业出售给私人垄断组织。他敦促国会通过农业贸易发展和援助法,"授权联邦政府出口剩余农产品";并向"在校儿童供应牛奶";"发行免费食品票证"①,帮助贫困家庭。他促使国会修改社会保障法,以扩大老年和遗属保险与失业保险的范围。在他执政期间,还成立了卫生、教育和福利部,以加强这方面的工作。通过这些措施,虽然使美国社会经济处于相对稳定,但也曾发生多次经济危机。

20世纪60年代,肯尼迪与约翰逊两届政府继续采取一些改革措施,促进了美国经济的发展。然而,伴随着经济的繁荣,却是社会的动荡。那么,为什么会出现这种情况呢?"究其基本原因,在于国家垄断资本主义历史条件下美国社会矛盾的进一步深化"。具体来说,主要表现在以下三个方面:"富裕社会中的贫困、种族歧视造成的新型问题、青年学生对现实不满情绪的增长。"②那么,在富裕社会中为什么还会存在贫困现象呢?学者们已经指出,这是因为随着科学技术的发展,对于劳动力的受教育程度和所具有的文化技术知识也提出了相应的要求,那些不具备一定的文化技术知识,因而不符合劳动力要求的人们,自然就失去了就业的机会,失去了就业的能力和资格。特别是黑人,由于种族歧视的客观存在,他们的经济和社会地位并没有得到根本改变。许多黑人

---

① 刘绪贻、杨生茂主编:《美国通史》(第六卷·上),人民出版社2005年版,第125页。

② 同上书,第307页。

的子女由于贫困而失去了受教育的机会,这样也就失去了就业的能力和资格,也就和他们的父辈们一样陷入贫困境地。约翰逊政府也曾试图通过职业训练等措施解决这些问题,但这是它力所不能及的。说到底,这种社会状况是由资本主义不平等的经济关系造成的。没有平等的经济关系,也就不可能有平等的种族关系。作为资本主义制度下的国家政府,虽然能够在社会福利等方面采取一些改革措施,但它并不愿意、更不可能从根本上改变资本主义的经济关系和分配制度。

1968年,尼克松上台后,面对严峻的通货膨胀形势,制定了紧缩性财政和货币政策的计划。然而,这种计划的实施,不仅未能达到抑制通货膨胀的效果,反而进一步引发了新的经济危机。从20世纪60年代后期出现的通货膨胀的持续发展,使得美国经济在70年代处于长期停滞的状态。尼克松、福特和卡特政府所采取的一系列政策、措施,均以失败而告终。经济的长期停滞,必然导致大量失业和社会各种矛盾的激化。

进入20世纪80年代,里根政府抛弃凯恩斯主义,以供应学派和货币主义的思想观点为基础,提出了它的经济复兴计划,即减少政府干预和控制,试图通过减税、通过对货币供应量的控制,摆脱滞胀危机。这种复兴计划的实行,虽然取得了一定的效果,但也带来了不少问题。甚至导致了"超贫穷人口"的出现。布什取代里根之后,继续推行里根的经济政策。使美国"走上了一条不付出高昂的经济、社会、人文代价就不可以持续下去的道路"①。克林顿当选后,采取"中间道路",奉行"宏观调控,微观自主"的经济政策。"这种政策既不同于罗斯福新政以来形成的国家干预过多的政策,也不同于里根的放任自由的政策。它力求美国经济作为一个整体良性运行,趋利避害,同时又保证和促进个人与个体的积极性和创造性。在这种总政策

---

① 刘绪贻、杨生茂主编:《美国通史》(第六卷·下),人民出版社2005年版,第512页。

的影响下，克林顿政府的一些具体经济政策促进了新经济的产生和发展。"① 然而，这并不意味根本矛盾的解决，许多社会不良状况依然存在。

正是上述印度、英、美各国社会经济政治运行发展状况和所存在的突出问题，为阿马蒂亚·森等思想家展开对于社会正义问题的研究，提供了客观现实基础和动力。他们展开对于社会正义问题的研究，建立思想体系的目的，正是在于为解决资本主义社会中存在的突出问题，为资本主义社会的稳定、发展，提供制定各种方针政策和措施的思想基础和理论依据。

## 二 思想背景分析

社会正义问题是古今中外思想家们普遍关注的历久而常新的话题。在西方，古希腊的思想家如苏格拉底、柏拉图、亚里士多德等，都曾对这一问题进行了论述。那么，什么是"正义"呢？

苏格拉底的回答是："真正的正义就是平等地分享。"② 在他看来，最佳的生活方式就是对公义和其他一切美德的追求。

柏拉图在他的著名的《国家篇》中，对正义的本质和起源做了这样的描述："当人们在交往中既伤害他人又受到他人的伤害，两种味道都尝到以后，那些没有力量避免受害的人就觉得最好还是为了大家的利益而相互订立一个契约，既不要行不义之事，又不要受不正义之害，这就是人们之间立法和立约的开端，他们把守法践约叫做合法的、正义的。这就是正义的起源与本质——一种最好与最坏的折中"③。同时，在《国家篇》中，他还把正义界定为做自己分内的事和拥有属于自己的东西。这显然是就人们之间的相互关系来说的。如果人人都只做自己分内的事情，都只拥有属于自己的东西，那么就可

---

① 刘绪贻、杨生茂主编：《美国通史》（第六卷·下），人民出版社 2005 年版，第 560 页。
② 《柏拉图全集》第一卷，王晓朝译，人民出版社 2002 年版，第 375 页。
③ 同上书，第 314—315 页。

以避免彼此发生冲突，避免彼此相互伤害，从而保持和谐。而就国家来说，正义则表现为各个阶层的人都能够各司其职。如果国家的各个阶层的人都能够做到各司其职，各尽其责，那么国家的运行就会和谐有序，呈现良好态势。就个体来说，正义则表现为自身内部的各个部分相互协调，秩序良好，从而成为一个有节制的、和谐的整体。而一旦达到了整体和谐，那么，不论从事什么工作，其行为都会是正义的、高尚的。反之，如果自身内部的各个部分之间不协调，经常发生冲突，这样就不能够形成一个有节制的、和谐的整体。那么，其行为自然也就不可能是正义的和高尚的了。然而，在柏拉图看来，正义的实现必须依靠法律保障。这是因为，人们喜欢追求的是私利，所以，对于他人平等权利的尊重，就不得不依靠法律来维持了。

亚里士多德也曾指出："人的独特之处就在于，他具有善与恶，公正与不公正以及诸如此类的感觉。"① 他从分配的角度来分析公正，将公正界定为按照各自的价值进行分配。因此，在他看来，遵照这种公正的原则，劳作多的就应该多得，劳作少的当然就应当少得。根据这种公正原则，他把不公正分为两类，一类是违法，另一类是不均，而公正则是守法和均等。这种公正原则能够给人们提供一种是非曲直的标准，所以，他要求为政应当以公正为准绳。

西方近代思想家如卢梭、洛克、休谟、亚当·斯密等，同样非常关注正义这一问题。

作为"新时代的创造者"（罗曼·罗兰语）的卢梭，在他的《论人类不平等的起源与基础》中，把人类中的不平等分为两种：一种是基于自然的或生理上的，由年龄、健康、体力以及智慧或心灵的性质的不同而产生的不平等；另一种是起因于一种协议，由于人们的同意而设定的，或者至少是它的存在为大家所认可的，精神上的或政治上的不平等。这种不平等是指一些人通过损害他人而拥有和享受的超越

---

① 苗力田主编：《亚里士多德全集》第九卷，中国人民大学出版社1994年版，第6—7页。

## 第一章 阿马蒂亚·森的正义理论的背景、视角与方法

于他人之上的各种特权。对于第一种不平等的根源，因为它是基于自然的或生理的，所以，卢梭指出"不必问"。而对于第二种不平等的根源，卢梭指出："自从一个人需要另一个人的帮助的时候起；自从人们觉察到一个人据有两个人食粮的好处的时候起；平等就消失了、私有制就出现了、劳动就成为必要的了、广大的森林就变成了须用人的血汗来灌溉的欣欣向荣的田野；不久便看到奴役和贫困伴随着农作物在田野中萌芽和滋长。"① 这就是说，这种不平等的根源在于人类自身的进步和发展，在于人们联系的日益密切和关系的日益加深，在于人们对财富的追求和私人占有。竞争和倾轧、利害冲突、损人利己之心，这一切灾祸，都是由于人们对私有财产的追求造成的。在卢梭看来，人们对于权利平等及其产生的正义的追求，也仍然是出自人们对自己的偏私。正是基于这种认识，所以，他把对于权利平等和正义的追求看成是出自人的天性。既然对于权利平等和正义的追求是出自人的天性，那么，这种追求自然也就是必然的、合理的了。

亚当·斯密在他的《道德情操论》中，列专章集中讨论了正义问题。他将"正义"和"仁慈"这两种美德进行了比较，指出：仁慈总是自由随意的，无法强求，然而，有另一种美德，不是我们自己可以随意自由决定是否遵守，这种美德就是正义。在这里，斯密明确揭示了"正义"和"仁慈"这两种美德的根本区别。就是说，"仁慈"是由主体自身自由决定是否遵守的，别人无法强求他必须遵守；而"正义"则不然，它必须被严格遵守，如果有人不能自觉遵守，则要使用武力，强迫他遵守。斯密举例说，一个人有能力帮助他的恩人，他的恩人也需要他的协助时，他却没有报答他的恩人，这个人无疑犯了可恶至极的忘恩负义之过。他的这种忘恩负义行为应该受到高度非议，但不会受到惩罚。因为他毕竟没有绝对伤害到什么人，他只是没有做就合宜的观点而言他应该做的好事。所以，他只是憎恶的对象，而不是怨恨的对象。如果他的恩人企图以暴力强制他表示感激的话，

---

① 《卢梭文集1》，李常山译，红旗出版社1997年版，第115—116页。

那么，他的恩人将会因此而名誉扫地。而违反正义，则将会给人带来绝对伤害，所以，违反正义者不仅要遭到怨恨，还要因此而遭受惩罚。同样道理，对于友谊、慈善或慷慨这些美德，是否付诸实践也是由我们自己决定的。而正义却以强迫的方式，甚至使用武力强制我们不得不遵守。这是为什么呢？这是因为，对于社会存在来说，正义与仁慈等美德具有不同的意义和价值。斯密指出，仁慈等美德是增添社会建筑光彩的装饰品，而正义则是撑起整座社会建筑的主要栋梁。"没有仁慈，社会仍可存在，虽然不是存在于最舒服的状态；但是，普遍失去正义，肯定会彻底摧毁社会。"①

同时，斯密还指出，违背正义虽然会遭到惩罚，而遵守正义却也不值得奖赏。在斯密看来，一个人做到了克制自己，不去侵害他人的人身、财产或荣誉，这说不上有什么功劳，只不过是履行了他必须履行，不履行就要受到武力逼迫和惩罚的正义的规则，所以，并不值得奖赏。

斯密还认为，以其人之道，还治其人之身，是我们应该恪守的"伟大法则"。所以，仁慈与慷慨只该回敬给仁慈与慷慨的人。而对于违反正义的人，则应该让他也感受到他施加在别人身上的那种祸害。即以他自己受苦的恐惧来吓阻他去危害别人。总之，在斯密看来，人们都应该虔诚地遵守同一套正义的法律来相互对待。斯密的思想，对阿马蒂亚·森的理论的形成有着重要的影响。

西方当代思想家如约翰·罗尔斯、罗伯特·诺齐克等，更是注重对于正义问题的研究和探索。阿马蒂亚·森在他的《以自由看待发展》一书中，曾列专题对罗尔斯、诺齐克的思想进行评论，表明了他对于罗尔斯和诺齐克思想的重视。所以，为了更加明晰地了解当代西方正义理论的发展状况，在对比分析中更深入地理解阿马蒂亚·森的正义观，这里有必要对于罗尔斯和诺齐克的正义思想多谈

---

① ［英］亚当·斯密：《道德情操论》，谢宗林译，中央编译出版社2008年版，第105页。

## 第一章 阿马蒂亚·森的正义理论的背景、视角与方法

论一些。

在长期的孜孜不倦的研究探索中，罗尔斯先后发表了《正义论》、《政治自由主义》和《作为公平的正义——正义新论》等影响巨大的学术论著。在《正义论》中，罗尔斯首先明确指出："正义是社会制度的首要价值，正像真理是思想体系的首要价值一样。一种理论，无论它多么精致和简洁，只要它不真实，就必须加以拒绝或修正；同样，某些法律和制度，不管它们如何有效率和有条理，只要它们不正义，就必须加以改造或废除。"① 在这里，罗尔斯把"正义"摆在了优先于"效率"的地位，并把它作为衡量、评价一种社会制度的"首要"的价值尺度。这表明，罗尔斯所关注的首要问题是社会制度的正义问题，所以，他所着重讨论的是用于制度的正义原则。罗尔斯强调"正义是社会制度的首要价值"，这种认识是非常深刻的。他实际上已经明确指出了，目前西方资本主义国家内部存在的诸如各种不平等、极大的贫富悬殊、尖锐的矛盾冲突和种种不良行为，说到底是由于资本主义社会的基本结构造成的。所以，要从根本上解决这些问题，必须从改造社会的基本结构入手，实现制度正义。他建立正义理论体系的目的，一方面，是在于要求政府把实现社会正义作为制度建设的目标指向；另一方面，也是在于为政府提供制度建设中所应当遵循的正义原则。所以他指出："正义的主要问题是社会的基本结构，或更准确地说，是社会主要制度分配基本权利和义务，决定由社会合作产生的利益之划分的方式。"② 他所说的社会主要制度，也就是政治结构和主要的经济和社会安排。

罗尔斯之所以把社会的基本结构作为正义的主题，是因为他深刻认识到，社会结构对人的影响十分深刻并自始至终，在社会生活中，人们之所以有着不同的生活前景，究其原因，除自身的自然条件之外，主要是由政治体制和经济、社会条件决定的。社会的基本结构使

---

① [美] 约翰·罗尔斯：《正义论》，何怀宏等译，中国社会科学出版社1988年版，第3页。
② 同上书，第7页。

一些人的某些出发点比另一些人的出发点更为有利，这样，就造成了一种不平等。在罗尔斯看来，这类不平等是一种特别深刻的不平等，因为它不仅涉及面广，而且影响到人们在生活中的最初机会。他指出，正是这些在社会结构中实际存在的不平等，构成了社会正义原则的最初应用对象。人们提出社会正义观的根本目的，就是要为社会基本结构中的分配提供一种标准。

罗尔斯对功利主义理论进行了评析，指出它的主旨是："如果一个社会的主要制度被安排得能够达到总计所有属于它的个人而形成的满足的最大净余额，那么这个社会就是被正确地组织的，因而也是正义的。"① 它对"善"的定义是欲望的满足，或者理性欲望的满足。它注重的是最大限度地增加利益总额，而不关心总量如何在个人之间进行分配。罗尔斯认为，这样将会出现为了使多数人分享较大利益，而使少数人的自由遭到剥夺的后果。这在罗尔斯看来，是违背正义的。所以，他把"正义"摆在了优先于"效率"的地位，并把它作为衡量、评价一种社会制度的"首要"的价值尺度。

罗尔斯提出了用于制度的两个正义原则，并在《正义论》《政治自由主义》《作为公平的正义——正义新论》中进行了多次陈述。在《正义论》第一编第二章第11节中的首次陈述是：第一个原则：每个人对与其他人所拥有的最广泛的基本自由体系相容的类似自由体系都应有一种平等的权利。第二个原则：社会的和经济的不平等应这样安排，使它们被合理地期望适合于每一个人的利益；并且依系于地位和职务向所有人开放。② 在《正义论》第二编第五章第46节中的最后陈述是：第一个原则：每个人对与所有人所拥有的最广泛平等的基本自由体系相容的类似自由体系都应有一种平等的权利。第二个原则：社会和经济的不平等应这样安排，使它们：在与正义的储存原则一致的情况下，适合于最少受惠者的最大利益；并且，依系于在机会公平

---

① ［美］约翰·罗尔斯：《正义论》，何怀宏等译，中国社会科学出版社1988年版，第22页。

② 同上书，第60—61页。

## 第一章 阿马蒂亚·森的正义理论的背景、视角与方法

平等的条件下职务和地位向所有人开放。① 同时，他还提出了两个优先规则。第一个是自由的优先性，第二个是正义对效率和福利的优先。在《作为公平的正义——正义新论》一书第二部分第13节中，他又对两个正义原则作了最新表述：（1）每一个人对于一种平等的基本自由之完全适当体制（scheme）都拥有相同的不可剥夺的权力，而这种体制与适于所有人的同样自由体制是相容的；（2）社会和经济的不平等应该满足两个条件：第一，它们所从属的公职和职位应该在公平的机会平等条件下对所有人开放；第二，它们应该有利于社会之最不利成员的最大利益（差别原则）。② 罗尔斯之所以对他所提出的用于制度的两个正义原则进行多次的陈述，这一方面是由于论争的需要，更重要的则是因为这是他的正义理论的核心。同时，这也展现了他的思想认识不断深化的过程。在他的多次陈述的变化中，一是凸显了机会的平等，二是凸显了他对社会之最不利成员，即社会弱势群体的热切关注。从而，展现了他的正义理论的突出特点和个性特色。

罗尔斯的《正义论》发表不久，诺齐克出版了他的《无政府、国家与乌托邦》一书。明确表示，他要用自己提出的正义理论来剖析和批评其他倾向于一种功能较多国家的分配正义理论，尤其是罗尔斯的著名理论。而他对罗尔斯正义理论展开剖析和批评的重点，正是"差别原则"。他指出：人们提出的几乎所有分配正义原则都是模式化的，而罗尔斯的差别原则是一种特别强的模式化目的原则。他说：模式化分配正义原则的倡导者们，"专心地考虑某人应当分有某物以及全部分配图景的理由。他们不仅没有考虑给予比接受更好，而且完全忽略了给予。"③ 这就是说，模式化分配正义原则的倡导者们所关注的只是产品的分配问题，而忽视了产品的所有权问题；只

---

① ［美］约翰·罗尔斯：《正义论》，何怀宏等译，中国社会科学出版社1988年版，第302页。
② ［美］约翰·罗尔斯：《作为公平的正义——正义新论》，姚大志译，上海三联书店2002年版，第70页。
③ ［美］罗伯特·诺齐克：《无政府、国家与乌托邦》，何怀宏等译，中国社会科学出版社1991年版，第173页。

重视接受者的权利,而忽视了给予者的权利。也就是说,模式化分配正义原则完全是从接受者的利益出发的。他指出,在产生社会合作的收益方面,各方的状态是对称的,因而,分配原则应当是保持中立的。但"差别原则"在这两者之间不是保持中立的,所以,如果按照"差别原则"进行分配,那些条件较优者是有理由抱怨的。正是基于这样的认识,诺齐克提出了"持有正义"的理论,或称作"权利理论"。

这种"持有正义"的主题由三个主要论点组成:第一个论点是持有的最初获得,或对无主物的获取。他把围绕这一论点的复杂真理称为"获取的正义原则"。第二个论点涉及从一个人到另一个人的持有的转让。有关这一论点的复杂真理,他称为"转让的正义原则"。第三个论点是"对持有中的不正义的矫正"。

诺齐克在论证"获取的正义原则"时,借用了洛克的获取理论。即认为某人对于一个无主物的所有权,是通过对无主物的劳动产生的。这是因为,通过某人的劳动,使无主物得到了改善,使得它更有价值。正是因为某人通过劳动创造了价值,所以他有权占有这个无主物。同时,诺齐克还强调了"洛克的条件",即当某人占有了无主物之后,还留有足够的和同样好的东西给其他人共有。也就是说,不致因为他对无主物的占有,而使其他人的状况变坏。但是,诺齐克也清楚地认识到,在实际生活中"洛克的条件"是难以完全达到的。因而,他对"洛克的条件"进行了修正和弱化,然后纳入自己的正义理论体系之中。他分析道:一个人的占有可能以两种方式使另一个人的状况变坏:首先,使别人失去通过一个特殊占有来改善自己状况的机会;其次,使别人不再能够自由地使用他先前能使用的东西。第一种规定占有不能使别人状况变坏的严格要求,将不仅禁止第二种方式的占有,也禁止第一种方式的占有。而一个较弱的要求则只禁止第二种方式的占有,但不禁止第一种方式的占有。他明确表示:"我认为任何恰当的有关获取的正义理论,都将包含一个条件,即一个类似于我们刚才归之于洛克的那种较弱条件。"① 在他看来，正是私有制的占有满足了提出"留有足够和同样好的东西"这一条件的意图。

在论证"转让的正义原则"时，他强调的是"自愿"。即人们在与他人交换和转让权利时，都必须遵守自愿的原则。人们拥有按相互接受的比率进行贸易的自由。他指出，不管什么分配，只要当事者自愿，就没有理由限制和反对。在他看来，这就需要一种市场体系的自由运转。他认为，一种市场体系的自由运转实际上不会与洛克的条件冲突。很显然，诺齐克"持有正义"理论所强调的是经济分配上的"自愿"。当然，他所谓的"自愿"也是有着具体限制的。他说："一个人的行为是不是自愿的，依赖于限制他的选择对象的是什么。如果是自然的事实，那么这一行为就是自愿的。""别人的行为限制着一个人可利用的机会。而这是否使一个人的行为不自愿，要依这些人是否有权利这样做而定。"② 就是说，每个人在条件许可的情况下，在自己所拥有的权利范围内做出的行为选择，这就是"自愿"。很显然，他所强调的"自愿"，是建立在"权利"基础之上的。

正是从强调个人权利不容侵犯出发，诺齐克认为，最弱意义上的国家是正确的，同样也是有吸引力和鼓舞人的。他把国家的功能仅限于防止暴力、偷窃、欺骗和强制履行契约等方面。他指出："国家不可用它的强制手段来迫使一些公民帮助另一些公民；也不能用强制手段来禁止人们从事推进他们自己利益或自我保护的活动。"③ 因此，他反对国家为了平等而对于社会财富进行再分配。在他看来，再分配是一件涉及侵犯人们权利的严重事情。他将征收劳动所得税与强制劳动等同起来，认为征收劳动所得税就是在强制一个人为另一个人劳动。所以他强调，不能够径直认定必须把平等放进任何正

---

① ［美］罗伯特·诺齐克：《无政府、国家与乌托邦》，何怀宏等译，中国社会科学出版社1991年版，第183页。
② 同上书，第262—263页。
③ 同上书，第1页。

义理论。

美国哈佛大学政治学著名教授迈克尔·J. 桑德尔，在分析罗尔斯与诺齐克的分歧时曾经指出："在罗尔斯的正义理论中，社会的和经济的不平等是被允许的，只要它能保证基本的温饱。在同一问题上，诺齐克所持的正义观只基于自愿的交换和转移，同时排除再分配的政策。"他们的理论的"分歧点可以被精确地找到，因为罗尔斯在发展他的第二个正义原则（它包含差异原则）时，设置了一条推理线索，它开始的立场与诺齐克的相似，但却以罗尔斯自己的立场结束"①。桑德尔的分析确实切中了要害。罗尔斯的正义理论之所以能够引起学术界的极大兴趣，之所以招致多方面的批评，关键正是在于他所提出的第二个正义原则。桑德尔在这里所说的"它开始的立场与诺齐克的相似"，就是指罗尔斯的正义理论体系中的第一个正义原则和第二个正义原则中的"自由的优先性"，是与诺齐克的立场观点相似的。"但却以罗尔斯自己的立场结束"，则是指"差别原则"而言。"差别原则"确实体现了罗尔斯自己的立场，是罗尔斯正义理论的特色所在。

正是在这样一种思想大背景下，阿马蒂亚·森展开了对社会正义问题的研究和探索。从理论和事实两个方面研究探索不平等、贫困等不正义现象存在的社会政治根源，为解决不平等、贫困等不正义问题，提供理论依据。反过来讲，也只有把阿马蒂亚·森的正义理论放回到这样一种社会、思想大背景下进行比较分析，才能够真正理解和把握其实质和特征。这也正是我们用比较长的篇幅，来分析阿马蒂亚·森的正义理论形成的社会、思想背景的道理所在。

阿马蒂亚·森的正义理论，不仅为我们认识和理解西方资本主义社会的深层次矛盾提供了一条比较可靠的途径，同时也为我们建立健全社会主义的正义理论体系，提供了可资借鉴的思想资料。

---

① ［美］迈克尔·J. 桑德尔：《自由主义与正义的局限》，万俊人等译，译林出版社2001年版，第83页。

# 第二节 阿马蒂亚·森的正义理论的视角与方法

对于同一个问题,学者们之所以会形成不同的看法,究其原因,往往是由于考察的视角与分析的方法的不同造成的。因此,当我们研究某位思想家的某些思想时,有必要首先了解和把握他观察问题的视角,以及他分析问题的方法。所以,要真正了解和把握阿马蒂亚·森正义理论的实质和特征,那么在分析了他研究正义问题的社会、思想背景之后,接下去要做的工作,就是分析他研究正义问题的视角和方法。

## 一 自由取向的视角

阿马蒂亚·森指出:"我们有理由估价我们的自由,当我们评价一个社会的利弊或者某种社会制度的正义与否时,我们很难不以某种方式思考不同类型的自由以及它们在社会中的实现与剥夺。"① 在这里,阿马蒂亚·森明确说明了他与罗尔斯、诺齐克不同,他是以不同类型的自由的实现与剥夺情况,来评价一个社会的利弊、分析某种社会制度正义与否的。很显然,阿马蒂亚·森的这种思想是与英国社会人类学家马林诺夫斯基的思想相通的。马林诺夫斯基在他的《自由与文明》一书中曾经说道:"自由是当前问题中最有力、最本质、最普遍的因素。"② 因此,在马林诺夫斯基看来,诸如民主、正义、安全、繁荣等,都与自由相关联。所谓民主,也就是实践活动过程中的自由;所谓正义,则是自由的平衡因素、自由的组成部分,所以,没有正义也就无自由可言;所谓安全,也就是恐惧的消失,也就是消失了

---

① [印度]阿马蒂亚·森:《理性与自由》,李风华译,中国人民大学出版社2006年版,第6页。
② [英]布劳尼斯娄·马林诺夫斯基:《自由与文明》,张帆译,世界图书出版公司北京公司2009年版,第16—17页。

恐惧后的自由;所谓繁荣,也就是具有了满足欲望的条件,有了满足欲望的条件也就有了满足欲望的自由。总之,"自人类诞生之日起,自由就是文化成就运作、维持与发展的前提"①。很显然,他们都十分注重自由的意义和价值。

同时,阿马蒂亚·森所说的自由,也是有其特定含义的。他将自己赋予特定含义的自由,称为"实质自由"。那么,他所说的实质自由的含义是什么呢?

1. 实质自由的含义

阿马蒂亚·森指出,所谓实质自由,也就是"人们去做他们有理由珍视的事情的可行能力,以及去享受他们有理由珍视的生活的自由"②。具体来说,"包括免受困苦——诸如饥饿、营养不良、可避免的疾病、过早死亡之类——基本的可行能力,以及能够识字算数、享受政治参与等等的自由。"③ 那么,又当如何理解可行能力呢?他指出,所谓可行能力,也就是人们有可能实现的各种功能性活动的组合。所谓功能性活动,则是指一个人认为值得去做或达到的各种事情或状态。他又进一步解释说,有价值的功能性活动既包括诸如有足够的营养和不受可以避免的疾病之害,这些最基本的要求,也包括诸如参与社区生活和拥有自尊等,这些复杂的活动或状态。阿马蒂亚·森将自由与能力联系起来,用能力来界定、解说自由的思路,也是与马林诺夫斯基的思路相通的。马林诺夫斯基曾经表示:"我们坚持认为自由是:选择,或者说目标的形成;手段,或者说实现目标的方式;享受,或者说达成目标并控制结果。"并强调,"只能将自由视为行为"④,它体现在人类社会生活的各个方面。而个体的自由,则是通

---

① [英]布劳尼斯娄·马林诺夫斯基:《自由与文明》,张帆译,世界图书出版公司北京公司2009年版,第21页。
② [印度]阿马蒂亚·森:《以自由看待发展》,任赜、于真译,中国人民大学出版社2002年版,第71页。
③ 同上书,第30页。
④ [英]布劳尼斯娄·马林诺夫斯基:《自由与文明》,张帆译,世界图书出版公司北京公司2009年版,第20页。

过他选择行为目标、行为方式和享受付出所带来的收益的能力体现出来的。

对于阿马蒂亚·森所说的可行能力，下面还要作进一步的阐述。

2. 实质自由取向视角的特点和优势

阿马蒂亚·森认为，在评价一个社会的利弊、分析某种社会制度正义与否时，实质自由取向的视角具有非常明显的特点和优势。在《以自由看待发展》一书中，他从四个方面对实质自由取向视角的特点和优势进行了分析和总结。

第一，他指出：实质自由的视角所关注的并非仅仅是程序，而是我们有理由珍视的那种生活的可行能力。就是说，实质自由视角所关注和强调的是"实质的正义"的实现。在这方面，阿马蒂亚·森和罗尔斯的认识是基本一致的。罗尔斯曾将正义区分为"形式的正义"、"实质的正义"和"程序的正义"。罗尔斯所谓的"形式的正义"，也就是对法律和制度的公正一致的管理，即在法律和制度面前人人平等；所谓的"实质的正义"，是指法律制度本身符合社会正义原则的要求，具有正义的性质；所谓的"程序的正义"，是指法律制度的实际操作运行过程中所遵循的规则符合正义的原则。同时，罗尔斯也指出，形式正义的原则是否能够被遵守，以及遵守的程度如何，最终还是要依赖制度的实质性正义的。这表明，罗尔斯所关注的也并不仅仅是程序问题。当然，实质自由的视角也并不否认程序的重要性，而是更加突出强调实质自由的首要的地位。

阿马蒂亚·森还指出，实质自由这一视角可以提供一种不同于那种集中注意国民生产总值，或技术进步，或工业化的发展观。阿马蒂亚·森认为，诸如国民生产总值的增加、技术的进步、工业化程度的提高等，并不是发展的决定性特征，这些都只是在一定条件下才具有重要意义。也就是说，这些都不是发展的最终目的。当然，阿马蒂亚·森也并不否认国民生产总值增加、技术进步和工业化程度提高等的重要价值和作用。只不过是认为这些方面的发展的价值和作用，只是工具性的，并非目的性的。

概而言之，关注我们所拥有的、享受我们有理由珍视的那种生活的可行能力，能够为我们提供一种不同于常见的集中注意国民生产总值，或技术进步，或工业化的发展观，这是实质自由视角的第一个方面的特点和优势。

第二，他指出，自由取向的视角具有共容性的特点。因而，具有比较强的灵活性和普适性。这是自由视角的第二个方面的特点和优势。

一方面，自由取向的视角可以容纳不同种类的自由，比如"机会层面"的自由和"过程层面"的自由等。阿马蒂亚·森说："这里所采用的自由观涉及确保行动和决策自由的过程，以及人们在给定的个人与社会境况下所享有的机会。"① 他指出，不自由可以通过不恰当的过程而产生，也可以通过缺乏适当的机会而产生。肯定过程和机会各具重要性，这样就避免了把注意力仅仅局限于适当的过程上，或适当的机会上的片面性。阿马蒂亚·森还说："虽然自由的这些不同组成部分通常共同起作用，但有时却并非如此，在这样的情况下，事情就取决于对不同要素所赋予的权重。"② 这就是说，自由取向的视角虽然肯定过程和机会各具重要性，虽然肯定自由的不同组成部分在评价一个社会的利弊、分析某种社会制度正义与否时都起作用，但也注意到在不同的情况下，自由的不同组成部分的作用是不同的，因此，要根据不同的情况，赋予不同的要素以不同的权重。也就是说，随着情况的变化，作为评价要素的自由的不同组成部分的权重也在发生着变化。

另一方面，阿马蒂亚·森指出，自由取向的视角还可以容纳分别强调效率和公平的不同主张。正是自由取向视角的这种"共容"的特点，使得我们能够把各种不同的正义理论进行归并分组。阿马蒂亚·森还指出，不管我们集中注意的是自由，还是幸福或者效用、资

---

① [印度] 阿马蒂亚·森：《以自由看待发展》，任赜、于真译，中国人民大学出版社2002年版，第12页。

② 同上书，第286页。

## 第一章 阿马蒂亚·森的正义理论的背景、视角与方法

源、基本物品,来评价个人的状况,公平与效率的冲突总是存在的。就是说,强调了公平必然要影响到效率,强调了效率也必然要影响到公平。而那些"标准的正义理论"在处理这一冲突时,往往提出一种"特定的公式",这种特定的公式只强调冲突的一方,而忽略了冲突的另一方。比如,功利主义的正义理论所强调的是效用的总和最大化,而不管效用的分配;罗尔斯的差别原则所强调的则是处境最差的人的利益最大化,而不管这会如何影响到其他人的利益。就是说,那些"标准的正义理论"都有其片面性和局限性。而阿马蒂亚·森本人则同时承认总量和分配两方面的重要性。他认为,只有从总量和分配两方面考虑,既承认总量的重要性,也同时承认分配的重要性,这样才具有说服力和正当性。所以,他要"把我们的注意力引向公共政策的某些基本的、但是被忽略的问题,即从自由的视角所看到的贫困、不平等和社会运作业绩"①。由此可见,解决现实存在的贫困问题、不平等问题,正是他提出实质自由、可行能力诉求正义观的目的所在。而在评价公共政策,解决从自由的视角所看到的贫困、不平等问题时,以及评价发展的过程时,总量方面与分配方面都必须同时充分关注到。

同时,在谈论自由视角的"共容性"特点时,阿马蒂亚·森还明确指出了正义思想理论的作用和意义。他说:"基础性的正义思想可以鉴别出对'正义社会'有不可或缺的关联性的某些基本要素",但"那些思想完全不可能最终产生出一个关于相对权数的高度清晰的公式的排他性选择,作为'正义社会'的惟一蓝图"。又说:"正义思想的最重要的意义,在于用来识别明显的非正义","而不是用来推导出现成的公式,说明世界应该如何精确地管理"②。这就是说,正义思想理论只是为人们提供一种评价社会的基本原则,说明正义社会应当具备的基本要素。比如自由、平等、福利、公民权利等,这些都

---

① [印度]阿马蒂亚·森:《以自由看待发展》,任赜、于真译,中国人民大学出版社2002年版,第286—287页。
② 同上书,第287页。

是正义思想理论的基本诉求，只不过是不同的正义思想理论有不同的侧重面而已。人们可以依据这些基本诉求，来评价、识别社会正义与否，来建设正义社会，这就是正义思想理论的作用、价值和意义。至于采取什么样的具体方式、措施，通过什么样的具体路径来实现自由、平等，来保证公民权利等，那就不是正义思想理论所要解决的问题了。阿马蒂亚·森还曾用形象化的语言指出："正义是一门大炮，它不应该用来打一只蚊子"①。罗纳德·德沃金也曾有类似的论述。他在《原则问题》一书中曾这样写道："正义是我们的批评家而不是我们的镜子，无论受到挑战的传统多么顽固不化，关于分配任何一个物品——财富、福利、荣誉、教育、承认、岗位——的任何一个决定都会被重新考虑，我们会总是质问某些现行制度框架是不是公平的。"② 在这里，德沃金也和阿马蒂亚·森一样用形象化的语言说明了正义思想理论的最重要的意义。

玛莎·C. 纳斯鲍姆也提出了类似的观点。她在《正义的前沿》一书的"导论"中指出：社会正义理论应该是抽象的，应该具有总体性，应该从即时事件中抽离。否则，它就"不可能是稳定的"。同时，她还指出："社会正义理论也必须回应世界及其最紧迫的问题，以及在回应新问题或一些被严重疏忽的老问题时，必须对它们的构想甚至结构上的改变保持开放。"③ 这就是说，社会正义理论尽管是抽象的，但也并不是完全脱离社会现实的，并不是无的放矢。而是要回应世界及其最紧迫的问题的。尽管是要保持稳定的，但也不能是封闭的、一成不变的。而是要随着新、老问题的出现和被发现，而不断改变和发展的。"回应世界及其最紧迫的问题"，正是正义思想理论的意义、价值所在。

---

① [印度] 阿马蒂亚·森：《以自由看待发展》，任赜、于真译，中国人民大学出版社2002年版，第255页。
② [美] 罗纳德·德沃金：《原则问题》，张国清译，江苏人民出版社2005年版，第286页。
③ [美] 玛莎·C. 纳斯鲍姆：《正义的前沿》，朱慧玲、谢惠媛、陈文娟译，中国人民大学出版社2016年版，第1页。

## 第一章 阿马蒂亚·森的正义理论的背景、视角与方法

第三，阿马蒂亚·森指出："甚至就明显的非正义而言，不管从基本伦理原则来看它是如何明白无误，在实践中，要使大家就此达成共识，还是会依赖公开地讨论所涉及的议题，以及改进的可行性。"① 这就是说，在评价一个社会的利弊或者某种社会制度的正义与否时，要依赖公开的讨论，才能达成共识。

他又指出："对传统观念从实践性和价值观两方面进行公开辩论，其作用对于使公众承认非正义的存在，具有中心意义。"② 这里进一步强调了公开辩论，对于使公众承认非正义的存在的重要性。马林诺夫斯基也曾说道："开诚布公与短兵相接的论辩可以有效避免暗地里的阴谋诡计。"③ 而要使公众能够顺利、积极地参与公开讨论和辩论，从而参与社会评价和社会价值标准的选择，那就必须使公众享有基本的公民权利和自由。阿马蒂亚·森还特别强调，公众所享有的基本权利和自由，必须具有实质意义。就是说，公众不仅有权自由发表言论，而且所发表的言论能够充分发挥作用。这也就是说，这里所说的自由本身就是目的，公民所享有的就应当是这种实质自由。

很显然，强调公民应当享有基本权利和实质自由，以参与评价社会利弊、分析某种社会制度正义与否和社会价值标准的选择，这是自由视角的第三个方面的特点和优势。

第四，阿马蒂亚·森指出："一个集中注意实质自由的、关于正义和发展的视角，必定不可避免地聚焦于个人的主体地位及其判断；不能把人们看做仅仅是发展过程所带来的利益的接受者。"④ 这就是说，强调个人的主体地位，是自由视角的又一特点和优势。

阿马蒂亚·森强调，要把国家和社会的责任与个人的权利、自由

---

① ［印度］阿马蒂亚·森：《以自由看待发展》，任赜、于真译，中国人民大学出版社2002年版，第287页。
② 同上。
③ ［英］布劳尼斯娄·马林诺夫斯基：《自由与文明》，张帆译，世界图书出版公司北京公司2009年版，第10页。
④ ［印度］阿马蒂亚·森：《以自由看待发展》，任赜、于真译，中国人民大学出版社2002年版，第288页。

区别开来。他曾明确指出,个人能否在实质上拥有可行能力和自由,决定于社会的安排。因此,国家和社会具有提高和增强个人可行能力和实质自由的责任。国家和社会应当承担起这种责任。而对于负责任的成年人来说,如何使用他们的可行能力,则必须由他们自己来决定。阿马蒂亚·森举例说,废除人身依附性劳工制度,让那些人身依附性劳工有选择到其他地方就业的自由,这应该是一个社会共同承担的责任。实行能够提供广泛就业机会的经济政策,这也是一个社会应该负起的责任。但是,如何运用这种就业机会以及选择什么工作,则是个人的责任,应该由劳工个人自己决定和选择。同样道理,为孩子们提供基本教育的机会,为病人提供基本的医疗保健,这是社会的责任,而具体如何运用学到的知识和技能,如何利用健康条件,则只能由个人决定。国家和社会可以通过提供就业机会、加强教育、财产权等来增强妇女的权利,来扩大妇女的自由,但是如何来行使这种增强了的权利和扩大了的自由,则最终应由妇女个人自己决定。

阿马蒂亚·森还特别指出,他的集中注意实质自由的、关于正义和发展的视角,并不敌视现有的关于社会变化的相关文献。在他看来,一些有关社会发展的文献,集中注意诸如人均国民生产总值的增长等有限的指标,这是一种自设樊篱的做法。同时,他又指出,他的观点也完全不是新鲜的,而是在汲取亚里士多德、亚当·斯密等人的思想的基础上提出来的。因此,以自由为基础的视角具有普适性和共容性的优势和特点,能够兼顾功利主义、自由至上主义、罗尔斯的理论等,对诸如人类福利、选择过程和行动自由、个人自由权和资源的注意与关切。

玛莎·C. 纳斯鲍姆也指出,论述社会正义问题的"现代契约进路""罗尔斯的进路",与她的关注"选择或自由"、关注"根深蒂固的社会不公正和不平等"的[①]"能力进路"是"近亲和同盟者"[②]。

---

[①] [美]玛莎·C. 纳斯鲍姆:《寻求有尊严的生活——正义的能力理论》,田雷译,中国人民大学出版社2016年版,第14页。

[②] [美]玛莎·C. 纳斯鲍姆:《正义的前沿》,朱慧玲、谢惠媛、陈文娟译,中国人民大学出版社2016年版,第50页。

也说明了以自由为基础的视角,具有普适性和共容性的优势和特点。

## 二 可行能力分析的方法

如上所述,阿马蒂亚·森是以不同类型的自由的实现与剥夺情况,来评价一个社会的利弊、分析某种社会制度正义与否的。同时,阿马蒂亚·森又指出:"在分析社会正义时,有很强的理由用一个人所具有的可行能力,即一个人所拥有的、享受自己有理由珍视的那种生活的实质自由,来判断其个人的处境。"① 在这里,他把可行能力与实质自由等同起来,认为,一个人所具有的可行能力也就是他所拥有的实质自由。这显然是就其实质来说的。阿马蒂亚·森还说:"按照以能力为依据的正义评价,对个人权利主张的评价不应根据人们各自所拥有的资源或基本善,而应当根据实际上享有的选择各自有理由珍视的不同生活方式的自由。以个人实现各种功能(或所作所为)组合的能力来表示的,正是这种实际的自由。"② 在这里,他把能力与自由看成是表示与被表示的关系。就是说,实质自由是通过可行能力表示出来的。这显然是就其形式来说的。从阿马蒂亚·森的这些论述中可以看出,阿马蒂亚·森的正义理论的基本的逻辑结构是,以自由的视角来研究、看待正义,而自由是以人的可行能力来表示的,所以,他分析正义的具体方法,也就是可行能力的方法。因此,当我们分析了他的研究、看待正义的自由取向的视角以后,接下来要做的工作,就是探究他分析正义的可行能力的方法。

玛莎·C. 纳斯鲍姆也将她的"多元能力的理论","理解为一种方法",并指出,可以用这种方法"进行生活品质评估的比较和有关基本社会正义的理论化工作"③,所以,我们在探究阿马蒂亚·森可

---

① [印度]阿马蒂亚·森:《以自由看待发展》,任赜、于真译,中国人民大学出版社2002年版,第85页。
② [印度]阿马蒂亚·森:《后果评价与实践理性》,应奇编,东方出版社2006年版,第216页。
③ [美]玛莎·C. 纳斯鲍姆:《正义的前沿》,朱慧玲、谢惠媛、陈文娟译,中国人民大学出版社2016年版,第14页。

行能力分析方法的过程中,可以将两者的论述联系起来,这样有助于我们对于可行能力分析方法的理解。而要探究可行能力分析的方法,首先必须了解可行能力的具体含义。

1. 可行能力的含义

阿马蒂亚·森指出:"一个人的'可行能力'(capability)指的是此人有可能实现的、各种可能的功能性活动的组合。"它既包括"有足够的营养和不受可以避免的疾病之害"等这些"很初级的要求",也包括"参与社区生活和拥有自尊"等"非常复杂的活动或者个人的状态"①。他举例说,一个节食的富人与一个赤贫而不得不挨饿的人相比,就摄取的食物或营养量而言,他们所实现的功能性活动也许是相等的,但他们所具有的"可行能力集"是不同的。节食的富人可以选择多种行为方案,比如他可以选择不节食,可以选择吃好从而得到充足的营养,进一步说,他既可以选择吃肉、吃鱼,也可以选择吃青菜、吃水果。也就是说,他具有选择多种行为方案的能力。而赤贫者则无法做到这些。因此,做选择本身就是一种可贵的功能性活动。那么,这是否意味着拥有较多的"基本物品"就具有这种能力呢?阿马蒂亚·森解释说:"如果目的是集中注意个人追求自己目标的真实机会的话(如罗尔斯所明确提倡的),则要考虑的就不仅是各人所拥有的基本物品,而且还应包括有关的个人特征,它们确定从基本物品到个人实现其目标的能力的转化。"② 这就是说,基本物品本身还不就是能力,从基本物品到能力,还存在一个转化的过程。所以,拥有较多的基本物品,只是为拥有较大的可行能力提供了重要条件,并不是说拥有了较多的基本物品就拥有了较大的可行能力。比如,一个身有残疾者,或者一个老者,或者一个疾病缠身者,与一个身体健康者进行比较,即使他拥有超越于健康者之上的基本物品,但在实际生活中他仍然是一个弱者。这也就是说,

---

① [印度]阿马蒂亚·森:《以自由看待发展》,任赜、于真译,中国人民大学出版社2002年版,第62页。

② 同上。

## 第一章 阿马蒂亚·森的正义理论的背景、视角与方法

尽管他拥有较多的基本物品，但他仍然缺乏可行能力，缺乏享受自己有理由珍视的生活的实质自由。正是根据这种认识，阿马蒂亚·森指出，应当依据一个人所具有的可行能力，而不应依据所拥有的资源或基本善，分析社会正义，判断个人处境。这其中的道理是不难理解的。

为了使人们能够更清晰地了解他所提出的可行能力概念的含义，他又进行了进一步的解释。从他的解释中我们可以了解到，他所说的"可行能力集"，是由"功能性活动向量"所组成。"功能性活动组合"反映实际达到的成就，"可行能力集"则反映实现成就的自由。如果再进一步解释，这里所说的"自由"，也就是可供选择的各种相互替代的功能性活动组合。弄清楚他所使用的这些概念、命题的特定内涵，对于了解、把握他的思想的逻辑结构和精神实质，是至关重要的。①

玛莎·C.纳斯鲍姆曾指出："能力理论是森所提出的政治/经济项目的关键概念。"并强调，阿马蒂亚·森提出"可行能力"理论的抱负，"是要确立能力框架作为生活品质之比较的最佳坐标系，论证能力理论要优于功利主义和罗尔斯式的方法"。玛莎·C.纳斯鲍姆对阿马蒂亚·森"可行能力"理论的评论，有助于人们对阿马蒂亚·森"可行能力"理论的理解。

同时，玛莎·C.纳斯鲍姆还将她所使用的"能力"概念与阿马蒂亚·森的"能力"概念进行了比较。她说："我通常使用复数的'能力'，这是为了强调人类生活品质中最重要的元素是多样的，在性质上是相互区别的；健康、身体健全、教育以及个人生活其他诸方面，不可能未经扭曲地化约为一种一元的尺度。阿马蒂亚·森同样强调这种多元性和不可通约的观念，这是能力理论的一个关键要素。"②

---

① 刘晓靖：《阿马蒂亚·森"以自由看待发展"思想论析》，《河南社会科学》2010年第1期。
② [美]玛莎·C.纳斯鲍姆：《寻求有尊严的生活——正义的能力理论》，田雷译，中国人民大学出版社2016年版，第13—14页。

在这里,她明确指出了她所使用的"能力"概念内含的多元性、不可通约性,表明了她与阿马蒂亚·森的观念的一致性。并强调了关于"能力"概念内含多元性、不可通约性的观念,对于"能力理论"的重要性。同时,她还明确表示,她更倾向于使用"多元能力理论"这个词,因为她所关注的不仅仅是人类的能力,"还包括人类以外的动物的能力"。以"多元能力理论"为基础建立起来的正义理论,"不仅适用于人类,还可以用于人类以外的动物"。而在这方面,她与阿马蒂亚·森的观念则是有所不同的。阿马蒂亚·森虽然"也同意这一旨趣",但"他并未将动物能力当作其论述的一项核心议题"[①]。莎·C. 纳斯鲍姆通过这种比较,意在说明她的"多元能力理论"与阿马蒂亚·森关于"能力"观念的差异,以凸显其"多元能力理论"的优越性。

2. 可行能力分析方法的特征

阿马蒂亚·森指出:对比以功用为基础或以资源为基础的思路,在能力方法下判断个人的优势是凭一个人去做他或她有理由去重视的事情的能力。如果她有较少的能力——缺少真正的机会——去完成她有理由去重视的这些事情,那么就可以断定她的机会方面的优势比另一个人低。这里的重点是,一个人实际上去做这件事情的自由或者是——他或她可能重视做或正在做的事情。显然,我们最看重的事物是对我们特别重要的,是我们能够做到的。但是自由的理念也涉及我们自由地决定什么是我们想要的,什么是我们重视的及最终我们决定选择什么。因此能力的概念是与自由的机会方面紧密联系在一起的。[②]就是说,能力分析的方法既注重已经取得的成就,更注重能够获得成就的实际机会。如果一个人具有选择多种行为方案的能力,那么这个人也就拥有了能够获得较大、较理想成就的实际机会,也就拥有了更多的自由。与另一个仅仅具有选择一种行为方案能力的人相比较,他

---

① [美] 玛莎·C. 纳斯鲍姆:《寻求有尊严的生活——正义的能力理论》,田雷译,中国人民大学出版社 2016 年版,第 14 页。
② Anmartya Sen, *The Idea of Justice*, England, the Penguin Group, 2009, pp. 231–232.

就具有了非常明显的优势。

阿马蒂亚·森还指出："因为能力分析的方法有时被误解或曲解，所以重要的是一开始就应该澄清这种方法的某些具体的特征。"① 那么，具体说来这种能力分析的方法有哪些特征呢？

"首先，能力的方法表明一个信息，该信息集中于判断和比较全部的个人的优势和劣势"。"能力的方法是一般的方法，重点是在个人优势的信息，其判断是依据机会，而不是一个具体的为社会应如何组织的'设计'"。"能力角度是指向某一主要相关于评估社会不平等的能力，但就其本身而言，它不是为政策决定提出任何具体的准则。"② 就是说，能力分析的方法是依据个人拥有的实际机会，来识别和评估社会的不平等，而不是要设计出一种具体的社会组织方案。

"其次，要强调的是，能力角度不可避免地要关注我们的生活和与我们的生活相关的事物的多种不同特征。我们可能有十分广泛的评估人类功能的不同的成就，范围从充足的营养或避免在参与社会生活和提高技能去追求自己的工作——相关的计划和目标中过早的死亡。我们所关注的能力是，我们有能力去实现可以比较和判断彼此从事的我们有理由去珍视的各种功能的组合。"③ 在这里，阿马蒂亚·森明确指出了能力分析方法所关注的焦点。总之，"能力方法侧重于人的生活，而不是仅仅在一些独立的有用的物体"④。

与阿马蒂亚·森一样，玛莎·C.纳斯鲍姆也指出：她的"多元能力理论方法"认为，"在进行社会的比较并且评估它们基本的体面或正义时，所要提出的关键问题可表述为：'每一个人可以做些什么，又能够成为什么？'"换句话说，"这一理论方法把每一个人当作目

---

① Anmartya Sen, *The Idea of Justice*, England, the Penguin Group, 2009, p.232.
② Ibid..
③ Ibid., p.233.
④ Ibid..

的，所问的不仅是总体或平均福利，而是每一个可以得到的机会。它所关注的是选择或自由，认为社会应当为其人民提供的关键物品是一组机会，或者实质性的自由"①。显而易见，玛莎·C. 纳斯鲍姆也是将"能力理论方法"的特征，归结为关注"每一个可以得到的机会"，而不仅仅是社会的总体福利或者平均福利。玛莎·C. 纳斯鲍姆还指出："能力理论关注的是根深蒂固的社会不公正和不平等，尤其是因为歧视或边缘化所导致的能力失败。它将一种紧要的任务交托给政府和公共政策——也就是要提升由人类能力所定义的全体民众的生活品质。"② 也强调了"能力理论方法"侧重于人的实际生活品质。同时，也指明了提升全体民众的生活品质，是政府和公共政策的职责所在。

值得我们注意的是，玛莎·C. 纳斯鲍姆对阿马蒂亚·森关于"能力"是一种"实现可替换的功能组合的实质性的自由"思想的进一步细化和发挥。为了展示"能力"的复杂性，她将"实质性自由"称为"混合能力"（combined capabilities）。同时，又提出了"内在能力"（internal capabilities）概念。她指出：这种"内在能力"并不是人的自然禀赋，而是"训练或发展出来的特质和能力"。"如要培育最重要的人类能力，社会的一项要务就是去支持内在能力的发展"。而发展内在能力的途径，则"包括教育、强化身体和情感健康的资源、对家庭护理和关爱的支持、教育体制等等"③。她强调，之所以要区分"内在能力"和"混合能力"，是为了对应正义社会的两种任务。这两种任务：一是"卓有成效地实现内在能力的培育"，二是为民众提供"基于内在能力进行活动的机会"。她分析说："许多人内在地有参与政治的能力，但在混合能力的意义上却无法选择去参与政治"。"反过来讲，也可能一个人所生活的政治和社会环境让她有实

---

① [美] 玛莎·C. 纳斯鲍姆：《寻求有尊严的生活——正义的能力理论》，田雷译，中国人民大学出版社2016年版，第14页。
② 同上。
③ 同上书，第16页。

践其内在能力的条件（如批评政府），但这个人欠缺批判性思考或公开演说的得到发展的能力。"① 不难看出，玛莎·C. 纳斯鲍姆对"能力"的这种区分，是合乎实际的、有道理的。在实际社会生活中，确实有可能出现两种能力失衡的情况。她将"内在能力"和"混合能力"区分开来的目的，就是要提醒社会，一方面要卓有成效地对民众进行内在能力的培养，另一方面则要积极为民众创造、提供基于内在能力进行活动的机会。她特别强调："能力的培育就是为了能力的运作。"否则，"能力就是无意义"②。玛莎·C. 纳斯鲍姆的这种理论，显然是对"能力理论"的进一步丰富、深化、细化，在一定程度上提高了"能力理论"的说服力和实践性。

3. 可行能力分析方法的应用

阿马蒂亚·森指出："能力方法关注的最原初概念是'功能'。功能代表了个人状态的各部分——他在过一种生活时成功地做或成为的各种各样的事物。"③ 在他看来，人们需要的功能是多种多样的，同时，不同的功能对于提高人们的生活质量的重要程度也是不同的。所以，不同的人们对于不同功能的重视程度是大不相同的。阿马蒂亚·森曾举例说，对于诸如获取充足的营养，保持身心健康等基础性的功能，是每个人都非常重视的，因为它直接关涉一个人能否正常生存。而对于诸如使用特定牌子的洗衣粉等，则是无足轻重的。又如，"在处理发展中国家的极度贫困问题时，我们可以只用很少数量的功能和相应的基本能力，（例如，得到良好的营养和住所的能力，避免可避免的死亡或夭折的能力等），但却可以取得相当大的进展"。就是说，可以使这些国家的社会和民众的生活质量取得相当大的进步和提升。所以，他提醒人们，"对个体与社会利益的评估必须意识到"

---

① ［美］玛莎·C. 纳斯鲍姆：《寻求有尊严的生活——正义的能力理论》，田雷译，中国人民大学出版社2016年版，第16页。
② 同上书，第18页。
③ ［印度］阿马蒂亚·森：《后果评价与实践理性》，应奇编，东方出版社2006年版，第228页。

人们在赋予不同功能权重上的"这些差异"。"在描述和评估能力时，必须挑选出一组功能进行评价。"① 就是说，要挑选出一组具有重要意义和价值的功能作为评估能力的依据，其他的功能则可以忽略。总之，阿马蒂亚·森认为，在评估个体与社会利益时，在描述和评估能力时，面对多种多样的功能，必然存在一个区分和挑选的问题。

阿马蒂亚·森又指出："处理个人利益的能力方法关注的是，根据个人获得各种作为个人生活的一部分且有价值的功能的实际能力来评价利益。相应的处理社会利益的方法（既用于制度和政策的选择，也用于加总评价）将个人的能力集作为构成这种评价的信息基础，并且是其中不可缺少的、核心的部分。"② 在这里，阿马蒂亚·森明确说明了如何运用能力方法来评价个人利益和社会利益。就对于个人利益的评价来说，就是看他是否具有获得各种有价值的功能的实际能力，以及所具有的这种能力的大小。有了这种实际能力，那么他就可以从事各种功能性活动，从而提高自己的生活质量。所以，要增加个人的利益，就要想方设法提高其获得各种有价值的功能的实际能力。也就是说，重要的是在于帮助他们提高自身的"造血能力"，而非仅仅为他们"输血"。这种"治本"的主张，当然是非常有道理的。就对于社会利益的评价来说，就是要把个人的能力集作为构成这种评价的信息基础。在这里，阿马蒂亚·森将社会和个人紧密地联系了起来，这也是非常有道理的。一方面，社会是由一个个个人组成的，没有了一个个个人社会自然也就不存在了；另一方面，个人又是生活在社会之中的，个人是不可能离开社会的。因此，个人与社会的利益是联系在一起的，是密不可分的。阿马蒂亚·森要求把个人的能力集作为构成这种评价的信息基础，这显然是在于强调社会在增加个人利益方面的责任。

阿马蒂亚·森还指出："'可行能力方法'的评价性焦点可以是

---

① ［印度］阿马蒂亚·森：《后果评价与实践理性》，应奇编，东方出版社2006年版，第229页。

② 同上书，第227—228页。

## 第一章 阿马蒂亚·森的正义理论的背景、视角与方法

实现了的功能性活动（即一个人实际上能够做到的），或者此人所拥有的由可选组合构成的可行能力集（即一个人的真实机会）。这二者提供不同的信息——前者关于一个人实际做到的事，后者关于一个人有实质自由去做的事。"① 在这里，阿马蒂亚·森说明了可行能力方法在实际运用中的两种形式。就是说，他既关注一个人已经做到的事，也关注一个人有实际能力做到的事。并明确表示，他在自己的文献中两种形式都被运用，有时还被结合起来运用。把"真实机会"纳入进来，这样就扩大了评价的信息基础，从而使评价更趋合理。

同时，阿马蒂亚·森还具体论述了依据可行能力进行实际评价和政策分析时采用的三种不同的实用方法。

第一种方法是"直接法"。这是一种"把各种可行能力因素应用于评值的最直接和纯粹的方式"。这种方式也可以按以下三种不同形式来运用：（1）"全面比较"。就是"对所有这些可行能力向量逐一按贫困或不平等（或所涉及的任何其他标准）排序"。（2）"局部排序"。就是"对某些可行能力向量相对于另一些向量排序，但不要求评价性排序的完整性"。（3）"突出的可行能力比较"。就是"对选定作为焦点的某些向量进行比较，而不要求有完整的覆盖面"②。

他指出，"全面比较"的目标显然过高了，所以，我们可以朝那个方向走，而不必坚持对所有的各种状态做完全的排序。"突出的可行能力比较"的例子涉及集中注意某些特定的可行能力变量，诸如就业、寿命、识字或营养状况，尽管这种比较的范围是不完整的，但这种比较本身仍然可以在评值工作中发挥很好的启发性作用。不难看出，阿马蒂亚·森是比较赞赏这种比较的。因为这种比较是容易做到的。

第二种方法是"补充法"。这种方法"继续使用传统的程序在收入空间进行人际比较，但运用可行能力方面的因素（常常以非正式的

---

① ［印度］阿马蒂亚·森：《以自由看待发展》，任赜、于真译，中国人民大学出版社2002年版，第63页。

② 同上书，第68页。

方式）作为补充"。阿马蒂亚·森指出，通过这种补充，可以在实际上实现信息基础的一定程度的扩大。应用这种补充法，可以直接比较功能性活动本身，也可以比较收入以外的影响可行能力的某些工具性变量。例如，是否有医疗保健设施，家庭内部分配中是否存在性别歧视等。在阿马蒂亚·森看来，通过这种补充，"可以增强我们对不平等和贫困问题的全面理解。这实质上也就是用突出的可行能力比较作为补充工具"①。

第三种方法是"间接法"。这种方法仍然聚焦于我们所熟悉的收入空间，但加以适当的调整。也就是用收入之外的可行能力决定因素来计算调整后的收入。例如，家庭收入水平可以因文盲而下调，因教育水平高而上调。通过这种调整来反映可行能力成就。

阿马蒂亚·森指出，这种方法的优点在于收入是人们熟知的概念，而且常常有更准确的测度，这可以使表述更清晰，解释更容易。但阿马蒂亚·森同时又指出："有必要认识到它绝不比直接评价'更简单'。"② 首先，这种方法涉及一个"度量尺度"问题。因为要对收入进行考察比较，必须要确定一个"数值"作为"度量尺度"。而在确定这个"数值"时，必须考察收入是如何影响有关的可行能力的。因为由收入转换为可行能力，这中间还存在一个转换率的问题。就是说，还要确定一个转换率。而要确定一个转换率，还必须对各种可行能力进行评价。要对各种可行能力进行评价，也就必须考察影响可行能力的种种因素，而在这影响可行能力的种种因素中，就包含了收入。可见，这种方法并不简单。其次，由于收入空间的明晰性和直接性，所以，人们在解读收入差别时，容易误认为收入转移是减少所观察到的不平等的最好方法。最后，收入空间虽然具有更高的可测性和明晰度，但就其所涉及的数值而言，其实际的数量大小却可能是非常具有误导性的。就是说，往往会因为收入的差别很小，就认为这种收

---

① ［印度］阿马蒂亚·森：《以自由看待发展》，任赜、于真译，中国人民大学出版社2002年版，第69页。
② 同上。

入的很小差别所带来的影响也很小。其实，在一些情况下，收入的很小差别所带来的影响却是很大的。阿马蒂亚·森举例说，考察一下一个人随着收入水平下降开始挨饿的可能性，当他的收入水平下降到一定程度之后，哪怕再下降一点，这种微小的变化就有可能对他的生存机会造成巨大的影响。他又说："如果因为一根钉子而输掉一场战役（通过一系列因果联系，如那首古老的诗歌所描述的那样），那么那根钉子造成了巨大的区别，不管它在收入或支出的空间是多么微不足道。"① 正是这种微不足道的收入或支出造成了输赢两种巨大的区别。

最后，阿马蒂亚·森还指出，有必要强调可行能力方法的普遍相容性。对于可行能力方法，要特别反对那种要么全盘应用，要么全盘不用的想法。对于可行能力重要性的肯定，是在基础层次上的肯定，可以和随实际情况而变的各种实际评值结合起来。他说："一个一般方法可以根据具体情况和可获得的信息，作不同的应用。正是这种基础性分析与实用性应用的结合，使得可行能力方法具有其广阔的应用范围。"② 要求人们，要从实际出发，根据实际情况灵活运用可行能力方法。

---

① ［印度］阿马蒂亚·森：《以自由看待发展》，任赜、于真译，中国人民大学出版社2002年版，第70页。
② 同上书，第72页。

# 第二章　实质自由是正义的首要辖域

如前所引，阿马蒂亚·森曾明确指出："在分析社会正义时，有很强的理由用一个人所具有的可行能力，即一个人所拥有的、享受自己有理由珍视的那种生活的实质自由，来判断其个人的处境。"他还曾说："如果个人所享有的自由构成正义的首要辖域，那么，基本善为评价正义与否所提供的信息基础便是不适当的。我们必须考察我们实际上所享有的能力。"① 这里的两段话，明确表达了他的关于正义的两个方面的思想：一是说明了他的正义理论的基本的、首要的内容和范围；二是说明了他是主张通过考察我们实际上所享有的能力来评价正义与否的。下面我们就来具体分析他的关于正义的这两个方面的思想。

## 第一节　正义理论的信息基础

对于任何一种事物做出评价性的判断，都需要有一定的依据。没有确定的依据，不可能做出任何评价性的判断。这是确定无疑的。阿马蒂亚·森将正义评价的依据，称为"信息基础"。他在《以自由看待发展》一书的第3章"自由与正义的基础"中，对信息基础在评价性判断中的重要性，以及几种有影响的正义理论的信息基础作了比

---

① ［印度］阿马蒂亚·森：《后果评价与实践理性》，应奇编，东方出版社2006年版，第221页。

较详细的分析和评述。

## 一 信息基础对于评价性判断的重要性

在《以自由看待发展》一书的第3章"自由与正义的基础"中,阿马蒂亚·森首先讲了一个寓言故事。安娜帕娜想雇一个人来清理她的脏乱不堪的庭院,这时有迪努、毕山诺、若季妮三个失业工人都非常想得到这份工作。因为这个工作不能分割,所以安娜帕娜只能雇其中的一人。不管雇其中的哪一人,所付的钱和所得到的工作成果大体上都是一样的。在这种情况下,安娜帕娜作为一个习惯反思的人,很想知道应该雇用谁才对。这样她也就很自然地要去了解三个人的实际情况。

她获悉,迪努是三个人中最穷的,这使她倾向于雇用迪努。但她也获悉毕山诺是最近才家道败落的,心理上压力最大。这使安娜帕娜更倾向于雇用毕山诺。但她又听说若季妮患有慢性病。把这份工作给若季妮也没有什么不对。安娜帕娜反复思索到底应该怎么做。安娜帕娜承认,如果只知道一个人的情况的话,那么不管知道哪一个人的情况,都有理由把工作给她。但是现在她同时知道了三个人的情况,她们都有被雇用的理由,而且三条理由都有道理,这样安娜帕娜就不得不在这三条理由中做出选择了。阿马蒂亚·森在讲了这个寓言故事后指出:"上述三项原则的区别在于哪一特定信息是被认为具有决定性意义的。如果所有三项事实都是已知的,则决策取决于赋予哪一信息最大的权数。因此最好按其各自的'信息基础'来看待这些原则。"[①] 阿马蒂亚·森分析说,对迪努的选择是根据平等主义的原则,平等主义原则的信息基础是"收入";对毕山诺的选择是根据古典功利主义的原则,古典功利主义原则的信息基础是"愉快和幸福";对若季妮的选择是根据生活质量的原则。阿马蒂亚·森表示,他要为第三项原

---

① [印度] 阿马蒂亚·森:《以自由看待发展》,任赜、于真译,中国人民大学出版社2002年版,第47页。

则提出一些理由，并要说明那些相互竞争的原则的信息基础的重要性。对于阿马蒂亚·森为第三项原则提出的一些理由，我们将在下面进行具体分析。

阿马蒂亚·森指出，评价是建立在信息基础之上的，所以，每一种评价性方法都必定要采用一定的信息，同时也必定要排除一定的信息。因此说信息排除是评价性方法的一个重要组成部分。评价性方法不同，所采用的和所排除的信息自然也就不同。所以，可以根据所采用的和所排除的信息特征来说明一种评价性方法。同时，那些被排除的信息不能对评价性判断有任何直接影响，但对评价对象的影响是客观存在的。所以，对那些被排除的信息的不敏感性会强烈影响一种方法的特征。这也就是说，在分析一种评价性方法时，既要关注它所采用的信息，也不能完全忽略它所排除的信息。

## 二 对几种相关重要正义理论信息基础的分析

在阿马蒂亚·森看来，正是因为对于一种正义理论要依据它评价时所采用的信息基础来理解，所以，在分析某种正义理论时，一定要弄清楚哪些信息在评价中是"直接切题的"，是处于中心地位的。正是根据这种思路，阿马蒂亚·森对功利主义的正义理论、罗尔斯的正义理论、诺齐克的正义理论，进行了分析和评述。在阿马蒂亚·森看来，上述几种正义理论之所以不同，是因为它们在评价不同社会状况的正义性时，所依据的信息基础不同。那么，上述几种正义理论的信息基础是什么呢？下面就来看阿马蒂亚·森的具体分析和评述。

首先，是对功利主义正义理论信息基础的分析。

阿马蒂亚·森指出，一个多世纪以来，功利主义的正义理论一直居于最有影响的地位。标准功利主义的信息基础，是各种状态下的效用总量。其关注的要点是每个人的福利，即达到的快乐或幸福。对于功利主义评价的要求，阿马蒂亚·森认为可以分为三个不同的组成部分。第一个组成部分是"后果主义"，即主张根据其后果来评价，"它不承认除了后果以外的任何其他东西最终起作用"。第二个

## 第二章 实质自由是正义的首要辖域

组成部分是"福利主义",即以效用来评价事物状态。第三个组成部分是"总量排序",即要求效用总量最大化,而不管效用分配是否平等。按照这种功利主义的正义理论来评价社会,那么社会非正义的表现,就是效用总量,或者说人们的幸福总和,没有达到能够达到的水平,出现了不应有的损失。① 总之,在传统的功利主义伦理学中,"效用"的定义是幸福或快乐,有时也被定义为愿望的实现。传统的功利主义正是以这种"效用"为信息基础,来建立正义理论体系的。

在揭示了传统的功利主义正义理论的信息基础之后,阿马蒂亚·森对功利主义视角的长处和局限性,进行了具体分析。

阿马蒂亚·森指出,虽然对功利主义视角的长处可以进行争论,但它也确实提供了一些洞见:(1)按其结果来评价各种社会安排的重要性;(2)评价各种社会安排时,需要关切所涉及的人们的福利。阿马蒂亚·森认为:"一般而言,在评价政策和制度时充分注意后果是重要的、合理的要求,这是由于功利主义伦理的提倡而获得很大进展。"② 同时,阿马蒂亚·森还表示,尽管他不同意评价福利时采取以效用为中心的心理测度方法,但也支持按照人类福利评价结果。总之,阿马蒂亚·森认为:聚焦于后果与聚焦于福利也还是有其可取之处的。

在指出了功利主义视角的长处之后,阿马蒂亚·森又对其局限性进行了分析。他指出,功利主义学派的缺陷也来自其信息基础。功利主义有关正义概念的缺陷主要有以下几点:(1)漠视分配:"功利主义的效用计算方法一般忽略幸福分配中的不平等"。而实际上,我们对普遍的幸福感兴趣,"而且也关注幸福的不平等程度"③。对于功利主义的这种缺陷,罗尔斯也曾指出。他说:"功利主义观点的突出特

---

① [印度]阿马蒂亚·森:《以自由看待发展》,任赜、于真译,中国人民大学出版社2002年版,第50页。
② 同上书,第52页。
③ 同上。

征是：它直接地涉及一个人怎样在不同的时间里分配他的满足，但除此之外，就不再关心（除了间接的）满足的总量怎样在个人之间进行分配。"①（2）忽略权利、自由以及其他非效用因素："功利主义观点不认为权利和自由有自身固有的重要性"。而阿马蒂亚·森则认为："注意幸福是合理的，但我们不一定愿意做幸福的奴隶或者快乐的陪臣。"②（3）适应性行为和心理调节："甚至功利主义视角采用的个人福利的观念本身也不是很稳定可靠的，因为它很容易被心理调节和适应性态度所改变。"③

阿马蒂亚·森对功利主义有关正义概念的第三个方面的缺陷，又进行了进一步的分析。他指出，集中注意心理特征，在进行福利和剥夺状态的人际比较时，有时会具有特别大的局限性。这是因为，人们的愿望和享受快乐的能力是会随着具体环境的变化而不断调整的。特别是对于等级社会中最底层的人来说，效用计算是非常不公平的。因为他们出于生存需要，通常会通过降低要求，以适应剥夺性的环境。所以，快乐或愿望的心理测度不能可靠反映被剥夺和受损害的状态。阿马蒂亚·森认为，社会和经济因素，诸如基本教育、初级医疗保健，以及稳定的就业，不论是就其自身而言，还是在给予人们机会方面，都是重要的。"这些考虑要求更广的信息基础，特别要聚焦于人们能够选择他们有理由珍视的生活的可行能力。"④

阿马蒂亚·森还曾指出，当代选择理论已经大体上摒弃了效用等同于快乐或愿望实现的观点，"流行的是把效用直接看做是个人选择的一种数量表述"。而经济学家也对完整的效用论传统进行了修正。即"把效用看做只是个人偏好的表述"⑤。那么，经过修正后的"效

---

① ［美］约翰·罗尔斯：《正义论》，何怀宏等译，中国社会科学出版社1988年版，第25页。
② ［印度］阿马蒂亚·森：《以自由看待发展》，任赜、于真译，中国人民大学出版社2002年版，第52—53页。
③ 同上书，第53页。
④ 同上。
⑤ 同上书，第57页。

## 第二章 实质自由是正义的首要辖域

用"是否能够作为正义评价的信息基础呢?阿马蒂亚·森认为:经过修正后,虽然"避免了比较不同人的心态(诸如快乐或愿望)的困难,但相应地,它也把进行直接的人际间效用比较的大门完全关死了"①。这是因为,在实际生活中,"偏好"是因人而异的,"选择"也是各不相同的,所以,也就不可能根据个人的"偏好"和"选择"来进行人际比较。这也就是说,不管是把"效用"定义为幸福或快乐,或者看作愿望的实现,或者看作是个人选择的一种数量表述,或者看作是个人偏好的表述,把它作为正义评价的信息基础,都是有问题的。

玛莎·C.纳斯鲍姆持有与阿马蒂亚·森同样的观点。她指出:功利主义传统中的经济学家"强调人口的总效用或平均效用,作为表达满足的衡量标准。"而平均效用是一个不精确的数字,它并未充分辨别不同类型的人及其相应的社会地位。正是这种不精确性使得功利主义进路"成为一种尤其糟糕的进路。"②同时,她还指出:在发展经济和国际政策制定方面,对生活质量评估最具影响力的进路,常常简单地按照人均国民生产总值来对国家进行排名。很显然,"这一进路不是很有启示性","是错误的"。因为它未能仔细考察诸如寿命、婴儿死亡率、教育机会、就业机会、政治自由、种族和性别关系平等,这些人类生命的关键要素。③

其次,是对罗尔斯正义理论信息基础的分析。

在分析了功利主义正义理论的信息基础之后,接下去,阿马蒂亚·森又对罗尔斯正义理论的信息基础进行了分析。

阿马蒂亚·森承认罗尔斯的正义理论,是当代正义理论中最有影响的。我们知道,罗尔斯在他的《正义论》中,曾明确提出了用于

---

① [印度]阿马蒂亚·森:《以自由看待发展》,任赜、于真译,中国人民大学出版社2002年版,第57页。
② [美]玛莎·C.纳斯鲍姆:《正义的前沿》,朱慧玲、谢惠媛、陈文娟译,中国人民大学出版社2016年版,第51页。
③ 同上书,第50页。

制度的两个正义原则。同时，他还提出了两个"优先规则"。一是自由的优先性，二是正义对效率和福利的优先。阿马蒂亚·森对罗尔斯正义理论的分析，就是从对他提出的第一个"优先规则"，即自由的优先性分析开始的。

阿马蒂亚·森指出，与自由至上主义相比，罗尔斯自由权"优先性的理论表述是比较温和的"。"享有优先地位的那些权利的数量较少，而且主要由各种个人自由权组成，包括某些基本的政治和公民权利。但是，这些为数较少的权利被指定享有的程序优先性则是十分完全的"，所以，它们并没有被"弱化"。对于罗尔斯这种"自由权优先"的理论，阿马蒂亚·森指出："可以通过列举包括经济需要在内的其他考虑因素来加以辩驳。"阿马蒂亚·森认为，"强烈的经济需要可以是生死攸关的事"，其地位不应该低于个人自由权。① 强调"自由权优先"，使得经济要求很容易被忽视掉。

阿马蒂亚·森认为，关键的问题并不在于自由权的完全的优先地位，而是"在于一个人的自由权是否应该得到与其他类型的个人利益——收入、效用等等——完全同等（而且并不更多）的重要性"；在于"自由权对社会的重要性，是否可以由一个人在评价他自己的全面的利益时通常会赋予自由权的那种权数恰当地反映出来"。正是根据这种认识，阿马蒂亚·森明确表示，他"不同意简单地按照一个人自己从其自由权中得到的好处——就像得到额外的收入一样——来评价自由权的社会意义"。

在阿马蒂亚·森看来，"对自由权的捍卫必然最终依赖于对自由权的普遍的政治上的接受"②。而自由权能否使人们普遍在政治上接受，这又取决于拥有更多的自由权和权利能够在多大程度上增加一个人的个人利益。同时，每个人的自由权都不是孤立存在的，而是与其他人彼此相互关联的。所以，每个人的利益的实现和增加，都必然涉

---

① ［印度］阿马蒂亚·森：《以自由看待发展》，任赜、于真译，中国人民大学出版社2002年版，第54页。
② 同上书，第55页。

## 第二章 实质自由是正义的首要辖域

及其他人的利益的实现和增加。一个人的利益,往往来源于他为其他人的利益的实现和增加所做出的贡献。也就是说,每个人都是在为其他人的利益的实现和增加而努力工作的过程中,来实现和增加自己的利益的。因此可以说,自由权不仅关系到拥有者自身的利益,而且关系到其他人的利益。一个人拥有的自由权的意义和价值,"可以在很大程度上按照它对别人的利益所作的贡献来评价"。正是根据这种认识,阿马蒂亚·森认为"对自由权和基本政治权利的保障应该具有程序上的优先性"[①]。

总之,阿马蒂亚·森并非反对"自由权优先",而是不同意将自由权的优先性绝对化。综合上面的分析,阿马蒂亚·森的观点是:第一,不能因为强调"自由权优先"而忽略包括经济需要在内的其他因素;第二,不能简单地按照自由权的拥有者个人从其自由权中得到的利益来评价自由权的社会意义,而是应当按照个人的自由权为他人的利益所作的贡献来评价。这表明,阿马蒂亚·森是将社会作为一个利益群体来看待的。每个人都是社会这个大利益群体中的一分子,每个人都和社会中的其他人保持着千丝万缕的利益关系,因此,不能孤立地看待、谈论个人的自由、权利,更不能将个人的自由、权利绝对化。马林诺夫斯基也有类似的思想。他曾明确指出:"因为所有的个体自由,与个体行为的所有方面一样,是与其他人的行为相关的,同时还与采取行动时所需的工具相关,即与组织体系、技术水平、机械化程度相关;而且与语言相关,即与言论、思想、讨论、协议相关。"所以,他认为"没有一个定义可以从个体心理和个体行为的角度出发"[②]。在他看来,真正的自由"深入到人类生活以及有秩序有组织的人类社会的各个层面","存在于家庭生活、学习过程、价值的获得、正义的实施、生命与财产的保障以及科学、艺术、娱乐和宗教的

---

① [印度]阿马蒂亚·森:《以自由看待发展》,任赜、于真译,中国人民大学出版社2002年版,第55页。
② [英]布劳尼斯娄·马林诺夫斯基:《自由与文明》,张帆译,世界图书出版公司北京公司2009年版,第18页。

发展之中"①。这就清楚地说明了决不能离开社会、离开他人来谈论、评价个人的自由、权利。

阿马蒂亚·森还指出，在罗尔斯的正义理论分析框架中，基本物品受到集中关注。罗尔斯之所以集中关注基本物品，是基于按照各人享有的、追求各自目标的机会来看待各人处境的观点。基本物品包括：权利、自由权和机会、收入和财富，以及自尊的社会基础。阿马蒂亚·森曾分析了用实际收入比较来评价不同的人各自的处境所存在的困难和问题。那么，把信息注重点从收入扩大到包括收入在内的基本物品作为人际比较、正义评价的信息基础是否存在困难和问题呢？阿马蒂亚·森认为，仍然存在同样的困难和问题。这是因为：（1）个人的异质性。这是说，人们的不同的体质特征，决定了人们的需要必然相异。比如，在拥有的基本物品相同的情况下，一个身患疾病的人和一个健康的人相比较，因其需要不同，所享有的生活质量也就不可能一样。总之，"处境劣势所需要的'补偿'因人而异，而且有些处境劣势即使给予转移收入也不可能被充分'校正'"②。（2）环境的多样性。这是说，环境条件的不同，能够影响一个人从拥有的一定的基本物品中所能享受到的生活质量。比如，在拥有的基本物品相同的情况下，一个生活在寒冷地区，或者流行病多发地区，或者环境污染严重的地区的人，和一个生活在环境适宜地区的人的生活质量也不会一样。（3）社会氛围的差别。把基本物品转化为生活质量，还受到社会条件、社会环境的影响。生活在不同社会条件、社会环境下的人们的生活质量自然也就不同。（4）人际关系的差别。阿马蒂亚·森指出："既定的行为方式所需要的物质条件随社群而异，取决于传统和风俗。"就是说，生活在不同社群中的人们的行为活动，由于传统和习俗的不同，所要求的物质条件也是不同的。生活在比较

---

① ［英］布劳尼斯娄·马林诺夫斯基：《自由与文明》，张帆译，世界图书出版公司北京公司2009年版，第21页。
② ［印度］阿马蒂亚·森：《以自由看待发展》，任赜、于真译，中国人民大学出版社2002年版，第59页。

## 第二章　实质自由是正义的首要辖域

富裕社区的人们的行为活动所需要的物质条件，要高于生活在比较贫穷社区的人们的行为活动所需要的物质条件。所以，往往会出现这样一种情况："一个生活在富裕社区的相对贫困的人可能不能参与某些基本的'功能性活动'（诸如参加社群生活），即使此人的收入，按绝对量算，可能远高于使比较贫穷的社群中的成员能够轻松而成功地参与社群活动的那一水平。"①（5）家庭内部的分配。个人挣得的收入是供家庭成员共同分享的，"因此家庭是考察收入使用的基本单位"。家庭内部的分配，"可以对单个成员的成就和失败起重要作用"②。

以上几个方面的因素都会不可避免地影响到一个人的生活质量。这是不难理解的。这也就是说，把信息注重点从收入扩大到包括收入在内的基本物品作为人际比较、正义评价的信息基础，也同样存在困难和问题。

这里还应当指出，罗尔斯所提出的第二个正义原则，是在于为现代民主社会中经济财富和收入分配的不平等的安排，提供一种应当遵循的规定和原则。他认为，社会和经济的不平等应该满足两个条件。第一个条件就是："适合于最少受惠者的最大利益"。即"差别原则"。很显然，这种"差别原则"的作用，是在于调节社会和经济的不平等。把公民之间实际存在的社会和经济的不平等，限制在一定的限度之内。他说："差别原则要求，财富和收入方面的差别无论有多么大，人们无论多么情愿工作以在产品中为自己挣得更多的份额，现存的不平等必须确实有效地有利于最不利者的利益。否则这种不平等是不被允许的。"③ "差别原则"可以说是罗尔斯正义理论的特色所在。很显然，这种"差别原则"的贯彻实施，是有利于缩小社会的

---

① ［印度］阿马蒂亚·森：《以自由看待发展》，任赜、于真译，中国人民大学出版社 2002 年版，第 59 页。
② 同上书，第 60 页。
③ ［美］约翰·罗尔斯：《作为公平的正义——正义新论》，姚大志译，上海三联书店 2002 年版，第 103 页。

贫富差距，从而稳定社会秩序的。然而，这种"差别原则"却遭到了诺齐克等人的强烈批评。

玛莎·C.纳斯鲍姆也承认罗尔斯的正义理论是最强有力的政治正义理论。认为他提出的"两种正义原则是合理可行的"，"基本上是正确的"①。对罗尔斯的正义理论给予了充分肯定。她指出：在更广阔的正义理论，她和阿马蒂亚·森分别从哲学和经济学上予以发展的"能力进路和罗尔斯的契约主义是同盟者"。"能力进路"能够帮助"把罗尔斯的进路扩展到罗尔斯不能确认他的理论能够涵盖的三个领域"。②但她也指出："森提出建议认为，罗尔斯应该用能力清单"来"取代内容丰富的首要善清单，后者明显把资源（收入和财富）用于表征健康安乐"。然而，"罗尔斯无法接受这种建议"③。这就非常清楚地揭示了阿马蒂亚·森与罗尔斯理论上的根本分歧所在。而玛莎·C.纳斯鲍姆对于罗尔斯正义理论的不满意之处，则是在于"罗尔斯自己根本没有针对严重生理和精神不健全者的情形提出任何原则，他甚至没有致力于把这些问题看作关乎正义的问题"④。在玛莎·C.纳斯鲍姆看来，"对那些生理和精神不健全（physical and mental impairments）的人，存在做正义之事的问题"⑤，是目前存在的三个尚未解决的社会正义问题的首个问题。

最后，是对诺齐克正义理论信息基础的分析。

诺齐克在他的《无政府、国家与乌托邦》一书中明确表示，他要用自己提出的正义理论来剖析和批评其他倾向于一种功能较多国家的分配正义理论，尤其是罗尔斯的理论。而他对罗尔斯正义理论展开剖析和批评的重点，正是"差别原则"。

罗尔斯提出"差别原则"，关注"社会之最不利成员"的利益，

---

① ［美］玛莎·C.纳斯鲍姆：《正义的前沿》，朱慧玲、谢惠媛、陈文娟译，中国人民大学出版社2016年版，第17页。
② 同上书，第57页。
③ 同上书，第114页。
④ 同上书，第123页。
⑤ 同上书，第1页。

## 第二章　实质自由是正义的首要辖域

并不是要抹平社会成员之间的社会经济差别,而是在于要尽量缩小这些差别。根据这种"差别原则"要求,政府必须在制度安排上对市场经济进行适当的干预和调控,对社会财富实行再分配,必须建立健全社会保障体系。总之,在罗尔斯看来,对于社会上实际存在的分配等方面的不平等现象是决不能放任的。

然而,在诺齐克看来,罗尔斯的差别原则是一种特别强的模式化目的原则。就是说,他所关注的只是产品的分配问题,而忽视了产品的所有权问题;只重视接受者的权利,而忽视了给予者的权利。所以,如果按照"差别原则"进行分配,那些条件较优者是有理由抱怨的。

正是基于这样的认识,诺齐克提出了"持有正义"的理论,或称作"权利理论"。强调了个人权利的不容侵犯性。他说:"个人拥有权利。有些事情是任何他人或团体都不能对他们做的,做了就要侵犯到他们的权利。这些权利如此强有力和广泛,以致引出了国家及其官员能做些什么事情的问题。"[①] 他把国家的功能仅限于防止暴力、偷窃、欺骗和强制履行契约等方面。反对国家为了平等而对于社会财富进行再分配。强调不能够径直认定必须把平等放进任何正义理论。很显然,诺齐克"持有正义"理论"最后的目的是解除现代福利国家的道德武装,服务于对国家权力的限制和市场权威的重建,核心是反对国家出于平等动机进行再分配"[②]。

阿马蒂亚·森指出,诺齐克的毫不妥协的自由至上主义的权利优先性是很成问题的,实行起来会造成非常可怕的后果。按照诺齐克的观点,只要个人的自由至上主义的权利不受侵犯,那么,即使发生大规模的饥荒,社会、政府也是可以不顾的;那些失业者或赤贫者,因为他们拥有完全合法的"法权资格",即使他们因缺乏足够的食物而挨饿,社会、政府也是可以不管的;类似地,缺乏诸如用以治疗那些

---

① [美]罗伯特·诺齐克:《无政府、国家与乌托邦》,何怀宏等译,中国社会科学出版社1991年版,第1页。
② 汪行福:《分配正义与社会保障》,上海财经大学出版社2003年版,第119页。

可治疗疾病的医疗条件等,社会、政府也是可以视而不见的。试想,如果真的这样的话,那么社会还能够稳定吗?如果连基本的稳定都不能保证的话,还能谈得上发展吗?所以,阿马蒂亚·森明确表示,"我们实在难以同意接受简单的程序性规则而不计后果","普遍地忽视后果,包括人们所能享有的(或不能享有的)能力自由,很难成为一个可以接受的评价系统的适当基础"①。

总之,在阿马蒂亚·森看来,自由至上主义作为一种分析思路,就其信息基础而言,是有很大局限性的,它不仅忽略功利主义所关注的后果,忽略福利主义所关注的福利,而且忽略最基本的能力自由。因此,他强调:"我们需要给正义以一个更广泛的信息基础。"②那么,阿马蒂亚·森的正义理论的信息基础是什么呢?这就是下面我们要论述的问题。

## 三 阿马蒂亚·森的正义理论的信息基础:实质自由也即可行能力

在上述分析的基础上,阿马蒂亚·森指出,对于很多评价性目的,合适的"空间"既不是效用,也不是基本物品。他认为,正义评价的信息基础应该是一个人选择有理由珍视的生活的实质自由,即可行能力。阿马蒂亚·森所说的"一个人的'可行能力'(capability)指的是此人有可能实现的、各种可能的功能性活动的组合。可行能力因此是一种自由,是实现各种可能的功能性活动组合的实质自由"③。

同时,阿马蒂亚·森还明确指出,个人自由就其实质而言,它是一种社会产品,因此,个人自由与社会之间存在一种双向互动的关系。即:"(1)通过社会安排来扩展个人自由;(2)运用个人自由来

---

① [印度]阿马蒂亚·森:《以自由看待发展》,任赜、于真译,中国人民大学出版社2002年版,第56页。
② 同上。
③ 同上书,第62页。

## 第二章 实质自由是正义的首要辖域

不仅改善单个个人的生活,而且使社会安排更为恰当和富有成效。"①这里包含着这样的思想,人是生活在社会之中的,每个人都是社会群体中的一员,因此,单个个人的自由只有通过社会安排才能够实现和不断扩展,离开了社会群体,个人的一切都将不复存在。反过来讲,单个个人自由的运用,不仅可以使自己的生活质量得到改善和提高,还可以促进社会经济政治制度的改革和不断完善,从而更加富有成效地促进社会经济政治文化等方面的发展,更加富有成效地促进个人自由的实现和不断扩展。这也就是说,决不能离开社会、超越社会片面地强调个人的自由。根据同样的道理,阿马蒂亚·森又指出:"个人对正义和正当概念的掌握,影响他们对所拥有的多种自由的应用,而这些概念也取决于社会联系——特别是在相互交往中形成公共的感知以及对所面临的问题及其解决办法合作达成理解。"② 这就是说,在现实生活中,每个个人对他们所拥有的多种自由的应用,是以他们对正义和正当的理解和掌握为基础的,是在正义和正当思想原则指导下付诸行动的,离开正义和正当思想原则指导的"自由"行动,实际上也就是为所欲为,很有可能导致害人害己的不良后果。这也就是说,自由的应用是受着正义和正当思想原则制约的。而正义和正当思想原则的形成,则取决于社会的联系,是人们在如何理解现实公共生活、如何认识和解决所面临的公共问题上,所达成的共识。这就进一步说明了个人在应用他所拥有的多种自由以实现自己的利益时,必须兼顾社会和他人利益的道理。

玛莎·C. 纳斯鲍姆对阿马蒂亚·森的观点进行了评述。她指出:阿马蒂亚·森是"把能力问题建基于个体对资源的不同需求,以及他们把资源转化为实际操作的、因人而异的能力"的,他坚持认为,"需求方面的差别是人类生活的普遍特征",当"考虑那些关于个体被其社会结构以各种反常的方式所妨碍的情形时,重点关注能力的

---

① [印度] 阿马蒂亚·森:《以自由看待发展》,任赜、于真译,中国人民大学出版社2002年版,第23页。
② 同上。

需要就变得尤为突出"。并明确表示，她采用了阿马蒂亚·森的论证和一些额外的论据，她的"能力进路支持森的建议"。但她同时也指出，阿马蒂亚·森却不愿意列出一份能力清单，这"使他难以用能力来界定社会正义理论"①。玛莎·C. 纳斯鲍姆之所以强调要列出能力清单，是因为在她看来，能力的性质和重要程度是不同的。列出能力清单的目的，是在于确定哪些能力是好的，哪些能力是最重要的。以便宪法和制度的制定和评估时，给予足够的重视，赋予其优先性。

## 第二节 自由的两个方面：机会和过程

阿马蒂亚·森指出：自由是宝贵的，这至少有两个不同的原因。第一，更多的自由给了我们更多的机会去追求我们的目标——我们重视的事情。例如，它有助于我们有能力决定我们喜欢的生活和促进我们可能要提前实现的目标。自由的这个方面关注的是我们能够实现我们重视的目标的能力，不管成绩的产生是通过什么过程。第二，我们可以重视选择的过程本身。我们可以举例来说，要确保我们没有因为其他政治集团施加的强制，而被强迫加入某个政治集团。"机会方面"的自由和"过程方面"的自由之间的区别可能意义重大和影响非常深远。②

在阿马蒂亚·森看来，可以区分为"过程"和"机会"两个方面，正是自由的重要特征。他强调，对于自由的综合评价，必须包括这两个方面，因为这两个方面都具有不可低估的重要性。

### 一 机会与过程的区别与联系

如上所述，阿马蒂亚·森认为自由的"过程"和"机会"两个

---

① [美]玛莎·C. 纳斯鲍姆：《正义的前沿》，朱慧玲、谢惠媛、陈文娟译，中国人民大学出版社2016年版，第115页。

② Anmartya Sen, *The Idea of Justice*, England, the Penguin Group, 2009, p. 228.

## 第二章 实质自由是正义的首要辖域

方面存在重要区别,并认为,弄清楚这两个方面的区别,对于我们理解自由极其关键。

阿马蒂亚·森说:"在估价机会的时候,我们应当集中关注个人在追求他有理由重视的事物时的实际能力。在这一具体的环境中,关注的焦点是相关个人所面对的现实机会。"① 由此可见,阿马蒂亚·森所说的自由的"机会"方面,指的是人们追求自己重视并有理由重视的事物的机会,自由的"机会"方面是与人们的实现选择目标的实际能力密切联系在一起的。就是说,当一个人拥有了实现自己选择目标的实际能力时,他才拥有了追求自己重视并有理由重视的事物的机会。如果没有实现自己选择目标的实际能力,那当然也就不可能有追求自己重视并有理由重视的事物的机会。比如,当一个人拥有足够数量的资金时,那么,他就拥有了购买自己喜欢的各种名牌汽车的实际能力,当他在市场上面对各种名牌汽车时,他也就拥有了选择购买某一种名牌汽车的自由的机会。而如果他因缺乏足够的资金而没有购买自己喜欢的各种名牌汽车的实际能力,那么,他也就不可能有选择购买某一种名牌汽车的自由的机会。所以,阿马蒂亚·森又说:"自由的机会方面指我们达到目标的实际能力。它也指我们所拥有的达到我们能够并且确实重视的目标的实际机会。"② "机会"和"能力"不可分割。

阿马蒂亚·森还把自由的"机会"方面与个人偏好联系了起来。在他这里,偏好的含义是指判断、价值、选择、愉快的感觉等。他说:自由的机会不但意味着一个人有机会做出自己的选择,"而且还意味着他有机会选择——或'发展'——自己可能希望的偏好"③。这里讲了两层意思,其一是说,拥有自由的"机会",表明自己有能力做出选择;其二是说,自己有能力根据自己的偏好做出选择。他指

---

① [印度] 阿马蒂亚·森:《理性与自由》,李风华译,中国人民大学出版社 2006 年版,第 8 页。
② 同上书,第 468 页。
③ 同上书,第 9 页。

出，个人拥有选择的自由，能够亲自选择，这本身就是一个重要机会。

那么，如何理解自由的"过程"方面呢？

阿马蒂亚·森所说的自由的过程方面，是指个人自由决策的程序。具体来说，包括两个基本的特征。（1）有待选择的决策自主性。就是说，选择做什么事情，或者不做什么事情，都是由自己决定的，而不是由他人或机构代为决定的。阿马蒂亚·森指出："这要求确认自主决策的正当领域。"就是说，不是任何事情都可以由个人自主决策的。有些领域内的事情可以由个人自主决策，而有些领域内的事情则不可以由个人自主决策。因此，这里也就存在一个对个人自主决策的正当领域的确认问题。（2）免于他人的干预。就是说，当个人在正当领域内运用自己的自由时，没有受到他人的阻挠和干扰。同时，阿马蒂亚·森还指出："消极自由这一概念可以指自由的'过程'方面'免于干预'的成分。"[1] 就是说，他是在"免于干预"的意义上来理解和使用"消极自由"的。不难看出，阿马蒂亚·森对于自由的这种理解是与以赛亚·柏林的思想相通的。柏林在他的《自由论》一书的《两种自由概念》一节中表示，他只想考察众多自由含义中的两种。第一种他称作"消极自由"，第二种他称作"积极自由"。他论证说："判断受压迫的标准是：我认为别人直接或间接、有意或无意地阻碍了我的愿望。在这种意义上，自由就意味着不被别人干涉。"[2] 这种"不被别人干涉"的自由，也就是"消极自由"。这种"消极自由"，也称为"免于……"的自由。他又论证说："'自由'这个词的'积极'含义源于个体成为他自己的主人的愿望。"[3] 这种"个体成为他自己的主人"的自由，也就是"积极自由"。这种"积极自由"，也称为"去做……"的自由。了解了柏林对于自由的两种

---

[1] ［印度］阿马蒂亚·森：《理性与自由》，李风华译，中国人民大学出版社2006年版，第470页。

[2] ［英］以赛亚·柏林：《自由论》，胡传胜译，译林出版社2003年版，第191页。

[3] 同上书，第200页。

## 第二章 实质自由是正义的首要辖域

含义的论述，有助于我们分析、理解阿马蒂亚·森的关于自由的"机会"和"过程"两个方面的思想。

阿马蒂亚·森也曾把个人偏好与自由的过程方面联系了起来。他指出，偏好以两种不同的方式与过程判断相关。第一种方式是"个人过程关怀"，"个人过程关怀指个人的选择、生活以及为他人所帮助或阻碍等等的方式。"比如，一个人非常讨厌别人干预自己的私生活，这就是一种"个人过程关怀"。很显然，"个人过程关怀"有可能完全是以自我为中心的。第二种方式是"系统过程关怀"，"系统过程关怀指他们对社会制度和社会行为规则的看法"。比如，一个人因他所在的机构、组织在决策机制上缺乏合理的程序而产生了意见，这就是一种"系统过程关怀"。阿马蒂亚·森指出，系统过程关怀反映了一个人对社会合理性的信念。阿马蒂亚·森强调："评价自由过程的意义是，我们不能局限于个人对于那种对其自由极关键的自由过程的评价，还应考虑某些社会关怀如权利和正义的过程。"[①] 就是说，不能仅仅关注个人自由实现的过程，而且更要关注自由作为社会整体规则运作的过程。

阿马蒂亚·森还指出："总体上，当经济学家运用自由这一概念的时候。他们所侧重的是自由所提供的机会。而政治哲学则并非如此。"[②] 就是说，政治哲学所侧重的往往是自由的过程和程序。

在指出了自由的"过程"和"机会"两个方面的区别的同时，阿马蒂亚·森又指出，并不是说两者是完全不同的因素，不存在任何的相互依赖性。因此，他强调，对自由的"过程"的考虑不能与对自由的"机会"的评价割裂开来。同样道理，对自由的"机会"的考虑也不能与对自由的"过程"的评价割裂开来。

阿马蒂亚·森认为，自由的"过程"和"机会"两个方面，都具有重要性，不自由既可以通过不恰当的过程产生，也可以通过缺乏

---

① [印度] 阿马蒂亚·森：《理性与自由》，李风华译，中国人民大学出版社2006年版，第8页。
② 同上。

适当的机会产生。所以，他强调，要从足够宽广的角度来看待自由。要避免把注意力仅仅局限于适当的过程上，或适当的机会上。

## 二 区分机会与过程的意义

不难看出，阿马蒂亚·森将自由区分为"过程"和"机会"两个方面进行研究，具有非常重要的理论意义和实际价值。

其意义和价值可以通过对上面已经提到的罗伯特·诺齐克"持有正义"理论的分析显现出来。诺齐克指出，他所提出的"持有正义"的主题由三个论点组成。第一个论点是持有的最初获得。这一论点关注的是无主物"通过哪个或哪些过程可以变成被持有的"；"是在什么范围内由一个特殊过程变成被持有的"。第二个论点是持有的转让。关注的是"一个人可以通过什么过程把自己的持有转让给别人"，"一个人怎么能从一个持有者那里获得一种持有"[①]。第三个论点是持有中的不正义的矫正。很显然，诺齐克所强调的是自由的"过程"方面。诺齐克认为，一旦通过合理、公正的过程获得某物以后，那么持有者对此物就具有了权利。正是根据这种权利理论，诺齐克反对国家出于社会公平正义的考虑而进行的再分配。不难想象，诺齐克的这种权利理论一旦付诸实践，将会导致什么样的后果。许多人将会因为机会的被剥夺而丧失他们"有理由认为很重要的事物，包括逃脱可以避免的死亡、享有充足的营养和保持健康、有能力阅读、写字、计算等实质自由"[②]。所以，阿马蒂亚·森明确指出："评价自由过程的意义是，我们不能局限于个人对于那种对其自由极关键的自由过程的评价，还应考虑某些社会关怀如权利和正义的过程。"[③]

同样道理，如果只关注自由的"机会"方面，而忽视自由的

---

① [美]罗伯特·诺齐克：《无政府、国家与乌托邦》，何怀宏等译，中国社会科学出版社1991年版，第150页。

② [印度]阿马蒂亚·森：《以自由看待发展》，任赜、于真译，中国人民大学出版社2002年版，第56页。

③ [印度]阿马蒂亚·森：《理性与自由》，李风华译，中国人民大学出版社2006年版，第8页。

## 第二章　实质自由是正义的首要辖域

"过程"方面,也会导致对人的实质自由的剥夺。比如,一个人有竞聘某个职位的机会,同时,他也有通过公平竞争得到这个职位的愿望,然而,如果选聘的过程有问题,程序不规范,那么他的愿望就有可能因此而落空。而他的愿望一旦因此而落空,那么也就意味着他的实质自由被剥夺了。

阿马蒂亚·森还指出,正是由于对自由的"过程"层面和"机会"层面的区分,使得他所提出的"以自由看待发展"的观点,与把发展定义为"人均产出的增长"的传统观点区别了开来。他说,既然自由既涉及决策的过程,也涉及实现有价值成果的机会,我们关注的领域就不能仅仅局限在成果,不能仅仅关注高额产出和收入的促进、高额消费的产生或者与经济增长相联系的其他变量。诸如参与政治决策和社会选择等的过程,不能被看作只是发展的手段,而必须被理解为其自身就是发展目的的建构性组成部分。他又说,从自由的"机会"层面考虑,人们拥有的实际收入水平,对于为人们提供相应的机会去购买物品和劳务以提高生活标准,当然是重要的。但是,诸如活得长久一些的自由,逃脱可以避免的疾病的能力,获得有适当报酬的就业机会,在和平的、无犯罪的社区生活等目标实现的机会,就不是仅靠收入水平所能提供的。"这些机会并不是与经济繁荣严格地联系在一起的。"正是根据上述分析,阿马蒂亚·森得出了这样的结论:"自由的过程层面和机会层面都要求我们超越把发展定义为'人均产出的增长'的观点。"①

显而易见,阿马蒂亚·森的这种思想对于我们具有非常重要的启示意义。我们要坚持以经济建设为中心,但同时也不能忽视政治建设、文化建设和社会建设。特别是在当前,加强社会建设尤为重要。市场经济的发展,促进了生产效率的提高,但也造成了贫富差距的扩大。这种扩大的趋势如果得不到有效控制,势必要影响到社

---

① [印度] 阿马蒂亚·森:《以自由看待发展》,任赜、于真译,中国人民大学出版社2002年版,第291页。

会的和谐与稳定。因此,"为了社会公平和正义,市场机制的深远力量必须通过创造基本的社会机会来补充"①。在这方面,政府应当大有作为。

## 第三节 可行能力与贫困

阿马蒂亚·森出生于印度,但他大部分时间是在英国、美国的剑桥、牛津、哈佛等大学从事教学和学术研究工作的。印度是发展中国家,而英国、美国则是发达的资本主义国家。两类国家之间社会经济政治发展的巨大差距,民众社会生活的巨大悬殊和严酷的不平等现实,使得他这位有"良心"的经济学家、政治哲学家不能不展开深入思考,从而提出了独具特色的贫困与反贫困思想理论。

### 一 权利方法

不论研究什么问题,首先必须确定研究的方法。所采用的研究方法不同,结论自然也就不同。因此,我们研究思想家们的有关思想时,首先要弄清楚的问题之一,就是明确他所采用的研究方法。阿马蒂亚·森在他的《贫困与饥荒》一书中说:"所有权关系是权利关系(entitlement relation)之一。要理解饥饿,我们必须首先理解权利体系,并把饥饿问题放在权利体系中加以分析。这一方法既可以更一般地应用于贫困分析,也可以更具体地应用于饥荒分析。"② 在这里,阿马蒂亚·森明确指出了他分析贫困、饥饿、饥荒所采用的方法是"权利方法"。具体说来,也就是根据"权利关系之一"的"所有权关系"来分析贫困、饥饿、饥荒问题。那么,在阿马蒂亚·森看来与此相关的"权利关系"有哪些呢?

---

① [印度]阿马蒂亚·森:《以自由看待发展》,任赜、于真译,中国人民大学出版社2002年版,第135页。
② [印度]阿马蒂亚·森:《贫困与饥荒》,王宇、王文玉译,商务印书馆2001年版,第5—6页。

## 第二章 实质自由是正义的首要辖域

阿马蒂亚·森认为，在一个私人所有制的市场经济中，人们所公认的典型的权利关系主要包括四个方面的内容："以贸易为基础的权利"；"以生产为基础的权利"；"自己劳动的权利"；"继承和转移权利"①。阿马蒂亚·森指出，这些都是或多或少具有直接性的权利关系，而在实际生活中还存在其他更为复杂的权利关系。同时，这些方面的权利关系也往往是交织在一起的，说明了问题的复杂性。

阿马蒂亚·森指出，在市场经济中，一个人可以将自己所拥有的商品转换成另一组商品。在转换中，一个人能够获得的各种商品组合所构成的集合，就是这个人所拥有东西的"交换权利"。很显然，"转换"是以"拥有"为前提的。对于一个人来说，只有当他"拥有"某些商品之后，他才能够通过自愿交换，将自己"拥有"的商品转换成自己需要的另一组商品。也就是说，"交换权"是以"所有权"为前提的。这里所说的所有权，是针对具体的商品来说的。对于一个人来说，他拥有了"一个所有权组合"，同时也就具有了"一个交换权利集合"。"所有权组合"与"交换权利集合"的这种对应关系，阿马蒂亚·森称为"交换权利映射"，缩写为"E-映射"。"E-映射""界定了对应于每一种所有权情况，一个人所拥有的机会"②。所以阿马蒂亚·森认为："一个人避免饥饿的能力依赖于他的所有权，以及他所面对的交换权利映射。"③ 他论证说，在一般情况下，如果食物供应量减少，那么食物的价格就会上涨，从而对一个人的交换权利造成不利的影响，会使他因此受到饥饿的威胁。由此他得出结论："即使饥饿是由食物短缺引起的，饥饿的直接原因也是个人交换权利下降。"④

---

① [印度]阿马蒂亚·森：《贫困与饥荒》，王宇、王文玉译，商务印书馆2001年版，第6—7页。
② 同上书，第8页。
③ 同上书，第9页。
④ 同上。

阿马蒂亚·森还指出，除了食物供应量减少之外，造成一个人交换权利下降的原因还有许多方面。比如，由于经济发生了某些变化，影响了一个人的就业机会，这样势必要导致他的交换权利的下降。又如，一个人的工资的增长幅度赶不上物价的上涨幅度，这也同样会导致他的交换权利的下降，等等。

然而，在阿马蒂亚·森看来，所有权模式和交换权利只是影响人们生活状况的显形的因素。他说："要理解普遍存在的贫困、频繁出现的饥饿或饥荒，我们不仅要关注所有权模式和交换权利，还要关注隐藏在它们背后的因素。这就要求我们认真思考生产方式、经济等级结构以及它们之间的相互关系。"① 在这里，阿马蒂亚·森明确指出了在影响人们生活状况的显形因素背后，还隐藏有更为重要的因素，即社会生产方式、经济等级结构以及它们之间的相互关系。也就是说，社会生产方式、经济等级结构才是影响人们生活状况，造成普遍存在的贫困、频繁出现的饥饿或饥荒的根本原因。因此，必须认真思考。

他又指出，饥饿不仅仅依赖于食物的供给，还依赖于食物的分配，这一说法虽然正确但无助于问题的解决，不过却可以引出一个重要问题："在一个社会的不同阶层中，决定食物分配的因素到底是什么呢？权利方法将引导我们思考所有制形式问题。"② 在阿马蒂亚·森看来，仅仅从食物的供给和食物的分配方面进行思考、分析，并不能解决贫困、饥饿、饥荒问题，而必须运用权利分析的方法，深入思考所有制形式，才能弄清楚贫困、饥饿、饥荒问题存在的根源。这里所说的所有权形式，显然是针对生产资料来说的。他强调说，在饥饿和贫困的分析中，权利分析的方法是不可回避的。如果感到这种方法有些奇怪的话，那也是因为传统的思维模式在作怪，"即只考虑到实际中存在着什么东西，而不考虑谁在控制着这

---

① ［印度］阿马蒂亚·森：《贫困与饥荒》，王宇、王文玉译，商务印书馆2001年版，第12页。

② 同上书，第14页。

些东西"①。阿马蒂亚·森分析道，一些人挨饿，显然是因为他们没有足够的食物，那么他们为什么没有足够的食物？为什么是一些人而不是另一些人控制了粮食？正是这些问题把我们引向了权利方法，使我们能够透过经济现象，深入到社会、政治和法律的层面，去探讨饥饿的原因。说到底，贫困、饥饿、饥荒问题，决不仅仅是食物的供给、分配问题，也不仅仅是经济问题，而是社会、政治和法律制度问题，是社会正义问题。正是因为如此，所以，即使没有出现粮食供给下降，甚至是在经济繁荣时期，饥荒也有可能发生。"如果经济繁荣表现为社会不平等的扩大（如有利于城市人口，不利于农村劳动力），那么，繁荣过程自身就有可能成为饥荒的诱因。"② 这正是他超越传统的思维模式，提出权利方法的道理所在。他说：权利方法"强调不同阶层的人们对粮食的支配和控制能力，这种能力表现为社会中的权利关系，而权利关系又决定于法律、经济、政治等的社会特征"③。

不难看出，阿马蒂亚·森的这种认识是与马克思主义的观点相通的。马克思曾明确指出："物质生活的生产方式制约着整个社会生活、政治生活和精神生活的过程。"④ 对于生产方式，斯大林曾解释说："生产、生产方式既包括社会生产力，也包括人们的生产关系，而体现着两者在物质资料生产过程中的统一。"⑤ 而在生产关系中，生产资料所有制形式居于核心地位，它决定着生产关系的性质、各利益集团在生产中的地位和产品的分配、交换等。马克思说："交换和消费不能是起支配作用的东西，这是不言而喻的。分配，作为产品的分配，也是这样。""一定的生产决定一定的消费、分配、交换和这些

---

① ［印度］阿马蒂亚·森：《贫困与饥荒》，王宇、王文玉译，商务印书馆2001年版，第14页。
② 同上书，第201页。
③ 同上书，第198页。
④ 《马克思恩格斯选集》第2卷，人民出版社1995年版，第32页。
⑤ 《斯大林文集》，人民出版社1985年版，第219页。

不同要素相互间的一定关系。"① 正是基于这样的认识，所以马克思主义认为，要从根本上消除贫困、饥饿、饥荒，必须改变生产资料私有制为生产资料公有制，并建立起一整套与之相适应的经济、政治、法律制度。

同时，阿马蒂亚·森的这种认识也是与伦纳德·霍布豪斯的思想相通的。霍布豪斯曾说："一种权利就是一种自由。权利是我能够任意享受某些事物的保障。"例如，"财产权使我能自由处置一些事物——自由正是以权利规定的范围为限度"。因此，他又指出："我的权利就是我的自由，共同体保护我的权利，也就是在保障我的自由，反过来说，共同体允许或自行侵犯我的权利，就是在此限度内允许或自行侵犯我的自由。"② 按照霍布豪斯的这种思路推论下去，也会得出这样的结论：人们之所以陷入贫困、饥饿、饥荒之中，是由于"所有权"缺失所致。而人们的"所有权"之所以缺失，其根源则正是在于共同体保护人们权利的制度措施的缺失。所以，他强调："国家必须对经济能力不平等的两方的契约进行管理。"③ 以防止一些人利用其权利侵犯别人。

## 二　以可行能力剥夺看待贫困

如上所述，阿马蒂亚·森用权利方法对贫困、饥饿、饥荒的成因进行了详细分析。但他也同时指出，权利方法也还是有一定缺陷的。他把这些缺陷具体概括为四个方面。第一，权利不容易被具体界定。因此，阿马蒂亚·森要求不要把主要精力用在对权利的精确描述上，而应该用在对权利内容变化的研究上。第二，权利关系所重视的是一个社会既定法律框架中的权利。然而，有些财产转移，比如掠夺和抢劫，会涉及对这些权利的侵犯。同时，从近期饥荒、饥饿发生的情况

---

① 《马克思恩格斯选集》第2卷，人民出版社1995年版，第17页。
② ［英］伦纳德·霍布豪斯：《社会正义要素》，孔兆政译，吉林人民出版社2006年版，第44页。
③ 同上书，第43页。

看，"事实上，法律力量所维护的是违背饥饿者需求的所有权"。阿马蒂亚·森举例说："在1943年的孟加拉饥荒中，人们之所以饿死在受到政府保护的充足的粮食储备面前，就是因为他们缺乏得到粮食的合法权利，而不是因为他们的权利遭到破坏。"① 第三，人们的实际食物消费水平低于他们的权利所允许的水平可能还有其他原因，在权利分析方法中，这些因素被忽略了。第四，权利方法着重分析的是饥饿，饥饿可以引发饥荒，但它只是引发饥荒的部分原因。这些就是权利方法存在的缺陷。

正是因为阿马蒂亚·森清楚地认识到权利方法所存在的这些缺陷，所以，他又提出"以可行能力剥夺"来看待贫困。阿马蒂亚·森解释说，一个人的可行能力指的是此人有可能实现的、各种可能的功能性活动组合。可行能力因此是一种自由，是实现各种可能的功能性活动组合的实质自由。他指出：根据"可行能力"视角，"贫困必须被视为基本可行能力的被剥夺，而不仅仅是收入低下，而这却是现在识别贫困的通行标准。"② 那么，在阿马蒂亚·森看来"以可行能力剥夺"来看待贫困有什么意义呢？他从三个方面进行了论述。

其一，贫困可以用可行能力的被剥夺来合理地识别。"可行能力"视角关注的是实质自由的剥夺，实质自由本身就是目的，就是价值目标。而"收入低下"只具有工具性意义。所以，"可行能力"视角与"收入低下"标准相比较，更具合理性。

其二，收入对于产生人的可行能力具有工具性意义，但它不是产生人的可行能力的唯一工具，还有其他一些因素也会影响可行能力的被剥夺。所以，"收入低下"标准具有明显的狭隘性缺陷。

其三，低收入可以造成低可行能力，而低收入与低可行能力之间的这种工具性联系，在不同的地方，甚至不同的家庭和不同的个人之

---

① ［印度］阿马蒂亚·森：《贫困与饥荒》，王宇、王文玉译，商务印书馆2001年版，第67页。

② ［印度］阿马蒂亚·森：《以自由看待发展》，任赜、于真译，中国人民大学出版社2002年版，第85页。

间，是可变的。就是说，收入对可行能力的影响是随境况而异的，是有条件的。所以，"收入低下"标准是不准确的。

阿马蒂亚·森还特别指出，在考量和评价旨在减少不平等和贫困的公共措施时，上述第三点尤其重要。并从实际政策制定的特定角度，强调了应当注意的几个方面。

第一，收入和可行能力的关系受到以下因素的强烈影响：人的年龄因素，性别和社会角色因素，所处地域因素，流行病滋生的环境因素，以及个人无法或只能有限地控制的其他各种因素。就是说，在制定旨在减少不平等和贫困的实际政策时，一定要充分注意到这些因素，顾及各方面的实际情况。

第二，在收入剥夺与将收入转化为功能性活动的困难这二者之间，存在某种配对效应。就是说，可行能力方面的缺陷，比如年老、残疾等，会降低获取收入的能力，同时，这些因素也使得将收入转化为可行能力更加困难。这就决定了就可行能力而言的"真实贫困"，在显著程度上要比在收入上表现出来的贫困更加严重。比如，具有同等收入水平的两个人，其中的一人体弱多病，那么此人的"真实贫困"程度将更加显著。这是不难理解的。所以，他要求在评估旨在帮助那些收入低且具有"转化"困难的老人和其他人的公共行动时，不仅要考虑到其收入低下，还需要考虑到其将收入转化为可行能力的困难。就是说，在制定旨在减少不平等和贫困的实际政策时，既要注意收入情况，更要注意将收入转化为可行能力的实际情况。

第三，家庭内部的分配，使得根据收入去研究贫困变得更加复杂。因为在世界的绝大多数地方都不同程度地存在性别不平等现象，家庭成员中的女孩、妇女的利益不同程度地存在被忽略的情况，所以，她们的被剥夺程度并不能够用家庭收入恰当地表现出来。而通过考察可行能力剥夺，则比用家庭收入分析更易于揭示她们的被剥夺情况。既然家庭内部的分配以各种方式发挥着作用，因此，在制定旨在减少不平等和贫困的实际政策时，这方面的问题也应该列入被考虑的因素之中。

第四，对收入而言的相对剥夺，会产生对可行能力而言的绝对剥夺。生活在富裕国家的相对贫困的人们，虽然其绝对收入按世界标准是高的，但他们在可行能力上仍然处于非常不利的状态。这是因为，在富裕国家参与社群生活的需要会导致需求的增高，从而给那些相对贫困的人们带来很大压力，造成可行能力的绝对剥夺。所以，在富裕国家，甚至在美国仍然会存在饥饿现象。

总之，在阿马蒂亚·森看来，可行能力视角对贫困的分析，将注意力从收入这种特定手段，转向了人们有理由追求的目的，转向了可以使这些目的得以实现的自由，从而加强了我们对贫困和剥夺的性质和原因的理解，使我们能够在更接近社会正义所要求的信息的层面上来看待贫困和剥夺问题。可行能力贫困视角的重要意义就体现在这里。

对于阿马蒂亚·森以可行能力剥夺看待贫困的观点，玛莎·C.纳斯鲍姆评述道："阿马蒂亚·森长期以来都主张，贫穷最好被理解为能力的失败，而不只是物品或者收入和财富的短缺。""他在饥荒研究中强调指出，饥荒的起因不仅是食物的短缺，而且是没有机会去获得一个人所需的物品（比如因为失业）。因此，饥荒的救济就不能只是提供食品救援或分发，真正的解决之道是要提供就业机会，保障获得关键产品的其他权益根源，从而解决脆弱群体的能力失败问题。"① 显而易见，玛莎·C.纳斯鲍姆的评述是准确的。她还指出：阿马蒂亚·森的上述观点"已经成为没有争议的主流分析"。明确肯定了阿马蒂亚·森这种观点的地位和所产生的广泛而积极的影响。

## 三 权利方法和可行能力视角的意义

阿马蒂亚·森所提出的分析贫困问题的权利方法和可行能力视角，应该说都具有非常重要的理论意义和实际意义。对于我们来说，

---

① ［美］玛莎·C.纳斯鲍姆：《寻求有尊严的生活——正义的能力理论》，田雷译，中国人民大学出版社2016年版，第100—101页。

都具有重要的启示和借鉴意义。

第一，阿马蒂亚·森运用权利分析方法，分析一个人陷入贫困、遭受饥饿的原因，是在于他自身拥有用来交换的商品的下降或缺失，因而相应地造成了他的交换权利的下降或缺失。这就要求政府，必须时刻关注各个社会群体的交换权利状况，并弄清楚造成一些人出现交换权利下降的原因，从而根据社会经济、市场运行、发展的实际情况，采取相应的政策和措施，以保障他们交换权利的稳定和提升。特别是当经济发展出现波动和下滑的情况下，政府更应具有敏感性，更要有大作为，采取强有力的措施，比如增加政府投资，扩大基础设施建设，加强市场调控等，以提供就业机会，稳定市场秩序。从而保证人们的交换权利不至于大幅度下降或丧失。只有如此，才能保持社会稳定，为经济的复苏和发展奠定基础。

第二，阿马蒂亚·森指出，"权利方法将引导我们思考所有制形式问题"。就是说，生产资料所有制的不同形式才是造成贫困、饥饿形成的根本原因。同时，他还以中国为例，说明了在人均食物数量没有明显增加的条件下也可以消灭饥饿。并指出，我国是先消灭饥饿，尔后增加人均食物数量的一个典型。还说，"饥饿的消失反映了权利制度的变迁"①。很显然，阿马蒂亚·森对我国消灭饥饿的做法是非常赞赏的，并从消除饥饿的角度，对我国"权利制度的变迁"，即变生产资料私有制为公有制，给予了肯定。

第三，阿马蒂亚·森指出，"在私人所有制的市场经济中，社会保障是对于市场交换和生产过程的补充，这两种类型的机会结合起来决定了一个人的交换权利。"② 就是说，社会保障也是决定一个人的交换权利的重要因素。"如果没有社会保障系统，今天美国或英国的失业状况会使很多人挨饿"③，正是社会保障系统保证了那些失业者

---

① ［印度］阿马蒂亚·森：《贫困与饥荒》，王宇、王文玉译，商务印书馆2001年版，第13页。
② 同上书，第12页。
③ 同上书，第13页。

## 第二章 实质自由是正义的首要辖域

具有最低限度的交换权利。在我国,建立完善的社会保障体系,也仍然是非常必要的。不管在何种制度下,社会中总会有弱势群体的存在,比如年老体弱者、身有残疾者等。也不管一个经济体系保持如何好的运行态势,总有一些人会遇到意想不到的事情,并因此陷入困境。同时,事实正如阿马蒂亚·森所说,市场机制对效率的贡献是无可怀疑的,但是,效率结果本身并不保证分配公平。所以,"为了社会公平和正义,市场机制的深远力量必须通过创造基本的社会机会来补充"①。因此,即使是在公有制为主体的社会主义市场经济条件下,也必须建立起完善的社会保障体系。只有如此,才能够保障弱势群体的合法权益,才能够实现社会公平正义与和谐。所以,建立和不断完善社会保障体系,也是我们构建社会主义和谐社会的一项重要任务。

第四,阿马蒂亚·森提出以"以可行能力剥夺"来看待贫困,从而为人们提供了一种新的贫困观。这种新的贫困观与传统的以收入低下为标准的贫困观比较起来,确实具有优越性。这种优越性主要体现在两个方面。一是扩大了识别贫困的信息基础,从而,"极大地丰富了我们对不平等和贫困的理解"②。二是将关注的焦点由收入转向了可行能力,即由手段转向了目的。这样就使人们对贫困的理解、识别,更加全面、深刻和准确。建立在对贫困全面、深刻和准确理解、识别基础之上的扶贫政策和措施,自然会更加客观、合理,更加富有成效。

第五,阿马蒂亚·森曾指出,个人的可行能力严重依赖于经济的、社会的、政治的安排。就是说,提高个人的可行能力是国家、社会的责任所在。他又说:"国家和社会在加强和保障人们的可行能力方面具有广泛重要的作用。这是一种支持性的作用,而不是提供制成品的作用。"③用我们通常使用的语言表述,就是扶贫不仅仅在于为

---

① [印度]阿马蒂亚·森:《以自由看待发展》,任赜、于真译,中国人民大学出版社2002年版,第35页。
② 同上书,第93页。
③ 同上书,第43页。

贫困者"输血",而是在于帮助贫困者恢复和增强其自身的"造血"能力。这显然是一种具有指导意义的思想。因为只有恢复和增强贫困者自身摆脱贫困的能力,才能够使他们最终从贫困中解脱出来。这其中的道理,并不难理解。所以,扶贫的基础性工作,应当是通过增加投资,加强贫困地区的基础设施建设,比如教育设施建设、医疗保健设施建设、道路建设、水利设施建设等。

玛莎·C.纳斯鲍姆曾对她和阿马蒂亚·森关于"能力进路"和"人类权利进路"关系的认识,进行了非常清楚地表述。她明确指出:"能力进路"与"人类权利进路",两者是紧密相连的。"能力"实际上覆盖了那种所谓的"第一代权利(政治与公民自由)和第二代权利(经济与社会权利)占据的领域",而且为那种极度重要的基本权利提供了说明。她又指出:"我和森所发展的能力的语言,给权利的语言提供了至关重要的精确性和补充。"说明了在她和阿马蒂亚·森的思想体系中,"能力进路"和"权利进路"非但不矛盾、不冲突,而且"能力进路"还能够为"权利进路"提供至关重要的精确性和补充。从而凸显了"能力进路"的优势。她强调:"我和森所发展的这种能力进路非常明确地认为,相关的权利是先于政治的,而不仅仅是法律和制度的产物。"[1] 她把"生命"列在一种体面的政治秩序必须保证全体公民的"十种核心能力"的首位[2],就充分说明了在她和阿马蒂亚·森看来,"生存权利"就应当是先于政治的。她又强调:"能力进路将某种权利的保护理解为一种肯定性的任务。这种理解一直是森和我的那种进路的核心。"[3]这里所说的"某种权利",首先指的就是"生存权利"。所谓"肯定性的任务",是说保护全体公民的"生存权利",解决公民的贫困

---

[1] [美]玛莎·C.纳斯鲍姆:《正义的前沿》,朱慧玲、谢惠媛、陈文娟译,中国人民大学出版社2016年版,第199—200页。

[2] [美]玛莎·C.纳斯鲍姆:《寻求有尊严的生活——正义的能力理论》,田雷译,中国人民大学出版社2016年版,第24—25页。

[3] [美]玛莎·C.纳斯鲍姆:《正义的前沿》,朱慧玲、谢惠媛、陈文娟译,中国人民大学出版社2016年版,第201页。

问题，使全体公民都能够生活下去，是政府必须积极主动承担的首要任务。

## 第四节　可行能力与不平等

"平等是正义的基础。"① 所以，"每一种正义理论都涉及对特定'基本平等'诉求的明确选择问题（或暗含地或明示地提出这点），这种'基本平等'的诉求又影响到对据以判定不平等的核心变量的选择。各种对有关'正义'概念的不同阐述都与相应的平等观有紧密的联系。"② 阿马蒂亚·森本人的正义理论，自然也是与他的平等观紧密联系在一起的。他的平等观正是他的正义理论的重要组成部分。所以，要理解和把握他的正义理论，必须深入研究他的平等观。

阿马蒂亚·森指出："严重的不平等必然不受社会欢迎，而极端的不平等，某些人会认为，简直就是野蛮。不仅如此，不平等的感觉还可能侵蚀社会的凝聚力，某些类型的不平等甚至还会阻碍实现效率。"③ 正是因为不平等会造成如此严重的社会后果，因此，如何解决社会不平等问题，历来为思想家们所重视。那么，能否根除不平等呢？阿马蒂亚·森说："在很多情况下，根除不平等的努力可能会导致多数人、有时甚至是所有人的损失。"④ 这就是说，尽管不平等会造成严重的社会后果，但是，是不能够根除的。如果企图根除不平等，也同样会造成严重的后果。因此，这里就存在一个如何审视、评价和解决不平等问题。思想家们围绕着这一问题，展开了热烈的讨论，建立了一个个各具特色的正义理论体系，为解决这一问题，做出

---

① ［英］伦纳德·霍布豪斯：《社会正义要素》，孔兆政译，吉林人民出版社2006年版，第113页。
② ［印度］阿马蒂亚·森：《论经济不平等/不平等之再考察》，王利文、于占杰译，社会科学文献出版社2006年版，第288—289页。
③ ［印度］阿马蒂亚·森：《以自由看待发展》，任赜、于真译，中国人民大学出版社2002年版，第90页。
④ 同上。

了各自的努力。比如，罗尔斯建立了"作为公平的正义"理论体系。在罗尔斯所提出的用于制度的两个正义原则中，包含了"差别原则"。罗尔斯提出"差别原则"的目的，正是解决不平等问题。当然，"差别原则"并不要求结果平等，并不要求消除人们之间的所有差异。它"只适用于为那些处于社会最不利地位成员的利益的不平等服务"①。布莱恩·巴里把"社会正义"作为自己"讨论的主题"。指出："任何正义理论的核心问题都是对于人与人之间不平等关系的辩护。"② 戴维·米勒提出了一种把需要、应得和平等结合在一起的正义理论。他认为，有两种不同的有价值的平等。"一种是与正义有联系的"，"是分配的"，"它确定了某种利益——例如权利——应当平等地加以分配"；另一种并不直接确定对权利或资源的任何分配，它确定的是一种社会理想，即一个人们相互把对方当作平等来对待的社会的理想。他把这种平等称作"地位的平等，或简称社会平等"③。而阿马蒂亚·森则认为，各种关于正义的模型，在评价和审视不平等时，都必须有多方面的考虑因素，而不能仅仅考虑某一个方面的因素。如果仅仅考虑某一个方面的因素的话，那么，就会出现如下问题：其一，关注不同因素的思想认识之间就会存在很大差别，比如，有的思想家关注的是"权利"因素，而有的思想家关注的则是"收入"因素，两者的认识就存在很大差别。其二，如果付诸社会实践，也会造成很大差别。

## 一 以收入为信息基础对不平等的审视和评价

阿马蒂亚·森指出，经济学家有时被批评为太注重效率而太忽略平等，这可能不无道理。阿马蒂亚·森并不否认在一些经济学研究

---

① [美]迈克尔·J. 桑德尔：《自由主义与正义的局限》，万俊人等译，译林出版社2001年版，第82页。
② [英]布莱恩·巴里：《正义诸理论》，孙晓春、曹海军译，吉林人民出版社2004年版，第3页。
③ [英]戴维·米勒：《社会正义原则》，应奇译，江苏人民出版社2005年版，第342页。

## 第二章 实质自由是正义的首要辖域

中,是存在只重视效率、忽略其他因素的现象。但他同时又指出,不能指责经济学家作为一个群体,忽略了对不平等这一课题的研究。在阿马蒂亚·森看来:"如果我们有理由抱怨的话,倒不如说是因为在很多经济学研究中,对不平等所赋予的相对重要性,只局限于非常狭窄的领域,即收入不平等。"① 这就是说,经济学家作为一个群体,并非不重视对于不平等这一课题的研究,而是在很多经济学研究中,在审视、评价不平等时,所采用的信息基础太狭窄,即只关注收入不平等。阿马蒂亚·森认为,以收入为信息基础审视、评价不平等,有很大的局限性。

阿马蒂亚·森曾以欧洲的情况为例说明了以收入为信息基础审视、评价不平等的局限性。他指出,在西欧国家,由失业导致的收入损失通常在很大程度上可以由包括失业津贴在内的收入补助补偿。因此,如果仅仅从收入因素方面考虑的话,那么失业者因为失业所造成的损失应该说在很大程度上已经由收入补助抵消了。然而,事实并非如此简单。阿马蒂亚·森指出,大量事实表明,失业者除了在收入方面遭受损失之外,还会因失业遭受其他方面的严重影响。这些影响"包括心理伤害,失去工作动机、技能和自信心,增加身心失调和发病(甚至使死亡率增高),扰乱家庭关系和社会生活,强化社会排斥,以及加剧种族紧张和性别歧视"等。由此阿马蒂亚·森得出结论:"仅仅注重于收入的不平等就特别容易造成假象。"② 为了进一步说明问题,阿马蒂亚·森又将欧洲与美国的情况进行了比较。他指出,仅仅注意收入的不平等会造成这样的印象,即在消除不平等方面好像欧洲做得比美国好得多。实际情况如何呢?阿马蒂亚·森分析说,在收入空间,欧洲确实在不平等的水平及趋势上都明显地有更好的记录,而如果把注意力从收入转向失业,情况就不同了。"多数西

---

① [印度]阿马蒂亚·森:《以自由看待发展》,任赜、于真译,中国人民大学出版社2002年版,第101页。
② 同上书,第91页。

欧国家的失业急剧攀升,而美国则没有这种趋势。"① 如果失业有损于人的生活的话,那么在分析经济不平等时,就必须把它考虑在内。这样,实际情况就是:"比较收入不平等的趋势给欧洲以沾沾自喜的口实,但如果从更宽广的视野去看不平等,这种自满情绪则具有很强的误导性。"②

  同时,阿马蒂亚·森又指出,通过西欧与美国的比较,还提出了另一个有意义的、更具一般性的问题。即:美国的社会伦理似乎认为可以给贫困者提供很少的帮助,而这是以福利国家为基础的典型的西欧所很难接受的;美国的社会伦理认为,欧洲那样普遍存在的两位数的失业率简直是不能容忍的,而欧洲却始终非常平静地接受了失业和失业的增长。阿马蒂亚·森认为,之所以存在这样的差别,取决于对社会责任与个人责任的不同取向。美国坚持的是个人责任取向,所以,"在美国官方的优先选择中,完全没有为全民提供基本医疗保健的承诺"③。而欧洲坚持的是社会责任取向,所以,在欧洲医疗保险则被视为公民的基本权利,为公民提供诸如医疗保健、教育安排等公共设施,是政府理所当然要做出的承诺。而在另一方面,欧洲所能忍受的高失业率,在美国则很可能在政治上是爆炸性的。在美国,高失业率被视为"是对人的自助能力的嘲弄"④。

  正是在上述分析的基础上,阿马蒂亚·森指出,以收入为信息基础审视、评价不平等的局限性,使得我们不能从其他角度来看待不平等和公平。过分强调收入贫困和收入不平等,而忽略诸如失业、缺医少药、缺乏教育以及受社会排斥等,与贫困和不平等密切相关的其他因素,"这对制定经济政策具有深远影响",甚至"已使政策辩论受到扭曲"⑤。就是说,以收入为信息基础审视、评价不平等,不管是

---

  ① [印度]阿马蒂亚·森:《以自由看待发展》,任赜、于真译,中国人民大学出版社2002年版,第91页。
  ② 同上书,第92页。
  ③ 同上书,第93—94页。
  ④ 同上书,第94页。
  ⑤ 同上书,第101页。

在对不平等的认识上,还是在相应的政策的制定上,都会造成严重的误导。

同时,阿马蒂亚·森还指出,不论是在经济学研究中,还是在哲学文献中,都存在把经济不平等等同于收入不平等的现象。而在阿马蒂亚·森看来,收入不平等和经济不平等是有重要区别的。他举例说,对于一个因有残疾或其他原因而有更多需要的人给予一个较大份额的收入,可以认为是违反了收入平等的原则,但这并不违反经济平等的原则。这是因为,"在评价经济平等的要求时,必须把由于残疾而需要更多的经济资源考虑在内"①。

正是通过对以收入为信息基础审视、评价不平等的局限性的分析,阿马蒂亚·森认为,我们需要得到更多的信息,才能够使我们对贫困、不平等有更清晰的认识。为此,他提出了自己的以"基本可行能力"为信息基础审视、评价不平等的观点。在阿马蒂亚·森看来,将信息基础由收入扩展到基本可行能力,能够极大地丰富我们对不平等和贫困的理解。

## 二 以能力为信息基础对不平等的审视和评价

阿马蒂亚·森认为,分析和评价"平等"的核心问题是"什么要平等"。就是说,人们所诉求的平等的具体内容是什么。并指出,几乎所有经过时间检验的社会制度安排,其伦理分析方法的普遍特征就是:"都诉求对某种事物的平等——这种事物在其特定理论中居于极其重要的地位。"② 比如,"收入平等主义者(如果我们可以这样称呼的话)要求平等的收入,福利平等主义者要求平等的福利水平","古典功利主义者坚决主张平等地衡量所有人的效用,纯粹的平等主义者要求所有的权利和自由均平等分配"。因为他们都主张每

---

① [印度]阿马蒂亚·森:《以自由看待发展》,任赜、于真译,中国人民大学出版社2002年版,第101页。
② [印度]阿马蒂亚·森:《论经济不平等/不平等之再考察》,王利文、于占杰译,社会科学文献出版社2006年版,第217页。

个人都应该平等地拥有某种事物,所以,他们都可以称为"平等主义者"。又因为他们所选中的每个人都应该平等地拥有的事物不同,所以,他们彼此之间必然要展开争论。阿马蒂亚·森认为,"平等主义"的主张有其共同的特征,即"在某个层面上对所涉及的所有人都予以平等的关注——如果政策建议里没有这种对所涉及的所有人的平等关注,则这项政策建议就缺少了合理性"①。比如,"收入"平等主义者会主张对于他们所选中的"收入"所涉及的所有人都应该给予平等的关注,如果政策建议里没有他们所要求的对"收入"所涉及的所有人的平等的关注,那么他们就会认为这项政策建议缺乏合理性。

阿马蒂亚·森指出,正是由于"什么要平等"这一问题至关重要,所以,我们可以根据对这一问题的不同回答,来审视不同的思想流派之间的论争。同时,阿马蒂亚·森又指出,"这些对平等的要求可能限制了其他社会决定的本质"②。这是因为,依据某一评价变量的平等诉求到了另一个变量那里就不再要求平等了。两种不同的视角完全有可能是相互冲突的。比如,自由至上主义者坚持人人平等拥有某些权益,也就不会再要求收入平等了。由此,阿马蒂亚·森得出结论:"接受了'中心的'社会实践所要求的平等也就同时接受了'外围的'社会实际的不平等。因此争论最终聚焦于中心的社会制度安排上。"③ 那么,对于"什么要平等"的问题为什么会有不同的回答呢?也就是说,社会上为什么会存在多元化的平等观呢?

阿马蒂亚·森认为,这与普遍的人际相异性的事实相关。他指出,与世界上没有两片完全相同的树叶一样,人与人之间也存在事实上的差异。人与人之间的差异,不仅表现在外部,比如财产数量、所

---

① [印度]阿马蒂亚·森:《论经济不平等/不平等之再考察》,王利文、于占杰译,社会科学文献出版社2006年版,第217页。
② 同上。
③ 同上书,第218页。

处的社会环境和自然环境等,也表现在内部,比如年龄、性别、染病概率、体能和智能等。"正是由于这种人际相异性使得在某一领域坚持平等主义就必然拒斥另一领域的平等主义。"① 所以,在阿马蒂亚·森看来,对于探讨平等问题来说,人际相异性并不是可以忽略的次要因素,而是一个基本兴趣点。而实际上人们又是如何看待人际相异性,这一探讨平等问题中的重要因素的呢?阿马蒂亚·森指出,人们在强调"人人平等"时,往往对人际的差异视而不见。这样一来,即使强调"所有人生而平等"的具有代表性的平等主义,也因对人际相异性的漠视而往往导致事实上的非平等主义。这是因为,主张平等地对待实际上并不平等的所有的人,也就意味着赞同不平等的对待那些处于不利地位的人。这是从理论层面上讲的。"至于实践中的平等诉求问题就更复杂了,因为在实际中总能遭遇到许许多多前定的不平等"②。面对许许多多前定的不平等而强调"人人平等",其结果只能是不平等。

同时,阿马蒂亚·森还指出,"平等"往往是通过比较两个人在某一特定方面是否具备相同特征来判定的。比如,收入、财富、幸福、自由、机会、权利等。这样一来,也就存在一个判定和评估不平等的评价变量的选择问题。比如,有人主张选择收入作为判定和评估不平等的评价变量,有人则主张选择幸福作为判定和评估不平等的评价变量,等等。这些评价变量,阿马蒂亚·森称为"核心变量",即进行比较的"标准"。在阿马蒂亚·森看来,人们在判定和评估不平等时,不仅会选择不同的评价变量,而且"即使有些基本的、含义统一的评价变量事实上也有内在的多重性"③。所以,"核心变量"的选择问题,也即是"评价域的选择"问题。

阿马蒂亚·森指出,由于选择的评价域不同,那么所判定的平等

---

① [印度]阿马蒂亚·森:《论经济不平等/不平等之再考察》,王利文、于占杰译,社会科学文献出版社2006年版,第219页。
② 同上书,第224页。
③ 同上书,第225页。

或者不平等往往是不一致的。他举例说，机会平等往往导致极不平等的收入，而收入平等也往往与财富的巨大差距相伴，而财富的平等又与不平等的幸福结伴而生，如此等等。究其原因，正是在于人际相异性。无处不在的人际相异性，造成了判定平等或者不平等的"评价域"选择的多样性。也正是"评价域"选择的多样性，使得社会上实际存在多种多样的平等主义。阿马蒂亚·森说："社会制度安排的伦理理论都有共同的特征，即都依某个核心变量而诉求平等。"① 即使那些长期被贴上"反平等"标签的理论，实际上也同样在诉求平等主义。这些理论在拒斥依据某种核心变量判定的平等的同时，实际上也在肯定、倡导着依据其他核心变量判定的平等。比如，自由至上主义在拒斥以收入或个人福利为核心变量判定的平等的同时，却在强调着"应优先保障每个人都平等地享有广泛的自由权"②。很显然，这仍然是一种平等主义。

总之，在阿马蒂亚·森看来，正是由于人际相异性，导致了在回答"什么要平等"问题上的差异性，从而造成了平等观的多元化。那么，到底应该如何回答"什么要平等"这一平等观的核心问题呢？阿马蒂亚·森明确提出了自己的分析思路。

阿马蒂亚·森说："我们可用个体可获致他所看重的'生活内容'的能力来评价社会制度安排。这实际上是评估平等或不平等的新思路。"③ 要弄清楚他的这种新思路，首先就要了解他所说的"生活内容"的内涵。他解释说，一个人生命中的活动，可以看成一系列相互关联的生活内容，即一个人处于一种什么样的状态和能够做什么的集合。并指出，"生活内容"的具体内涵极为丰富，既包括诸如获得良好的营养供给、身体健康、避免死于非命和早夭等的最基本的生存需要，也包括诸如获得自尊、参加社会活动等的更为复杂的成就。而

---

① ［印度］阿马蒂亚·森：《论经济不平等/不平等之再考察》，王利文、于占杰译，社会科学文献出版社2006年版，第226页。
② 同上。
③ 同上书，第227页。

## 第二章 实质自由是正义的首要辖域

与"生活内容"密切联系的"能力"概念,则表示人们能够获得的各种生活内容的不同组合。"这样,能力就是生活内容向量的集合,反映了人们能够选择过某种类型的生活的自由。"① 显而易见,阿马蒂亚·森是以个人所具有的能够获得他所看重的生活内容的"能力"来回答"什么要平等"这一平等观的核心问题的。这种"能力"是通过个体,在若干个可能的生活状态中,选择并实现自己看重的那种生活状态的自由表现出来的。根据这种思路,那么,社会制度安排的目标,就应当是增强人们获得他所看重的生活内容的能力,扩展人们选择并实现自己看重的那种生活状态的自由。评估平等或不平等的核心变量或者标准,也就是人们获得他所看重的生活内容的能力。

同时,阿马蒂亚·森还指出,一个人的能力是与个体的福利相联系的,并从两个方面进行了具体论述。

第一,他说:"如果说已实现的生活内容构成了个体的福利,那么可实现这些生活内容的能力,即个体有能力对各种可能的生活内容项组合进行选择——就构成了可实现个体福利的自由(这种自由表明个体确实拥有真正的机会)。这个可实现个体福利的自由直接涉及到社会伦理分析和政策分析。"因为一个运行状态良好的社会,必须重视这种各个个体享有的、可实现个体福利的自由,必须使个体真正享有追求个体福利的自由。否则,也就不是一个运行状态良好的社会。所以,阿马蒂亚·森说:"这种反映个体获取个体福利的机会的自由,至少应作为'工具性'的手段来看待"②。就是说,这种自由可以成为我们分析评价社会政策、社会结构、社会状态的尺度、工具、标准。在阿马蒂亚·森看来,自由是一个良好的社会结构中极为重要的东西,一个良好的社会同样也是一个自由的社会。

第二,他指出:"已实现的个体福利本身倚恃于可实现生活内容的能力。"同时,"能够做出选择本身就是有价值的生活的一部分"。

---

① [印度] 阿马蒂亚·森:《论经济不平等/不平等之再考察》,王利文、于占杰译,社会科学文献出版社 2006 年版,第 258 页。

② 同上。

拥有思考性选择的机会,可使个体的生活更为富足。所以,即使表现为能力的自由仅被视为工具性的,"但可实现生活内容的能力依然是社会评估的重要内容"①。

阿马蒂亚·森之所以强调一个人的能力与个体福利之间的联系,一方面是说明"能力"是对于社会平等、正义评估的重要内容,另一方面也是说明他所提出的这种"能力分析方法"是不同于其他传统的个体评估和社会评估方法的。他说:传统的分析方法是建立在诸如"基本善"、"资源"或"实际收入"的分析基础之上的。这些变量都关注可实现个体福利及其他目标的手段,这些变量也可以看成是可实现自由的手段。②与这些传统的关注可实现个体福利、自由及其他目标的手段的个体评估和社会评估方法不同,"能力分析方法"所关注的是被看重的生活内容和可实现被看重生活内容的能力。"生活内容属于个体福利的构成要素,而能力反映的是追求这些构成要素的自由",它"直接作用于个体福利本身"③。这就是"能力分析方法"与其他传统的个体评估和社会评估方法的区别所在,同时,也是"能力分析方法"的优势所在。阿马蒂亚·森曾明确指出:"能力方法的优越性在于:它可将我们关注的焦点从商品域、收入域、效用域等等转向个体生活的构成要素域之中。因而,需要记住的是,只要是作为生活内容域,是关注能力还是关注生活内容就没有什么区别了,这点尤为重要。在此评价域里,生活内容仅是一个'点',而能力则是这些点的集合。"④他又说:"能力是对可获致有价值的生活内容的自由的一个基本反映。它直接聚焦于这种自由而不是聚焦于追求达到这种自由的手段。"因而,"能力可以被看作是实质自由的体现"⑤。在这里,阿马蒂亚·森不仅说明了"能力分析方法"的优越性,而且进

---

① [印度]阿马蒂亚·森:《论经济不平等/不平等之再考察》,王利文、于占杰译,社会科学文献出版社2006年版,第259页。
② 同上。
③ 同上书,第259—260页。
④ 同上书,第267页。
⑤ 同上书,第266页。

一步说明了"能力""生活内容""实质自由",这些概念之间的逻辑关系。明确这些概念之间的逻辑关系,对于理解、把握阿马蒂亚·森的理论体系至关重要。所以,阿马蒂亚·森的这些论述应当引起我们的高度重视。

为了进一步显示他的能力分析方法的优越性,阿马蒂亚·森还将其与罗尔斯等所采用的分析方法进行了比较分析。

## 三 能力分析方法与其他分析方法的比较

### 1. 与罗尔斯的分析方法的比较

阿马蒂亚·森指出,他的基于"能力"的分析方法,与罗尔斯的聚焦于个体所拥有的"基本善"的分析思路形成了鲜明的对比。罗尔斯在他的"作为公平的正义"理论中,曾提出两条著名的正义原则。在他所提出的两条正义原则中,包含有"差别原则"。而"差别原则"正是罗尔斯正义理论的特色所在。阿马蒂亚·森说:"罗尔斯对'基本善'的关注,构成了他的'差别原则'的一部分内容。"[①]由此可见,"基本善"在罗尔斯正义理论中的地位,如同"能力"在阿马蒂亚·森的正义理论中的地位一样重要。所以,阿马蒂亚·森将两者进行了对比分析,借以展现他的基于"能力"分析方法的优越性。

罗尔斯所说的"基本善","就是权利和自由、机会和权力、收入和财富"[②],以及"自尊"等。阿马蒂亚·森指出,在"基本善"和"资源"方面拥有的平等,往往伴随着不同人实际拥有的自由的严重的不平等。这是"因为不同的个体在将'资源'和'基本善'转化为自由时,其'转化率'会有重大差异"[③]。这是因为,这种

---

[①] [印度]阿马蒂亚·森:《论经济不平等/不平等之再考察》,王利文、于占杰译,社会科学文献出版社2006年版,第230页。

[②] [美]约翰·罗尔斯:《作为公平的正义——正义新论》,姚大志译,上海三联书店2002年版,第93页。

[③] [印度]阿马蒂亚·森:《论经济不平等/不平等之再考察》,王利文、于占杰译,社会科学文献出版社2006年版,第252页。

"转化率"一方面要受到错综复杂的群体关系和群体互动关系的影响,另一方面也要受到个体差异的影响。因此,阿马蒂亚·森指出,即使两个人拥有相同的收入或者其他的"基本善"和"资源",但仍然可能发生处境完全不同的情况。一个人可以完全摆脱营养不良,而另一个人则未必能够做得到。其中一人有可能因患病、性别、年龄、气候环境等原因而处于不利处境。阿马蒂亚·森表示,他之所以要从能力的角度对罗尔斯的"作为公平的正义"理论进行批判,其中原因之一,就是出于对个体在将"基本善"转化为可获得成就的实际自由中遇到的困难的直接关注。在拥有相同的"基本善"的前提下,有的人会因将"基本善"转化为自由的能力较差而处于劣势,有的则可能因将"基本善"转化为自由的能力较强而处于优势。阿马蒂亚·森强调:"正义理论一定要对那种差异予以充分的考虑。"①

阿马蒂亚·森还指出:"能力即代表自由,而基本善只是提供了获致自由的手段,而手段与实际自由之间的联系却因人而异。"② 这就是说,罗尔斯的理论只是关注了可获致自由的手段,而没有对自由的程度予以足够的关注。在阿马蒂亚·森看来,这正是罗尔斯关于公平的社会基本结构理论的缺陷所在。与罗尔斯只是关注于可获致自由的手段的理论不同,在阿马蒂亚·森的基于能力的平等、正义评估中,个体的呼求物"是从他们实际享有的、可选择他们所看重的生活方式的自由的角度去评估。而这个实际自由是从个体的可获得各种生活内容组合的'能力'的角度去阐述的"③。这就是说,罗尔斯关注"基本善"持有的平等,追求的是实现自由的手段上的平等;而阿马蒂亚·森关注"能力"的平等,追求的则是实际自由本身的平等。这就是两种分析方法的区别所在。

---

① [印度]阿马蒂亚·森:《论经济不平等/不平等之再考察》,王利文、于占杰译,社会科学文献出版社2006年版,第354页。
② 同上书,第297页。
③ 同上书,第295页。

## 2. 与效用分析方法的比较

阿马蒂亚·森指出,功利主义的分析方法往往都是从个体效用的角度来看待价值的,而效用又是从诸如快乐、幸福或欲望等主观感受的角度来定义的。阿马蒂亚·森认为,用这种方法来分析个体的处境具有两个方面的局限性。其一,这种方法只关注成就而忽视了自由;其二,除主观感受外,而其他的成就则被忽略了。他说:"虽然效用被用于表示个体的福利,但实际上单用效用并不足以代表个体的福利,而且对个体追求自己福利(或任何其他目标)的自由也未予以直接的关注。"[1] 阿马蒂亚·森指出,如果用这种分析方法来分析不平等和贫困现象时,其局限性会更加突出。阿马蒂亚·森举例说,一个穷困潦倒的人,其生活处境当然是很悲惨的。但是,如果从欲望及其满足程度的主观感受的量度来看,其处境未必就很糟糕。这是因为,他或她由于长期处于被剥夺中,出于生存的考虑,可能会选择接受现实,降低自己的欲望,或者把欲望集中于最基本的、极为有限的东西上。试想,当一个人正在挨饿时,他或她此时的欲望就是尽快得到东西吃,以解决饥饿问题,所以,此时如果能够给他或她一个大面包,他就会很高兴,就会产生一种满足感。由此可见,对于穷困潦倒、处于被剥夺处境的人来说,"其受剥夺的程度根本不可能用欲望的满足程度来度量"[2]。

阿马蒂亚·森又指出,在涉及那些相对稳定,或"固化"的差异、不平等、剥夺,比如阶级分化、社会差异、种姓等级制和性别不平等时,效用量度的误导性就更为明显。阿马蒂亚·森认为,以上"这些剥夺的类型皆由社会形成的差异而来"[3]。既然这些剥夺是由社会形成的差异带来的,所以,在阿马蒂亚·森看来,对不平等进行总体分析时必须从群体的角度,而不是从某一个体开始,"而且往往要

---

[1] [印度]阿马蒂亚·森:《论经济不平等/不平等之再考察》,王利文、于占杰译,社会科学文献出版社2006年版,第229页。
[2] 同上书,第271页。
[3] 同上。

将重点放到群体间的差异上"①。那么,应当如何分析群体间的差异呢?阿马蒂亚·森首先肯定了阶级分类的方法。他说:"在对政治、社会、经济进行总体分析时,要多处用到这种阶级分类方法,这点不容否认。"②这种阶级分类的方法,注意到了财富和收入不平等的重要性。因为财富和收入的不平等,可以导致个体福利和生活条件的不平等。这种阶级分类的方法,也可以很好地说明,自由论者的权利平等为什么不能产生任何诸如个体福利的平等,或者可按自己看重的生活方式去生活的全面自由的平等。比如,诺齐克曾说:"个人拥有权利。有些事情是任何他人或团体都不能对他们做的,做了就要侵犯到他们的权利。"③按照诺齐克的说法,资本主义制度下的资本家和工人都拥有权利,就是说他们的权利是平等的。然而,他们之间却不可能存在任何诸如个体福利的平等,更不可能存在选择自己看重的生活方式去生活的全面自由的平等。其中根本的原因,就是在于他们拥有不同的生产资料,就是说,他们在生产资料所有制方面是不平等的,他们分属于不同的阶级。由此可见,运用阶级分类的方法,可以很好地说明自由论者的权利平等诉求的局限性。

然而,阿马蒂亚·森在肯定阶级分类方法的同时,又指出:"除了阶级差异,人类还有其他方面的差异,故而要研究与需要的满足程度相关的实现平等的方式或保证自由的方式就不能用纯粹的阶级分析方法。"并举例说,"即使是消除了所有制的不平等,也仍有源于生产能力、个人需要及其他个体参数上的差异"④。就是说,不仅存在群体间的差异,同时还存在群体内部个体之间的差异。另外,还有种族和肤色的差异。正是人际差异的多样性,导致了不平等问

---

① [印度]阿马蒂亚·森:《论经济不平等/不平等之再考察》,王利文、于占杰译,社会科学文献出版社 2006 年版,第 327 页。
② 同上书,第 328 页。
③ [美]罗伯特·诺齐克:《无政府、国家与乌托邦》,何怀宏等译,中国社会科学出版社 1991 年版,第 1 页。
④ [印度]阿马蒂亚·森:《论经济不平等/不平等之再考察》,王利文、于占杰译,社会科学文献出版社 2006 年版,第 330 页。

题的复杂性。也正是由于不平等问题的复杂性,使得我们在分析不平等问题时,就不能仅从效用的视角。所以,阿马蒂亚·森强调:"我们既承认并不时地考虑进阶级差别与所有权和职业三者之间的普遍联系,同时还必须考虑到其他方面的差异——影响到我们的生活和所享受的自由的差异。"① 就是说,我们在分析不平等问题时,首先要考虑到人际在阶级、所有权、职业这些由社会形成的方面的重大差异,同时还要考虑到人际在生产能力、个人需要这些方面的差异。这也就是说,在评估平等或不平等问题上,需要超越效用视角,找出一种新的思路。因此,与效用视角相对照,阿马蒂亚·森提出了"用个体可获致他所看重的'生活内容'的能力来评价社会制度安排"。能力量度的优势,在于"直接关注被剥夺者获得那些基本的生活内容的自由"②。

3. 与机会分析方法的比较

阿马蒂亚·森指出,他的能力分析的方法也不同于"机会平等"的视角。他分析说,个体可获得某物的能力确实也代表了追求他或她的目标的机会,但是,"机会平等"概念更多的是以更为严格的含义用在政策文献里,通常是从平等地享有某种特定的手段和某物,或者平等地适用某项限制或禁令的角度来定义的。阿马蒂亚·森认为:"如此界定后的'机会平等'就并不是指全面自由的平等享有。"③ 这其中的原因,仍然在于人际相异性。因此,阿马蒂亚·森强调,要全面理解真正的机会平等,就要通过能力平等的视角来审视。这就是说,能力平等的诉求实际上已经包含了机会的平等,而机会平等的诉求则因忽视了人际差异的存在,并不能保证实际结果的真正平等。

同时,阿马蒂亚·森还指出,平等并不是我们唯一关注的社会价

---

① [印度] 阿马蒂亚·森:《论经济不平等/不平等之再考察》,王利文、于占杰译,社会科学文献出版社2006年版,第331页。
② 同上书,第229页。
③ 同上书,第230页。

值诉求，我们还要关注效率问题。如果只是试图实现能力平等而忽视效率的话，其结果往往会导致人们的总体能力下降。所以，阿马蒂亚·森强调："对能力平等的诉求要放置在对效率的诉求（该主张很有市场）的背景下考虑，而且通常这种效率是一种总和的结果。"① 正是出于对效率的关注，阿马蒂亚·森指出，罗尔斯所主张的不平等是可以接受的。罗尔斯主张，有影响的管理者要通过公开竞争选拔的制度实现公平和公正。这种职位对所有人开放，每个人都有相同的机会参与竞争。"而竞争的结果是以不平等的能力而告终。"② 阿马蒂亚·森认为，应当承认这种重大的不平等，因为它是建立在效率优势基础之上的。在阿马蒂亚·森看来，罗尔斯的正义理论能够给我们带来如下启示，即："个体利益的平等诉求应该与可带来这些利益的效率因素综合考虑。"③ 由此可见，能力分析的方法与"机会平等"视角的区别，并非在于是否关注效率，因为阿马蒂亚·森也曾明确表示，他反对"低水平的平等"；也并非在于是否承认不平等的客观存在。而是在于对"什么要平等"问题的不同回答上，在于是否关注人际之间的差别上。罗尔斯虽然提出了"差别原则"，表现了他对于处境最不利者利益的关注，但他所关注的只是对于"基本善"和"资源"的拥有，没有关注到不同的个体在将"资源"和"基本善"转化为自由时，其"转化率"的重大差异，因此，并没有真正反映出不平等。

正是在对比分析的基础上，阿马蒂亚·森明确提出了他自己的关于如何评价社会制度安排的观点。他说："合理的制度安排应该是：不同的具体制度形式既要充分考虑到其对人们有效自由和能力的'总和'影响，又要考虑到其对人们有效自由和能力的分配状况的影

---

① ［印度］阿马蒂亚·森：《论经济不平等/不平等之再考察》，王利文、于占杰译，社会科学文献出版社2006年版，第230页。
② 同上书，第352页。
③ 同上书，第353页。

响。"① 就是说，既要考虑到总量的最大化，又要考虑到总量在个体之间的分配；既要考虑到效率，又要考虑到公平、正义。那么，具体说来应该如何做呢？阿马蒂亚·森举例说，比如，在潜能都能够得到充分发挥的情况下，甲因身患残疾，其成就最大可以达到 X，而其他人的成就最大则可以达到 2X。阿马蒂亚·森指出，在这种情形下，问题可以这样解决："甲可优先受到帮助以实现其最大成就 X，而不将其他所有人的成就都从最大成就 2X 拉低到 X。"② 这样，效率和公平、正义也就都兼顾到了。

---

① ［印度］阿马蒂亚·森：《论经济不平等/不平等之再考察》，王利文、于占杰译，社会科学文献出版社 2006 年版，第 354 页。
② 同上书，第 351 页。

# 第三章　发展就是扩展人的实质自由

阿马蒂亚·森曾引用 T. H. 格林的话说："恰当说来，自由是最大的福祉；获得自由是我们作为公民的目的。"阿马蒂亚·森引用格林之说，旨在为自己的正义思想寻找理论根据。如前所引，阿马蒂亚·森曾说："我们都无法否认，自由的理念深刻地影响了我们。我们有理由估价我们的自由，当我们评价一个社会的利弊或者某种社会制度的正义与否时，我们很难不以某种方式思考不同类型的自由以及它们在社会中的实现与剥夺。"① 在这里，森明确表示他是以不同类型的自由的实现与剥夺情况，来评价社会利弊、分析社会制度正义与否的。由此可见，"实质自由"在阿马蒂亚·森的正义理论体系中，是居于核心地位的。"实质自由"的实现和扩展，既是社会制度的价值目标，是社会正义的体现，又是社会发展的首要目的。所以，要研究他的正义理论，就不能不研究他的发展观。

## 第一节　自由在发展中的地位

阿马蒂亚·森指出，自由不仅是发展的首要目的，而且是发展的重要手段，因此，在发展中居于中心地位。正是基于这种认识，

---

① ［印度］阿马蒂亚·森：《理性与自由》，李风华译，中国人民大学出版社2006年版，第6页。

## 第三章　发展就是扩展人的实质自由

他提出了与"狭隘的发展观"形成鲜明对照的"聚焦于人类自由的发展观"。他所说的"狭隘的发展观",就是指把发展看作是国民生产总值(GNP)的增长,或者看作是个人收入的提高,或者看作是技术的进步,或者看作是工业化、社会现代化程度的提高等的观点。他指出:"对发展的恰当定义,必须远远超越财富积累和国民生产总值以及其他与收入有关的变量的增长。"[①] 但他又同时指出,他并非忽视财富的积累和国民生产总值的增长。那么,在他看来,应当如何认识和看待自由与财富、政治自由与经济增长的关系呢?

### 一　自由与财富

为了说明自由与财富的关系,阿马蒂亚·森在他的《以自由看待发展》一书的第1章中,首先引述了《奥义书》中的一个故事:一个名叫玛翠伊的妇女,很想知道如果整个世界的财富都属于她一个人时,她能否通过财富实现长生不老。她的丈夫亚纳瓦克亚回答,"不可能!""你的生活会像别的富人的生活一样,但是别指望通过财富实现长生不老。"玛翠伊听后评论道,"那么,我要那些不能让我长生不老的财富干什么?"阿马蒂亚·森指出,这场对话对于我们理解发展的性质有着直接的意义。就是说,这场对话能够启示我们,去深入思考我们拥有的经济财富与按我们自己的意愿享受生活的能力之间的关系,去深入思考我们到底应当专注于经济财富,还是聚焦于按我们自己的意愿享受生活的能力来看待发展,以及这两种视角的差异。接下去,阿马蒂亚·森通过引用亚里士多德的有关论述,回应了玛翠伊和亚纳瓦克亚的对话,明确表达了自己对于自由与财富关系的看法,以及应当以自由看待发展的观点。为了深入理解阿马蒂亚·森的看法和观点,这里有必要介绍一下亚里士多德的有关

---

[①] [印度] 阿马蒂亚·森:《以自由看待发展》,任赜、于真译,中国人民大学出版社2002年版,第10页。

论述。

亚里士多德曾在他的《尼各马科伦理学》第一章中说："财富不是我们所追求的善，它只是有用的东西，并以他物为目的。"① 这就是说，财富本身并不是我们所要追求的目的，它只是有用于我们得到他物，有用于我们实现所追求的目的。总之，财富只不过是人们借以达到目的的手段和工具而已。阿马蒂亚·森吸纳了亚里士多德的这种思想，他指出，我们之所以想要更多的收入或者财富，这并不是因为收入和财富就其自身而言是值得向往的，而是因为它们是一种极好的通用手段。使我们能够获取更多的自由去享受有理由珍视的生活。总之，在阿马蒂亚·森看来，财富的有用性，正是在于它能够帮助我们实现不少实质自由。罗纳德·德沃金也曾说道："就它们能够让一个人过上一种更有价值、更成功、更幸福或更道德的生活而言，金钱及其等价物是有用的。除此以外，迷恋于金钱及其等价物的人便成了孔方兄的奴隶。"② 在如何看待金钱、财富问题上，他们的认识是一致的。

同时，阿马蒂亚·森还指出，财富与我们的生活之间的关系也不具有排他性。就是说，财富只是能够对于我们的生活发挥显著影响的因素之一，除此之外，还有诸如公共设施与社会关怀是否缺乏、社会秩序是否稳定、公民权利是否得到保障、参与社区的社会政治经济生活的自由是否受到限制等多方面的因素。财富与我们的生活的关系也不是单一的。就是说，财富对于我们生活的影响是随着其他因素而改变的。比如，公共政策、社会安排等。阿马蒂亚·森强调："理解这种关系的有限度的、随境况而变的性质，与承认财富在决定我们生活条件和生活质量上的关键作用，二者同等重要。"③ 这就是说，必须

---

① 苗力田主编：《亚里士多德全集》第八卷，中国人民大学出版社1994年版，第8页。
② ［美］罗纳德·德沃金：《原则问题》，张国清译，江苏人民出版社2005年版，第319页。
③ ［印度］阿马蒂亚·森：《以自由看待发展》，任赜、于真译，中国人民大学出版社2002年版，第10页。

在承认财富对于我们的生活条件与生活质量的改善和提高,具有关键作用的同时,还必须看到这种作用的有限性和可变性。阿马蒂亚·森认为,认识到财富对于我们生活作用的有限性和可变性,同承认财富的关键作用具有同等重要的意义。这是因为,能否认识到财富对于我们生活作用的有限性和可变性,直接关系到对发展过程的理解,直接关系到确立什么样的发展观。在阿马蒂亚·森看来,只有既承认财富对于我们的生活条件与生活质量的改善和提高具有关键作用,又能认识到这种作用的有限性和可变性,才能够恰当地定义发展,才能够充分理解发展过程,才不至于将发展的手段与目的混淆起来,错误地将发展的手段当作目的。

## 二 政治自由与经济增长

在说明了不能把发展的基本目标确定为财富最大化的道理之后,阿马蒂亚·森接着指出:"同样道理,经济增长本身不能理所当然地看做就是目标。"[①] 就是说,经济增长也同样只是促使我们生活得更加充实和拥有更多自由的手段。不仅如此,在阿马蒂亚·森看来:"经济增长更多地与友善的经济环境而不是严厉的政治体制相容。"[②] 阿马蒂亚·森在这里所说的"友善的经济环境",就是指公民的基本权利和政治自由得到保障,公民的积极性得到充分发挥,能够强有力地支持经济发展的环境。这就是说,经济增长本身也是建立在公民的基本权利和政治权利得到保障的基础之上的。正是基于这样的认识,阿马蒂亚·森进一步对经济需要与政治自由的关系,进行了深入分析。

阿马蒂亚·森指出,他不同意那种运用"二分法",把经济需要与政治自由两者割裂开来、对立起来的观点。他认为,"问题的关键在于把握在政治自由与对经济需要的理解和满足之间的广泛的相互

---

① [印度]阿马蒂亚·森:《以自由看待发展》,任赜、于真译,中国人民大学出版社2002年版,第10页。

② 同上书,第11页。

联系"①。就是说，应当将两者联系起来进行分析考察。在他看来，经济需要与政治自由、民主权利之间，并不像一部分人所认为的那样"存在着一种真实的冲突"，"经济需要的紧迫性加强了而不是减弱了政治自由的迫切性"②。并从三个方面对政治自由和民主权利的重要性进行了论述。

第一，政治自由和民主权利本身，就是人的基本可行能力、人的生活内容的有机组成部分，因此，它们本身就具有直接的重要性，不需要通过它们在其他方面的作用来进行间接的证明。

阿马蒂亚·森指出："即使有时在不享有政治自由和公民权利时人们仍然享有充分的经济保障，但是他们还是被剥夺了他们生活中的重要的自由，即被剥夺了参与作出有关公共事务的关键决策的机会。"③ 在阿马蒂亚·森看来，这些剥夺虽然没有给人们带来其他有害的影响，但因这些剥夺限制了人们的社会和政治生活，所以，仍然可以看作压迫性的。

第二，"全面参与民主政治的权利，可以成为社会和政治利用'声音'"，"在不同的生活领域推进平等事业"④。这就是说，政治自由和民主权利还具有工具性作用。民众可以运用政治自由和民主权利，表达和论证他们的要求，以期引起政府和官员们对于他们的意见和愿望的重视，促使政府和官员们倾听他们的呼声，这样就会使政府出台的各项政策，更能体现民众的意愿，更能得到民众的支持，从而更具实效性。

阿马蒂亚·森曾指出，研究经济增长问题，"我们一定不能仅仅考察统计关系，而必须还要进一步考察并检视经济增长和发展所涉及

---

① [印度]阿马蒂亚·森：《以自由看待发展》，任赜、于真译，中国人民大学出版社2002年版，第150页。
② 同上。
③ 同上书，第12页。
④ [印度]阿马蒂亚·森：《惯于争鸣的印度人》，刘建译，上海三联书店2007年版，第27—28页。

的因果性过程"①。就是说，还要考察并检视对于经济增长"起促进作用的政策"。他并以导致东亚经济体经济成功的具体的经济政策为例，说明了经济政策对于经济增长的重要作用。指出，现在对于东亚经济体经济成功"起促进作用的政策"的清单已经有了充分的共识，其中包括："开放竞争、运用国际市场、高识字率和高就学率、成功的土地改革，以及对投资、出口和工业化积极性的公共支持。没有任何证据表明，上述任何政策与更多的民主不相容。"② 就是说，正是这些政策的推行，促进了经济的增长。而这些政策的制定和推行，离不开民主作用的发挥。

第三，政治自由和公民权利对于"经济需要"观念的形成，对于"经济需要"的认识和理解，更具有建设性作用。

阿马蒂亚·森说："恰当地理解经济需要是什么——其内容和强度——要求有讨论和交流。"③ 有很多事物，我们可能有很好的理由珍视它们，但是，我们并不能把它们都看作"需要"。这里就存在一个"识别"问题。阿马蒂亚·森指出："人类困境的总和可以成为识别我们的'需要'的一般基础。"④ 而要"从一般基础"中"识别"出我们的"需要"，从而形成人们普遍认可的"需要"概念，在阿马蒂亚·森看来，是要求讨论和交流的。而这种讨论和交流，只有在政治自由和公民权利得到保障的前提下，才能够开展。

阿马蒂亚·森又指出，政治自由和公民权利"对于产生知情的、反映民意的政策选择过程，具有中心意义"⑤。这就是说，在政治自由和公民权利得到保障的情况下，民众能够充分表达自己的意见，能够充分反映自己的需要和愿望，以这种公共讨论为基础制定的政策，自然能够反映民意，自然能够对民众的经济需要做出回应。

---

① ［印度］阿马蒂亚·森：《以自由看待发展》，任赜、于真译，中国人民大学出版社2002年版，第151—152页。
② 同上书，第152页。
③ 同上书，第154页。
④ 同上。
⑤ 同上。

阿马蒂亚·森的这种认识，是与马林诺夫斯基的思想一致的。马林诺夫斯基也曾从三个方面论述了"从政治和经济的角度出发"的自由、民主的重要性。首先，民主能够扩大目标选择的范围；民主能够提高发表意见的自由度；民主能够带来言论自由以及通过经验做出决定的权力、公众商议以及联盟的权力。其次，民主能够增加将群体目标转化为行动时的机会、手段和行动。最后，民主带来分享的自由，通过平均分配劳动任务、报酬和权力、财富以及特权来实现。因此，他将民主定义为："一种保证个体和群体有充足机会来决定自身目标并组织行动来实现这些目标的文化体系。"① 并说："民主、自由与正义是所有创造性和建设性文化过程中的核心要素。""无论经济还是科学、无论道德还是艺术，没有真正的自由都不可能进步。"②

　　同时，阿马蒂亚·森还指出，政治自由、公民权利、民主只是具有可允性的优越性。就是说，只是允许、鼓励人们公开讨论和辩论。所以，政治自由、公民权利、民主并不能自动解决问题，只是为问题的解决提供了机会。其实效性如何，取决于它实际上是如何被行使的。他说：尽管民主作为社会机会的一个主要来源是宝贵的，"但是还需要考察使它良好运作的方式和手段，来实现它的潜力"③。这样就从理论分析论证的层面，落实到了社会实践的层面。由此反映了他的务实精神。

　　阿马蒂亚·森强调："社会正义的实现不仅依赖于体制形式（包括民主规则和法令），而且还依赖于富有实效的实践。要使公民权利和政治民主的贡献就像我们所能够期望的那样，实践这个问题具有核心意义。"④ 正是基于这样的认识，所以，他对于诸如贫困、不平等、政治民主等有关社会正义的问题，不仅注重于理论上的分析研究，而

---

　　① ［英］布劳尼斯娄·马林诺夫斯基：《自由与文明》，张帆译，世界图书出版公司北京公司 2009 年版，第 153 页。
　　② 同上书，第 15—16 页。
　　③ ［印度］阿马蒂亚·森：《以自由看待发展》，任赜、于真译，中国人民大学出版社 2002 年版，第 158 页。
　　④ 同上。

且注重于实证性的分析考察。从而使得他在评价社会正义与否时，所采用的信息更加丰富、全面。这样，他的社会正义理论自然也就会蕴含更多的合理因素，会给我们带来更多的启发。

这里还应当指出，阿马蒂亚·森在论述政治自由的作用、政策选择、价值观的形成、民主制度的运作等问题时，非常注重公共讨论的作用。他在论述政治自由的建设性作用时曾经指出，公开讨论、辩论的政策选择过程，是形成价值观念和优先主次的关键。而价值观和优先主次，则决定着民主体制的应用。同时又指出，发表言论和讨论的充分机会，对于形成"经济需要"这个概念具有核心意义。他还曾指出："公共讨论的力量不仅与民主相关联，具有广泛的作用范围，它的增强还可以使民主本身更好地运作。"① 例如对环境问题的公共讨论，不仅对环境本身有好处，而且对民主制度本身的健康运作也是重要的。

## 第二节 自由在发展中的作用

阿马蒂亚·森"把发展看做是扩大人们享受的真实自由的一种过程"，指出："扩展自由是发展的（1）首要目的和（2）主要手段。它们可以分别称做自由在发展中所起的'建构性作用'和'工具性作用'。"② 这就是说，扩展人们享有的真实自由是发展的出发点和最终归宿，真实自由是人的最高的价值追求。同时，自由的扩展，又能够大大推动经济政治社会的发展，是推动发展的主要手段和动力。

阿马蒂亚·森的这种思想是与约翰·密尔的思想相通的。密尔曾说："假若大家都已感到个性的自由发展乃是福祉的首要要素之一；假若大家都已感到不止是和所称文明、教化、教育、文化等一切东西并列的一个因素，而且自身又是所有那些东西的一个必要部分和必要

---

① ［印度］阿马蒂亚·森：《以自由看待发展》，任赜、于真译，中国人民大学出版社2002年版，第158页。
② 同上书，第30页。

条件；那么，自由就不会有被低估的危险"①。密尔把"个性的自由发展"看作"是福祉的首要要素之一"，实际上也是在强调自由在发展中的"建构性作用"；他把自由自身看作是与文明、教化、教育、文化等一切东西并列的一个因素，一个必要部分和必要条件，这实际上也是在强调自由在发展中的"工具性作用"。

## 一 自由的建构性作用

阿马蒂亚·森所说的自由的"建构性作用"，指的是"实质自由对提升人们生活质量的重要性"。阿马蒂亚·森所说的"实质自由包括免受困苦——诸如饥饿、营养不良、可避免的疾病、过早死亡之类——基本的可行能力，以及能够识字算数、享受政治参与等等的自由"②。很显然，阿马蒂亚·森所说的"实质自由"的扩展，直接决定着人们生活质量的提高。因此，实质自由本身就是目的、就是价值。它只能作为评价社会成功、发展、进步与否的首要标准，而并不需要依赖其他标准来评价。正是基于这样的认识，阿马蒂亚·森把发展看作扩展人们享有的实质自由的一个过程。就是说，扩展人们享有的实质自由是发展的出发点和最终归宿，实质自由是人的最高的价值追求。

学者们已经指出，阿马蒂亚·森的这种思想是与马克思和恩格斯的思想相通的。③ 马克思曾说："自由确实是人所固有的东西，连自由的反对者在反对实现自由的同时也实现着自由"。又说："没有一个人反对自由，如果有的话，最多也只是反对别人的自由。"④ 在这里，马克思明确指出了自由确实是人所固有的东西，就是说它是人的本性所在，因此说没有一个人反对自由。有的人反对自由，只不过是

---

① [英]约翰·密尔：《论自由》，许宝骙译，商务印书馆1959年版，第66—67页。
② [印度]阿马蒂亚·森：《以自由看待发展》，任赜、于真译，中国人民大学出版社2002年版，第30页。
③ 周文文：《阿马蒂亚·森经济伦理中的自由观》，《江汉论坛》2004年第2期。
④ 《马克思恩格斯全集》第1卷，人民出版社1956年版，第63页。

在反对别人的自由,反对别人自由的目的,说穿了就是为了实现自己的自由。马克思和恩格斯在《共产党宣言》中又说:"代替那存在着阶级和阶级对立的资产阶级旧社会的,将是这样一个联合体,在那里,每个人的自由发展是一切人自由发展的条件。"① 这里所说的"联合体",也就是未来的共产主义社会。在共产主义社会里,生产力高度发达,物质极大丰富,社会产品按需分配,社会成员之间没有了利益冲突,因此,任何人自由的实现,都不仅不会影响到其他人自由的实现,而且,还会为其他人自由的实现提供条件,从而帮助其他人充分实现自由。由此可见,实现真正的自由,也正是马克思主义的最高理想和价值目标。

## 二 自由的工具性作用

阿马蒂亚·森所说的自由的"工具性作用",是说实质自由不仅是发展的最终目的,而且是促进发展的强有力的动力和手段,具有非常重要的工具性价值。阿马蒂亚·森从众多的工具性自由中,归纳概括出五个最重要的方面,即:政治自由;经济条件;社会机会;透明性保证;防护性保障。阿马蒂亚·森指出,这些方面,能够直接或间接地帮助人们按自己合意的方式生活。

如上所述,阿马蒂亚·森认为,政治自由和民主本身作为可行能力的一部分,作为我们有理由珍视的生活的具体内容,本身就具有直接的重要性。同时,政治自由和民主还具有工具性作用和建设性作用。政治自由和民主的工具性作用,指的是政治自由和民主能够对政府和在职官员发挥政治激励作用。人民拥有政治自由和公民权,可以公开明确表达他们的愿望和要求,可以有效地对政府和在职官员的行为进行监督,并对有关政策进行评论,促使政府不能不倾听民众的意见和呼声,从而保证政策的有效性。政治自由和民主的建设性作用,指的是通过行使政治权利,能够促使政府的政策对民众的经济等需要

---

① 《马克思恩格斯选集》第 1 卷,人民出版社 1995 年版,第 294 页。

做出回应。阿马蒂亚·森指出：通过行使那些与保障公开的讨论、辩论、批评以及持有不同意见有关的权利，可以保障政府所选择、制定的政策反映民意，符合民众的愿望和要求。正是基于这种认识，阿马蒂亚·森强调："沉默是社会公正的一个强大敌人。"① 同时，这种讨论和交流，也是形成共享的价值观念、偏好和可行的需要的关键。不仅如此，这种讨论和交流，还可以使民主本身更好地运作。总之，在阿马蒂亚·森看来，民主不仅自身具有直接的重要性，而且其工具性作用和建设性作用也都是非常广泛和重要的。然而，阿马蒂亚·森还特别指出，民主只是提供了一组机会，民主并不能自动解决实际问题。结果如何，关键在于公民如何运用这些机会。这是一个实践问题。因此，在实际生活中，我们一方面要不断完善民主规则和程序，疏通和拓宽公民利益诉求表达的路径和渠道，另一方面还要注意引导公民不断提高正确运用民主机会的意识和能力，保证他们能够及时准确地表达自身的利益诉求及其各方面的意见和建议。只有如此，才能够不断提高政府对公民利益诉求的敏感性，才能够保证政府的各项政策的正确性和有效性，从而推动社会高效、快速发展。

阿马蒂亚·森所说的"经济条件"，"指的是个人分别享有的为了消费、生产、交换的目的而运用其经济资源的机会。"阿马蒂亚·森指出，一个人"拥有的或可资运用的经济资源，以及交换条件，诸如相对价格和市场运作"②，直接决定着他的经济权益能否得到保障和提升。阿马蒂亚·森在这里实际上所要强调的是，在经济发展过程中，应当如何处理国家收入和财富总量增加与个人（或家庭）经济权益提升之间的关系问题。他实际上是在向国家和政府提出这样的要求：在经济发展的过程中，既要关注国民收入和国民财富的总量的不断增加，同时也要关注这些新增收入和财富如何在个人（或家庭）

---

① ［印度］阿马蒂亚·森：《惯于争鸣的印度人》，刘建译，上海三联书店 2007 年版，第 29 页。

② ［印度］阿马蒂亚·森：《以自由看待发展》，任赜、于真译，中国人民大学出版社 2002 年版，第 32 页。

## 第三章　发展就是扩展人的实质自由

之间公平合理地分配。要在保障国民收入和国民财富总量不断增加的前提下，使个人（或家庭）的经济权益得到相应的提升。因为在阿马蒂亚·森看来，发展的目的正是在于扩展人的实质自由，增强人的可行能力，提升人的生活质量。所以，经济发展的成果，不仅要体现在国民收入和国民财富总量的不断增加上，更要体现在个人（或家庭）经济权益的不断提升上。反过来讲，个人（或家庭）经济权益的不断提升，可资运用的经济资源的不断增多，必然会进一步促进消费、生产、交换，从而进一步促进国家经济的不断发展。阿马蒂亚·森还指出，在"经济条件"中，金融资源尤为重要。对于各个经济主体来说，是否有或能否得到金融资源，直接影响到它实际上所能获得的权益。并且，这种影响是关键性的。很显然，阿马蒂亚·森是在提醒政府要特别注重金融资源的管理和分配。要使各个经济主体都能够得到并合理地运用金融资源，以促进经济的发展和职工权益的提升。

阿马蒂亚·森所说的"社会机会"，指的是"社会在教育、医疗保健及其他方面所实行的安排"。阿马蒂亚·森指出，这些方面的安排如何，"不仅会对个人生活（例如，享受更健康的生活、避免可防治的疾病和过早死亡），而且对更有效地参与经济和政治活动，都是重要的"[①]。他举例说：比如，不识字、不会读报、不能与他人进行书面联系，必然对他参与高要求的生产、经济管理和政治活动造成障碍和限制。因此，阿马蒂亚·森主张应当大力发展教育、医疗保健等方面的社会安排来创造社会机会，以加强和保障人们的可行能力。他说："国家和社会在加强和保障人们的可行能力方面具有广泛重要的作用。这是一种支持性的作用，而不是提供制成品的作用。"[②] 这里所说的"支持性的作用"，就是指国家和社会通过社会安排，为人们创造更多的社会机会。

---

[①] ［印度］阿马蒂亚·森：《以自由看待发展》，任赜、于真译，中国人民大学出版社2002年版，第32页。
[②] 同上书，第43页。

阿马蒂亚·森所说的"透明性保证所涉及的,是满足人们对公开性的需要"。阿马蒂亚·森认为,从一定意义上讲,"社会是在对信用的一定假设的基础上运行的"①。经验证明,人们只有在信息公开明晰的条件下,相互了解对方需要的和所能提供的东西,彼此才能够交往。所以,信息公开是社会得以运行的基础,而信用则是社会有序运行的保障。所以阿马蒂亚·森指出,如果信用得不到遵守,信息缺乏公开性,那么很多人的生活就会面临受损害的危险。比如,如果一个单位的决策过程、财务收支情况缺乏透明性的话,那么,单位人员就会因此而产生不满情绪,这样必然要影响单位各方面的发展。同时,有些人则有可能利用职务等方面的便利,搞贪污腐败、营私舞弊、私下交易等,这样必然要危害单位的整体利益。单位的整体利益受到损害,那么,单位的许多个人的利益也必然要因此受到损害。反之,如果一个单位的决策过程、财务收支等信息公开透明,接受全体人员的意见、建议和监督,那么,单位人员的积极性、主动性、聪明才智就会得到充分发挥,这样,单位的各项工作必然是蒸蒸日上。同时,在这种情况下,一些人即使有贪污腐败、搞不正之风的念头,也会因没有下手的机会、没有可钻的空子而不能得逞,也会因面对巨大的监督压力而不敢妄为。因此,阿马蒂亚·森特别指出,这种"透明性保证","对防止腐败、财务渎职和私下交易所起的工具性作用是一目了然的"②。

阿马蒂亚·森所说的"防护性保障",指的是"社会安全网"。即运用社会手段来预防剥夺与弱势。阿马蒂亚·森指出,不管"一个经济体系运行得多么好,总会有一些人由于物质条件起了对他们的生活不利的变化,而处于受损害的边缘或实际上落入贫苦的境地"③。这就要求社会必须有"防护性保障"来提供一种安全网,以保障这

---

① [印度]阿马蒂亚·森:《以自由看待发展》,任赜、于真译,中国人民大学出版社2002年版,第32页。
② 同上书,第33页。
③ 同上。

部分人的生活和合法权益。我国学者杨俊指出："在西方发达国家中，社会保障作为社会发展的润滑剂，保障那些在市场经济中受到冲击而生活困难的人，更重要的是保障失去劳动能力或退休的人。社会保障已经成为发达国家经济发展中必不可少的重要因素。"① 很显然，阿马蒂亚·森的思想和西方发达国家的一些做法，能够给我们提供一些有益的借鉴。

### 三 工具性自由的相互联系性和互补性

阿马蒂亚·森还特别强调了这些工具性自由的相互联系性和互补性。他指出：这些工具性自由各自的作用以及彼此之间的相互关联，强烈影响着发展的过程。因此，"在考虑发展政策时，掌握这些关联尤为重要"②。

比如，通过"社会机会"，特别是基础教育，可以促进人力资源的开发，而人力资源的开发，必然会促进经济的增长，而经济的增长反过来又会为人们提供各种"社会机会"。同时，经济的增长，又能够使国家有财力提供更多的包括社会保障网在内的社会服务。因此，在他看来，对于经济增长的贡献，不仅要按照私人收入的增加来评判，而且应该按照由经济增长带来的社会服务的扩展来评判。这就涉及对经济增长成果的使用问题。就是说，要把经济增长的成果，更多地用到社会服务和公共产品的提供、扩展和质量的提高上。正是基于这样的认识，阿马蒂亚·森特别注重社会安排和社会扶持。

阿马蒂亚·森指出："社会安排对生存自由的作用可以非常大，而且这种作用会受到截然不同的工具性关联的影响。"③ 并以"亚洲

---

① 杨俊：《中国公共养老保险制度宏观经济学分析》，中国劳动社会保障出版社2009年版，第12页。
② ［印度］阿马蒂亚·森：《以自由看待发展》，任赜、于真译，中国人民大学出版社2002年版，第33页。
③ 同上书，第35页。

金融危机"为例，进行论证。他分析说，"亚洲金融危机"确实是严重的，这些国家面临的问题需要加以注意，"但是，看不到东亚和东南亚那些经济体在数十年间取得的伟大成就是错误的，正是这些成就改变了那里的人民的生活和寿命"。这些经济体注重诸如基本教育和基本医疗保健、较早地完成了有效的土地改革，因而，广泛的经济参与在这些经济体，就比在其他一些国家，比如巴西、印度更容易地实现了。这样，在这些经济体中，"扩展社会机会促进了高就业的经济发展，而且创造了降低死亡率和提高寿命期望值的有利环境"[①]。阿马蒂亚·森把这种迅速改善人民生活、降低死亡率的成功类型，称为"增长引发"的过程。与此形成尖锐对比的是其他一些经济高速增长的国家，例如巴西等，虽然有同样高的人均国民生产总值增长率，但同时也长期存在严重的社会不平等和对失业、公共医疗保健的忽视。因而，在这些国家中经济虽然高速增长，但人均寿命的提高却缓慢得多。正是在大量的对比分析的基础上，阿马蒂亚·森得出结论：迅速改善人民生活、降低死亡率这一由"增长引发"的过程，是通过高速经济增长来发挥作用的。"其成功取决于基础宽广的并且经济上广泛的（着重强调就业与此有很大关系）增长过程，也取决于利用增长带来的经济繁荣去扩展有关的社会服务，包括医疗保健、教育和社会保障。"[②] 这就是说，要使发展达到提高人民的生活质量、增强人民的可行能力、扩展人民的实质自由的目的，一方面要采取有力措施，促进经济高速增长，另一方面要通过社会制度安排，实现公平正义，利用增长带来的经济繁荣来扩展社会服务范围，提高社会服务质量。

除了这种由"增长引发"的迅速改善人民生活、降低死亡率的过程之外，阿马蒂亚·森指出，还有一种成功类型，他称为"扶持导致"的过程。他说："与增长引发机制相比，扶持导致的过程不依赖

---

[①] [印度] 阿马蒂亚·森：《以自由看待发展》，任赜、于真译，中国人民大学出版社2002年版，第36页。

[②] 同上书，第37页。

于高速经济增长,而通过精心策划的医疗保健、教育等社会扶助计划项目及其他有关的社会安排起作用。"① 这就是说,在没有经济增长的情况下,只要经过精心策划,通过社会安排,也能够达到迅速改善人民生活、降低死亡率的目的。为了说明这其中的道理,他提出了"相对成本"的问题。

阿马蒂亚·森所说的"扶持导致"的过程的机制是,把优先重点放在提供降低死亡率和改进生活质量的社会服务上,特别是放在医疗保健和基本教育上。他以印度的克拉拉邦、中国、斯里兰卡为一组,以巴西、南非、纳米比亚、加蓬为另一组,对这些国家和地区1994年的人均国民生产总值与出生时寿命期望值,进行了对比分析。印度的克拉拉邦、中国、斯里兰卡1994年的人均国民生产总值远低于巴西、南非、纳米比亚、加蓬,但出生时寿命期望值大大高于这些国家。尤其是印度的克拉拉邦,尽管人均收入水平很低,但却实现了令人瞩目的高寿命值、低生育率、高识字率等。这显然是医疗保健、教育等社会扶助及其他有关的社会安排在起作用。阿马蒂亚·森指出,这种"对比具有相当大的政策意义,也指明了扶持导致这一过程的重要性"②。就是说,在制定社会政策时,一定要注重包括防疫、医疗保健、基本教育设施等在内的社会扶助计划项目的扩展和社会服务质量的提升,从而增加人们的社会机会。

为了解除人们"对扶持导致的过程"可能性的疑虑,阿马蒂亚·森分析道,很多人会因为扩展包括医疗保健和教育在内的公共服务确实需要资源的事实,而提出穷国到哪里找到资源来支持这些公共服务的问题。"这确实是一个好问题,但它也有一个好答案,答案在相当程度上在于相对成本。"③ 他指出,这些诸如保健和教育等有关的社会服务,是劳动密集型程度极高的,因此,在贫穷经济中是相对便宜

---

① [印度]阿马蒂亚·森:《以自由看待发展》,任赜、于真译,中国人民大学出版社2002年版,第37页。
② 同上书,第37—38页。
③ 同上书,第38页。

的。所以，一个穷国可能只有较少的钱用于医疗保健和教育等，但所提供的社会服务是富国需要花多得多的钱才能达到的。"相对价格和成本是决定一个国家能负担什么的重要参数。"① 穷国用于医疗保健和教育等社会服务的资源虽然较少，但这些社会服务的相对价格和成本也相应较低，富国用于医疗保健和教育等社会服务的资源虽然较多，但这些社会服务的相对价格和成本也相应较高。所以，教育、医疗保健和其他生活条件的改善，并不仅仅是富国才能负担起的某种"奢侈品"，穷国也不必等到富裕起来之后，才去争取基本教育和医疗保健等的扩展，完全可以通过适当的社会服务项目，来改善人们的生活条件、提高人们的生活质量。同时，基本教育和医疗保健等的发展，也能够促进经济的增长。总之，在阿马蒂亚·森看来，"扶持导致的过程是在提高生活质量上迅速成功的处方，这具有很重要的政策意义"②。

为了使人们能够深入理解社会安排的重要意义，阿马蒂亚·森还以20世纪英国死亡率的降低为例，进行论证。他指出，英国对营养、医疗保健等扶持计划的扩展，有两段时期特别迅速，这两段时期分别是在两次世界大战的战争期间。"在每次战争期间都出现了更大程度的对生存手段的共享，包括对医疗保健和紧缺的食品的共享（通过配给制和营养补助）。"③ 结果如何呢？比如，在第二次世界大战期间，英国实施了前所未有的扶持性和共享式的社会安排，结果尽管人均食品供给量显著下降，而营养不足的情况却也同时大为下降，严重营养不足的情况几乎完全消失，死亡率也迅速下降。由此展现了扶持性和共享式社会安排的重要作用。

同时，阿马蒂亚·森也明确指出："比起扶持导致的过程，增长引发的过程具有优越性"，因为"有更多的贫困问题是非常直接

---

① ［印度］阿马蒂亚·森：《以自由看待发展》，任赜、于真译，中国人民大学出版社2002年版，第38页。
② 同上书，第39页。
③ 同上书，第40页。

地与低收入相连的。"① 扶持导致的成功只是通过社会安排，使社会财富的分配趋于公平合理，从而使较少的社会财富充分发挥较大的作用，使人们的生活质量得到改善。而增长引发的成功则可以使经济繁荣与人们的生活质量的改善趋于同步前进。因而，在阿马蒂亚·森看来，"也存在极好的，去进一步争取更广泛的成就，包括经济增长和提高生活质量的通常指标"②。正是基于这样的认识，所以，阿马蒂亚·森指出，印度的克拉拉邦在人均收入水平很低的情况下，取得了令人瞩目的高寿命值、低生育率、高识字率等方面的成功，这虽然值得庆贺和学习，但它却不能成为一个成功的"样板"。因为它的成功是不完整的，它还面临着一个重大问题，即还未能使收入水平也得到提高，"从政策观点看，这要求对克拉拉邦有关激励因素和投资的经济政策（或一般的'经济条件'）进行批判性检视"③。由此可见，阿马蒂亚·森所追求的是社会经济增长与人们生活质量提高的同时并进；社会财富总量增加与个人收入水平全面提高的协调一致。总之，在阿马蒂亚·森看来，"社会安排对确保并扩展个人自由可以具有决定性意义"④。通过社会安排，可以保障人们的自由权利、交换权利等，从而使人们的实质自由不断得到扩展。同时，通过社会安排，还可以在诸如医疗保健、基础教育等方面提供实质性资助，从而促进人们可行能力的形成、使用和增强。

## 四 直接自由与间接自由

阿马蒂亚·森所说的"直接自由"，是指本人直接行使控制权。"间接自由"则是指通过他人行使控制权，从而使本人的自由得到

---

① ［印度］阿马蒂亚·森：《以自由看待发展》，任赜、于真译，中国人民大学出版社 2002 年版，第 38—39 页。
② 同上书，第 39 页。
③ 同上。
④ 同上书，第 34 页。

保障。

　　他举例说,一个名叫爱德的人在一场车祸中受伤,不过他的头脑仍然完全清醒。医生为他制定了 A、B 两个治疗方案供他选择。爱德根据自己的道德信仰,放弃了对自己的福利更好的 A 方案,而倾向于选择 B 方案。阿马蒂亚·森指出,这时如果医生根据爱德的要求,采取 B 方案对爱德施行了治疗,那么,爱德的直接自由就通过 B 方案的实施而得到了维护。这是一种情况。除此之外,还会有另一种情况。即爱德在这场车祸中,受伤之后人事不省,爱德的同伴知道他的道德信仰和他这种信念的力量,告诉医生爱德会选择 B 方案。阿马蒂亚·森指出,这时如果医生采取 B 方案对爱德施行了治疗,那么,尽管爱德本人并没有在这个特定选择中行使任何的直接控制,我们仍然可以合情合理地说爱德的自由通过 B 治疗方案的实施而得到了很好的维护。阿马蒂亚·森把这种情况当作爱德的间接自由通过 B 治疗方案的实施而得到了维护。由此阿马蒂亚·森得出结论:"把自由完全地看成是谁在行使控制权是不充分的。"① 就是说,不能完全根据本人是否行使控制权,来判断本人的自由是否得到维护。

　　比如警察防止、打击犯罪,就是在维护个人的自由,尽管个人没有行使控制权。这是因为,一般来说个人不愿意被暴徒抢劫、伤害、骚扰,所以,警察防止、打击犯罪的行为,也就是维护个人自由的行为。

　　阿马蒂亚·森指出:"在现代社会中,间接自由的现实意义显得尤为重要。"② 因为在现代社会中,个人所面对的方方面面的关系越来越复杂,社会的分工越来越精细,这就决定了所有的个人都不可能直接行使与其相关的领域里的所有控制权。所以,阿马蒂亚·森特别强调,如果粗暴地把自由与直接控制等同起来,我们会丢掉许多重要

---

① [印度] 阿马蒂亚·森:《后果评价与实践理性》,应奇编,东方出版社 2006 年版,第 96 页。

② 同上。

## 第三章　发展就是扩展人的实质自由

的东西。就是说，许多方面的自由会因为我们无法直接行使控制权而得不到维护。因此，我们必须借助于社会组织及其他社会成员来行使控制权，比如前面所说的警察等，从而使自己的自由得到维护。当然，作为代替自由主体行使控制权的社会组织及其他社会成员，必须遵从自由主体的意愿。仍以爱德为例，如果在爱德不省人事的情况下，采取上述的 A 方案对他进行治疗，"那么尽管所有人都知道这是对他的福利更为有利的方案，这种行为仍然是对爱德的个人自由的一种侵犯"，因为这违背了爱德的意愿。而如果"对爱德实施 B 方案则是对他的个人自由的一种尊重和维护"[①]，因为这遵从了爱德的意愿。这就要求，作为代替自由主体行使控制权的社会组织及其他社会成员，必须像爱德的同伴那样，十分清楚地了解自由主体的意愿，否则，就会做出侵犯主体自由的事情来。

综上所述，我们不难看出，阿马蒂亚·森是把社会看成一个大系统，各种自由都是构成这个大系统的各种要素，各要素之间相互联系、相互作用。如果一个方面出现了问题，势必要影响到其他方面，甚至会影响到整个大系统的稳定和发展。所以，他提出："与这些多重相互关联的自由相适应，需要建立并支持多重的机构，包括民主体制、法律机制、市场结构、教育和医疗保健设施、传播媒体及其他信息交流机构，等等。"[②]并进一步指出，这些机构的形式可以是私人创建的，或者是公共安排的，或者是混合型的。很显然，阿马蒂亚·森的这些思想和主张是能够为我们所吸收、利用和借鉴的。如何做到机构设置合理、机构职责明确、各种机构之间相互支持帮助，从而促进社会稳定、和谐、健康发展，这正是当前我们所面临的深化体制改革、加强社会建设中的重大问题。

---

① ［印度］阿马蒂亚·森：《后果评价与实践理性》，应奇编，东方出版社 2006 年版，第 97 页。
② ［印度］阿马蒂亚·森：《以自由看待发展》，任赜、于真译，中国人民大学出版社 2002 年版，第 42 页。

## 第三节　正义意识与社会价值观在发展中的作用

如上所述，阿马蒂亚·森认为，自由不仅是发展的首要目的，也是发展的手段和动力。同时，各种类型的自由之间又是相互联系、相互作用、相互促进的。比如，政治自由可以促进经济保障，社会机会有助于促进经济参与，经济条件能够帮助人们创造更多的社会资源及个人财富等。总之，"不同类型的自由可以相互增强"①。而与这些相互联系、相互作用的各种类型的自由相适应，则需要建立诸如民主体制、法律机制、市场结构、教育和医疗保健设施、传播媒体等各种类型的机构。而正义意识与社会价值观对于确保多种形式的社会组织、机构的成功，具有非常重要的意义和作用。

### 一　正义意识是激发人们的动机因素之一

阿马蒂亚·森说："运用带有社会责任感的理性思考以及关于正义的思想，与个人自由的中心地位紧密相关。这并不是断言，人们总是唤起他们的正义意识，或者运用他们带有社会责任感的理性思考的能力，来决定如何行使他们的自由。但是正义意识是那些能够，而且常常确实激发人们的动机因素之一。"② 阿马蒂亚·森的这段论述，具有如下两个方面的含义。

其一，明确指出了社会责任感、理性、正义思想，是与强调个人自由的中心地位紧密联系在一起的。就是说，决不能离开社会责任感、理性、正义思想，而孤立地强调个人自由。否则，个人自由也就成了自私自利、为所欲为的代名词了。也正是因为如此，马林诺夫斯基指出："自由是一个相对的概念，包含着平衡与关系。自由是基于

---

① ［印度］阿马蒂亚·森：《以自由看待发展》，任赜、于真译，中国人民大学出版社2002年版，第7页。
② 同上书，第261页。

## 第三章 发展就是扩展人的实质自由

对规则、标准和束缚的不可避免的服从而获得的成就的附加价值(surplus value)。"① 以赛亚·柏林也说:"我们不可能处于绝对自由状态。"② 总之,"自由不是没有约束的我行我素,自由指的是一种在行动中个人和群体同步的自我实现能力。"③

其二,明确指出了虽然不能断言社会责任感、理性、正义思想是决定人们如何行使他们的自由的唯一动机,但它们确实是能够常常激发人们如何行使他们的自由的动机因素之一。我们知道,人们的各种各样的行为,都是由各种各样的动机激发的。在实际生活中,有的人是为了获取一定的经济利益,而采取某种行动的;有的人是为了攫取某种政治利益,而去做某种事情的;而有的人之所以会做某些事情,则并非为了自身获取某种政治的或经济的利益,而是由于正义意识的激发,是为了维护正义、伸张正义。所以,戴维·米勒把正义定义为:一种社会美德,它告诉我们如何安排我们的关系,相互之间怎样行动才是正当的。④ 布莱恩·巴里指出:"正义是我们为那种限制理性利己的人们的东西起的名字","正义是人类社会特有的。"⑤

阿马蒂亚·森又指出:"不同的人们会以不同的方式去解释伦理思想,包括社会正义思想,人们可能甚至会很不清楚梳理他们在这方面的思想。但是,关于正义的那些基本思想对于社会性生物的人类绝不陌生,人们关切自身利益,但也能够想到家庭成员、邻居、同胞以及世界上其他人们。"⑥ 这就是说,人类是一种社会性生物,单个的

---

① [英]布劳尼斯娄·马林诺夫斯基:《自由与文明》,张帆译,世界图书出版公司北京公司2009年版,第27页。
② [英]以赛亚·柏林:《自由论》,胡传胜译,译林出版社2003年版,第194页。
③ 徐贲:《通往尊严的公共生活:全球正义和公民认同》,新星出版社2009年版,第5页。
④ [英]戴维·米勒:《社会正义原则》,应奇译,江苏人民出版社2005年版,第29—30页。
⑤ [英]布莱恩·巴里:《正义诸理论》,孙晓春、曹海军译,吉林人民出版社2004年版,第8页。
⑥ [印度]阿马蒂亚·森:《以自由看待发展》,任赜、于真译,中国人民大学出版社2002年版,第261页。

人是不可能生存下去的，因此，每个人既需要别人帮助，当然也需要帮助别人。从一定意义上可以这样讲，相互帮助是人类赖以生存的基础，这应当说是每个正常的、稍微有点生活常识的人都懂得的道理。所以，人们尽管关切自身利益，但也能够想到家庭成员、邻居、同胞以及世界上其他人们。人们都在以不同的方式，对伦理、社会正义问题做出自己的解释、说明。有的人尽管由于知识贫乏等原因，不能对自己关于伦理、社会正义问题的思想，进行自觉的、清楚的梳理，使之系统化，但伦理意识、社会正义意识仍然是激发他们行动的动机因素之一。正是根据这种情况，阿马蒂亚·森说：“并不需要在人类意识中——通过道德说教或伦理训斥——人为地创造一个空间来存放正义或公平的思想。”[①] 就是说，在人类意识中本来就包含着正义或公平，因而，并不需要再去人为地创造一个存放正义或公平的思想空间。在阿马蒂亚·森看来，"问题在于如何系统地、令人信服地、有效地运用人们确实具有的普遍关注"[②]。这就非常清楚地说明了研究社会正义的目的意义所在。人类意识中虽然包含着正义或公平，但是，这种正义或公平意识需要梳理、提升，方能达到系统地、令人信服地、有效地运用，方能促使人们更加自觉地、积极主动地去关心、帮助家庭成员、邻居、同胞以及其他的人们，从而促进社会成员之间关系的和谐，促进社会秩序的稳定。而和谐的人际关系，稳定的社会秩序，正是社会经济政治文化等各方面的发展的基础。有了这样的基础，社会经济政治文化等才能够快速、健康地发展，从而为人们的可行能力的增强、实质自由的扩展、生活质量的提升，创造必备的条件。正是因为正义或公平意识对于人类的生存和人类社会的发展具有如此重大的意义，所以，包括阿马蒂亚·森在内的思想家们才那样高度关注、积极研究正义问题，从而建立了一个个各具特色的正义思想体系，促使人们在不断加深认识的基础上，更加自觉地、积极主动地

---

① [印度] 阿马蒂亚·森：《以自由看待发展》，任赜、于真译，中国人民大学出版社2002年版，第261页。

② 同上。

## 第三章 发展就是扩展人的实质自由

去维护正义、伸张正义、按正义原则行事。

为了更加清楚地表达自己的观点，阿马蒂亚·森还引用了亚当·斯密关于"不偏不倚的旁观者"的思想。亚当·斯密曾在他的《道德情操论》一书中这样说道：虽然每个人在他自己的心里喜欢自己甚于喜欢全世界，但他却不敢在众人面前直视他们的眼睛，声明这是他的行事原则。"如果他想让自己的所作所为博得公正的旁观者对其原则的赞许，而旁观者公正的赞许也正是他人生的最大心愿，那他在这里就必须像在所有其他场合那样，贬抑他那妄自尊大的自爱，把它压低至他人能够赞许的程度。"① 并举例说，在追逐财富、荣誉和加官晋爵的竞赛中，他大可尽其所能地奋力奔走，以求凌驾所有他的竞争者之上。但他如果竟然推挤或摔倒其中任何一位竞争者，那么公正的旁观者们就会完全停止对他的纵容，因为他违反了公平竞赛的原则，而公正的旁观者们绝不可能容许这种事情发生。这也就是说，正义对于每个人来说，都具有客观的制约和强制作用，使得人们不敢出于自爱的动机而去伤害他人，从而保障了社会的有序运行。因而，亚当·斯密认为：正义是撑起整座社会建筑的主要栋梁。如果普遍失去正义，那么社会肯定会被彻底摧毁。阿马蒂亚·森通过引用上述亚当·斯密关于"不偏不倚的旁观者"的思想，从而为自己的观点提供了强有力的理论上的支撑。

阿马蒂亚·森的上述思想也是与伦纳德·霍布豪斯的认识一致的。在《社会正义要素》一书中，霍布豪斯曾举例说：在一艘中了鱼雷的船上，如果最后一条救生艇只能载剩下三十人中的二十人，此时的正义只能在选择上表现，在可能的范围内，人们应先选择（1）能操舟的人（即是按功能）。（2）对生命有最大要求者，如已经结婚的人或母亲和孩子。（3）大概是弱者。在这种情况下，正义的情感在起作用。② 这就是说，正是正义的情感促使那些强者将生的希

---

① ［英］亚当·斯密：《道德情操论》，谢宗林译，中央编译出版社2008年版，第100页。
② ［英］伦纳德·霍布豪斯：《社会正义要素》，孔兆政译，吉林人民出版社2006年版，第91页。

望留给了他人。由此可见，正义的实现离不开正义情感的培养。

## 二 对自由的行使以价值观念为媒介

阿马蒂亚·森指出：自利当然是人们行为的一个极端重要的动机，但是我们每日每时都看到，人们的一些行动反映了明显具有社会成分的价值观，那些价值观使我们远远超出纯粹自私行为的狭隘界限。这就是说，在人们的行为动机中，虽然有自私自利的一面，但人们并非永远会以一种自我中心的方式来行使他们拥有的每一种自由。人们正是在社会价值观的支配下，以更加广阔的视野来看待自己和社会，从而使自己的行为远远超出了纯粹自私自利的界限，而具有了社会的意义和价值。

阿马蒂亚·森又从以下几个方面，具体说明了社会价值观和流行的道德伦理，对个人及社会方方面面的影响，以期引起人们的高度重视。

第一，社会价值观和流行的道德伦理，"它们可以影响人们享有的、并有理由珍视的自由"。阿马蒂亚·森所说的这种影响，既包括人们对自身所拥有的实质自由的行使，也包括人们对自身所拥有的实质自由的进一步扩展。如果一个人的价值目标指向仅仅是一己的私利，那么，他对自由的行使，就会陷入纯粹自私行为的狭隘界限。因为任何个人都是与自身周围的他人和社会密切联系在一起的，所以，自私者纯粹自私的行为，必将对他人的利益和社会的公共利益造成影响和损害。这样，也就必将引起他人和社会的反对、干涉甚至惩罚。其结果，自私者必将为自己的自私行为，付出自由被限制甚至剥夺的代价。由此可见，树立什么样的价值观和伦理道德观，对于每个人的自由的行使和扩展，具有十分重要的意义。

第二，"共享的规范可以影响一些社会特征，例如性别平等、儿童保育的状况、家庭规模和生育模式、对待环境的方式，以及许多其他社会安排及其后果。"阿马蒂亚·森所说的这种影响，既可能是正面的、积极的，也可能是负面的、消极的。因为共享的各种社会规范

## 第三章　发展就是扩展人的实质自由

的制定，离不开占主导地位的社会价值观和伦理道德观的指导，而共享的各种社会规范又体现着社会的基本特征，所以，确立什么样的社会价值观和伦理道德观，对于能否实现社会公平正义、和谐有序，能否实现社会经济政治文化等方面的持续发展和人们实质自由的不断扩展，更是具有十分重要的意义。

第三，"流行的价值观念和伦理也会影响是否会盛行腐败，以及信用在经济、社会、政治关系中的作用。"阿马蒂亚·森在这里表达了两层意思。首先，指出了腐败行为是与人的价值观念和伦理道德观念密切相关的。因为每个人的行为方式和行为目标都是由价值观念和伦理道德观念决定和支配的，因此，如果一个人的价值目标指向仅仅是一己的私利，所追求的仅仅是个人物质欲望的满足，那么，当他掌握了一定的权利之后，必然要以权谋私、贪污受贿。而每个人的行为方式和行为目标的选择和确立，都不可避免地要受到社会风气、受到主流价值观念和伦理道德观念的深刻影响。因此说流行的价值观念和伦理会影响是否盛行腐败。其次，指出了人们在经济、社会、政治活动中能否遵守"信用"，也是与流行的价值观念和伦理道德观念密切相关的。因为每个人的包括处理经济、社会、政治关系在内的各种行为方式和行为目标，都是由价值观念和伦理道德观念决定和支配的，而每个人的价值观念和伦理道德观念都要受到主流价值观念和伦理道德观念的深刻影响，因此说人们在处理经济、社会、政治等各种关系中能否遵守"信用"，是要受到主流价值观念和伦理道德观念的深刻影响的。

第四，"对自由的行使以价值观念为媒介，而价值观念又受公共舆论和社会交往的影响，后者自身又受到参与性自由的影响"。[①] 阿马蒂亚·森在这里，明确表述了他的思想的逻辑结构：人们对自由的行使受价值观念的支配和影响，价值观念的形成和确立受公共舆论和

---

[①] ［印度］阿马蒂亚·森：《以自由看待发展》，任赜、于真译，中国人民大学出版社2002年版，第6页。

社会交往的影响，公共舆论和社会交往受参与性自由的影响。自由既是他的思想的逻辑起点，又是终点；既是社会发展的目的，又是促进社会发展的工具和动力。

### 三 资本主义经济的高效率运行依赖于强有力的价值观和规范系统

阿马蒂亚·森指出："资本主义经济的高效率运行依赖于强有力的价值观和规范系统。"① 他分析说，成功的市场的运行，并非只是以交换权利为基础，而且还依赖于机构和制度，以及行为规范。而社会价值观对确保包括市场机制、民主政治、基本公民权利和政治权利、基本公共物品的提供，以及为公共行动而设的机构与制度在内的多种形式的社会组织的成功，一直发挥着重要作用。这显然是一种非常深刻的见解。正是社会价值观为多种形式的社会组织的建立与运行，指明了方向，确立了目标，并提供了对实际运行效果进行评价的标准；也正是各种行为规范的建立和实施，使得各种社会组织的运行规范化、有序化。从而保证了资本主义经济的高效率运行。

阿马蒂亚·森又指出，把资本主义仅仅看作一个基于贪欲行为的综合体系统，实在是严重低估了资本主义的伦理对资本主义的辉煌成就所做出的丰富贡献。"形成并运用人们对相互之间言词和许诺的诚信，是确保市场成功的一个非常重要的因素。"② 他曾以日本的成功为例，来说明自己的这种观点。他说："日本商业中占统治地位的动机模式，比纯粹的利润最大化，具有更丰富的内容。"③ 阿马蒂亚·森也同意关于日本是成功的资本主义最突出的例子的看法。在他看来，日本的资本主义之所以能够取得成功，是因为在日本社会上占统治地位的动机中，除了追求利润最大化之外，还包含有其他丰富的内

---

① ［印度］阿马蒂亚·森：《以自由看待发展》，任赜、于真译，中国人民大学出版社2002年版，第261页。
② 同上书，第262页。
③ 同上书，第264页。

## 第三章　发展就是扩展人的实质自由

容。那么，具体说来还包含有哪些内容呢？阿马蒂亚·森具体引用了其他学者的分析评论，作了具体说明。比如，有的学者强调了"儒家伦理"对日本社会上占统治地位的行为动机的影响；有的学者则看到了合作与更加趋于战略性思考的行为规则，对日本社会上占统治地位的行为动机的影响；有的学者则强调了承诺与竞争环境及理性公共政策两方面的结合，对日本社会上占统治地位的行为动机的影响；还有的学者注重武士道文化，对日本社会上占统治地位的行为动机的影响。阿马蒂亚·森认为，正是这些因素，构成了日本许多经济和商业活动的非利润动机。也正是这些非利润动机促成了日本这个世界上最成功的资本主义国家之一的经济繁荣。同时，阿马蒂亚·森也指出了日本绝不是特殊的商业伦理促进资本主义成功的唯一例子，在世界上许多国家中，无私工作、为企业作奉献以提高生产率等品德，也都同样起到了促进经济成就的重要作用。总之，阿马蒂亚·森所坚持的基本观点是："资本主义在全世界成功地提高了经济繁荣的一般水平，得益于使得市场交易既经济又有实效的道德和行为准则。"[1] 资本主义的伦理体系"为成功地使用市场机制及有关机构提供了所需的眼界和信用"，从而使市场及有关机构"得以有效运行"[2]。正是基于这样的观点，所以，他提醒发展中国家，要利用市场机制提供的机会，要更好地运用贸易和交换，"必须不仅要重视审慎行为的优良品德，还要重视那些补充性价值观的作用"[3]。比如，建立并维持诚信、避免严重腐败的诱惑等。在他看来，资本主义在其总体发展的历史过程的不同阶段中，以及在不同的资本主义国家中，"资本主义的基本行为准则一直存在显著的差异，导致不同的成就和经验"，但对于发展中国家来说，"其中也有不少东西是可以学习的"[4]。

---

[1] ［印度］阿马蒂亚·森：《以自由看待发展》，任赜、于真译，中国人民大学出版社2002年版，第265页。

[2] 同上书，第262页。

[3] 同上书，第265页。

[4] 同上。

值得我们注意的是，阿马蒂亚·森在肯定资本主义的伦理体系对于资本主义发展的重要作用的同时，他还看到："虽然资本主义伦理很有成效，事实上在某些方面它也具有深刻的局限性，特别是在处理经济不平等、环境保护，以及需要在市场之外开展诸多合作等等问题上。"① 这种坚持从实际出发进行客观分析的态度和精神是值得肯定的。正是因为他比较清楚地看到了资本主义的局限性，所以，他明确指出，在当代世界，资本主义所面临的许多重大问题，比如不平等问题，特别是在前所未有的丰裕世界中都存在的那种摧残人的贫困问题，以及包括环境在内的人们共同享受的"公共物品"问题，"对这些问题的解决办法几乎肯定会需要超越资本主义市场经济的机构和制度"②。这就是说，由于资本主义伦理的局限性，给当代资本主义带来了许多重大问题。而要解决这些重大问题，必须建立起超越资本主义市场经济的新的机构与制度。这就充分肯定了对资本主义市场经济的机构和制度进行变革的必要性和必然性。当然，阿马蒂亚·森也并未完全否认资本主义市场经济的作用。他说："在许多方面，资本主义市场经济的作用范围本身，也可以通过适当地培育起对上述问题敏感的伦理观念来加以扩展。"③ 这显然是在为资本主义市场经济的稳定和发展出谋献策。

总之，在阿马蒂亚·森看来，市场机制具有与多种价值观相容的特性，就是说，不管坚持何种价值观，都可以利用市场机制来促进经济的发展。但他也非常清楚地看到，市场机制虽然对效率的贡献是无可怀疑的，但效率结果本身并不保证分配公平。因此，他要求既要正视市场机制与多种价值观的相容性，又要"同时探讨拓展体制性安排以超越纯粹的市场机制的局限性"④。比如对于环境保护

---

① ［印度］阿马蒂亚·森：《以自由看待发展》，任赜、于真译，中国人民大学出版社2002年版，第262页。
② 同上书，第265页。
③ 同上。
④ 同上。

问题，阿马蒂亚·森指出，环境方面的挑战是一个涉及"公共物品"的资源配置的问题，为了能够为人们高效地提供公共物品，我们就"不得不考虑国家行动和社会提供的可能性"。就是说，要超越市场规则，通过建立政府法规来制止对环境的污染和破坏。同时，"我们还必须考察培育社会价值观和责任感可以发挥的作用"。就是说，要通过培育社会价值观和增强人们的社会责任感，来促使人们自觉地善待环境、保护环境，从而减少对国家行动的需要。比如，"环境伦理的发展能够起到人们通常建议由强制性法规来起的作用"①。

## 四 社会正义的价值标准在公共政策的鉴别与制定中的作用

如上所述，阿马蒂亚·森认为，资本主义作为一个经济体制的成功，决不仅仅依赖于人的自利行为，还依赖于一个包括诚信以及商业信誉在内的复杂而精致的伦理和价值体系。为了进一步说明这其中的道理，阿马蒂亚·森还论述了伦理价值标准在公共政策的鉴别与制定中的作用。

阿马蒂亚·森指出："政策制定者有两组不同的、但是相互联系的理由，去关切社会正义的价值标准。"其中第一个更直接的理由是，"在鉴别公共政策的目的和目标，以及为实现所选定的目标确定适当工具的时候，正义是一个中心概念"。我们知道，政策制定者之所以制定某项公共政策，都是为了达到一定的目的，实现一定的目标。同时，为了实现所选定的目标，还要确定所要使用的工具和所要通过的路径。而公共政策的目的和目标是否恰当，所使用的工具和所要通过的路径是否适当，则直接关系到事业的成败、发展的前途、自由的扩展。因此，对于公共政策的目的和目标，以及为实现所选定的目标而确定的工具和路径的鉴别、考察、评价，就显得尤为重要。而鉴别、

---

① ［印度］阿马蒂亚·森：《以自由看待发展》，任赜、于真译，中国人民大学出版社2002年版，第267页。

考察、评价的尺度、标准，则正是社会正义。这就决定了政策制定者必然要关切社会正义的价值标准。然而，鉴别、考察、评价公共政策时应当采用什么样的正义视角和信息基础，思想家们的主张却不尽相同。在阿马蒂亚·森看来，"正义的概念，尤其是特定的正义视角所用的信息基础，对于公共政策的恰当性和作用范围，可以是特别关键的因素"①。所以，他十分重视对于正义视角及其信息基础问题的探讨。如前所述，他在《以自由看待发展》一书的第3章中，在对功利主义、罗尔斯、诺齐克等所采用的正义视角和信息基础局限性分析的基础上，明确提出了他的"以自由为基础的视角"，"并确定了一种一般性的方法，即集中注意人们去做他们有理由珍视的事情的可行能力，以及去享受他们有理由珍视的生活的自由"②。由此展现了他的正义理论的个性特色。

政策制定者关切社会正义的价值标准的第二个比较间接的理由是："所有的公共政策都依赖于社会中个人和群体的行为。这些行为都受到人们对社会伦理要求的理解和解释（以及其他的因素）的影响。"这显然是就公共政策的制定来说的。这就是说，公共政策决不是随意制定的，而是建立在社会中的个人和群体的行为基础之上的。只有得到社会中的个人和群体的认可，它才能得到执行，也才能够发挥作用。而社会中的个人和群体的行为，是要受到他们对社会伦理要求的理解和解释以及其他的相关因素的影响的。所以，阿马蒂亚·森强调："为了制定公共政策，重要的是，不仅要在选择公共政策的目标和优先主次时判断正义所提出的要求以及价值标准的作用范围，而且要理解普通民众的价值观，包括他们的正义感。"③ 这就是说，公共政策的制定者，不仅要自觉地把社会正义的价值标准作为制定公共政策的基本依据，同时更要关注社会正义的价值标准的产生和形成，

---

① ［印度］阿马蒂亚·森：《以自由看待发展》，任赜、于真译，中国人民大学出版社2002年版，第271页。
② 同上书，第71页。
③ 同上书，第271页。

## 第三章 发展就是扩展人的实质自由

要了解普通民众的包括正义感在内的价值观,以便使自己的价值标准与普通民众的价值观保持一致。

那么,在阿马蒂亚·森看来对我们发挥影响的价值标准是如何产生和形成的呢?他从以下几个方面进行了分析。

第一,阿马蒂亚·森认为,对我们发挥影响的价值标准可能来自内省和分析。内省的内容可能直接地与我们的关注因素和责任有关,也可能间接地与良好行为的后果有关。我们长期关注的因素,比如"自由",人们经过内省反思,会越来越深刻地认识到它对于我们生活质量的重要意义,于是便把它作为追求的目标,并用它来衡量、评价公共政策,这样它也就成了影响我们的价值标准。又如"诚信"和"正义",当一个人严守"诚信"并展现出强烈的责任心、正义感时,他会因此而得到人们的赞扬和信任,在生活和工作中会得到更多的支持和帮助,这样他也就因此而处于优势地位。当"诚信"之风在一个组织或单位盛行时,那么这个组织或单位的人际关系就会和谐,各项工作的开展就会顺利。人们经过内省反思,认识到了"诚信""正义"对于保证社会生活的和谐有序、工作目标的顺利实现所具有的重大意义,于是便大力倡导并要求严格遵循,这样"诚信""正义"也就成了影响我们的价值标准。

第二,阿马蒂亚·森认为,对我们发挥影响的价值标准"可能来自我们自愿地服从,而且按照历史上形成的风俗习惯所倡导的方式去思想和行动"。这就是说,对我们发挥影响的价值标准具有历史继承性。比如尊老爱幼,保家卫国,这是从古至今人们普遍推崇和遵循的原则。阿马蒂亚·森指出,历史上形成并遗留下来的行为原则"能够把推理的作用范围延伸,以至于超越一个人自己的批判性评估的限制",而去模仿历史上和周围其他人的行为,"做他们已经认为有理由做的事情"[1]。很显然,阿马蒂亚·森的这种思想能够启

---

[1] [印度]阿马蒂亚·森:《以自由看待发展》,任赜、于真译,中国人民大学出版社2002年版,第270页。

示我们注重民族历史传统,因为它无时无刻不在影响着我们。民族历史的优良传统,对于我们来说是一笔十分宝贵的财富,自觉地继承和发扬我们民族历史的优良传统,必将有力地推动我们当前事业的迅速发展。

第三,阿马蒂亚·森认为,"公共讨论可以强烈影响价值标准的形成"①。他在论述社会决策时也曾指出:"必须特别重视公共讨论和相互交流在形成共享的价值观和承诺的过程中所发挥的作用。我们关于什么是正义的、什么是不正义的种种想法,会根据公共讨论中所提出的种种论证作出反应。"②并分析道,在讨论和相互交流中,人们在回应相互之间的观点时,彼此会相互让步、妥协,改变和修正自己原来所坚持的价值标准,从而促进共享的价值观和承诺的形成,并进而影响社会正义思想原则的确立。

第四,阿马蒂亚·森认为,"进化选择可能发挥一种关键的作用"。这是说,在实际行动中人们会选择不同的行为模式,当然也相应地会取得不同的后果。那种具有优势、取得理想后果的行为模式,就会"由于其后果性作用而生存下来并流行普及"③,从而在价值标准的产生和形成中发挥一种关键的作用。

不难看出,阿马蒂亚·森的上述思想是具有重要的启示意义的。首先,不管是对公共政策的鉴别,还是公共政策的制定,都与社会正义的价值标准密切相关。一个价值观混乱的社会,其公共政策不可能是恰当的。一个价值观混乱、公共政策不恰当的社会,也必然是是非颠倒、混乱不堪的。这就要求人们,必须注重包括正义在内的社会价值观的培育和建立。特别是要注重社会核心价值观的建立。其次,"对我们发挥影响的价值标准可以由多种多样的方式产生"④。这就启

---

① [印度]阿马蒂亚·森:《以自由看待发展》,任赜、于真译,中国人民大学出版社2002年版,第270页。
② 同上书,第254页。
③ 同上书,第271页。
④ 同上书,第270页。

示我们，必须从多方面着手，自觉地采取多种多样的方法措施，来促进与我们的总体目标相适应的价值观的形成和不断得到提升。比如，加强爱国主义教育；加强民族文化优良传统的研究、总结和弘扬；加强建设经验、成果的宣传和展示；充分发扬民主，不断完善民主程序等。

# 第四章　正义的实现依赖于体制形式

阿马蒂亚·森指出："社会正义的实现不仅依赖于体制形式（包括民主规则和法令），而且还依赖于富有实效的实践。"① 所以，他在讨论诸如消除腐败和市场机制所造成的分配不平等，在讨论饥荒防止与妇女主体地位的确立等这些关涉社会正义的重大问题时，非常注重社会干预和社会安排。

## 第一节　机构改革与防止腐败

从古至今，不管是在何种社会制度下，也不管是在哪个国度里，都不同程度地存在令人不安的腐败现象。因而，如何防止腐败，可以说是从古到今人们面对的共同课题。那么，阿马蒂亚·森是如何解答这一课题的呢？

### 一　腐败并不是一个新现象

首先，阿马蒂亚·森指出，腐败并不是一个新现象，对付腐败的各种方案也不是新事物。历史上也曾经广泛盛行非法活动和腐败，也相应地产生了关于如何减少腐败，特别是减少高级官员腐败的大量文献。在他看来，我们可以从这些历史文献中学到在今天防止腐

---

① ［印度］阿马蒂亚·森：《以自由看待发展》，任赜、于真译，中国人民大学出版社2002年版，第158页。

败的一些方法。提醒人们，要注意总结、吸收防止腐败的历史经验。

其次，阿马蒂亚·森指出，所谓腐败，"涉及违反已经确立的关于个人收益和利润的规则"①。即违反既定规则，占有不属于自己的利益。所以，在他看来，引导人们更加注重个人的利益，并不能杜绝腐败。因为这样做的结果，将会更加激起人们对利益的占有欲，从而不顾一切地去攫取个人利益。同时，在他看来，简单地要求人们一般地减少自利的动机也是行不通的，因为要求人们牺牲个人的利益是需要特定的理由的。那么，在阿马蒂亚·森看来，应当从哪些方面着手来防止腐败现象的发生呢？

## 二 通过机构改革来改变腐败行为的得失平衡

在如何防止腐败行为发生的问题上，阿马蒂亚·森指出："有可能在某种程度上通过机构改革来改变腐败行为的得失平衡。"② 就是说，可以通过机构改革的途径，来加强对于腐败行为的惩处力度，同时尽量减少腐败的诱因。从体制上采取措施，防止腐败行为的发生和蔓延。他具体从三个方面，对这一问题进行了分析论述。

首先，阿马蒂亚·森指出："审查与惩处系统自古以来一直是人们提出的防止腐败的规则中的重要项目。"③ 这里实际上提出了两个方面的措施。第一，是加强对于官员，特别是高级官员的监督审查。为此，就必须制定相应的监督审查规则，建立相应的组织机构。使这种监督审查规范化、程序化、常态化。从而保证官员，特别是高级官员的工作行为始终处于组织的监督之下。这样，一方面可以促使官员们始终保持警惕，不敢出现违规行为；另一方面，如果官员们一旦出现违规行为，发生腐败情况，也能够被及时发现、制止和

---

① [印度] 阿马蒂亚·森：《以自由看待发展》，任赜、于真译，中国人民大学出版社2002年版，第272页。
② 同上。
③ 同上。

纠正，从而避免重大腐败案件的出现。第二，是制定完善的惩处腐败行为的具体措施，加大对腐败行为惩处的力度，使腐败者付出应当付出的代价。从而使那些有腐败念头的人们，在强有力的惩处规则、措施面前畏而却步。在阿马蒂亚·森看来，有了"明晰的规则和惩罚，加上有力的实施，可以使行为模式大不一样"①。从而保证官员们的清正廉洁。

其次，阿马蒂亚·森指出：某些政府管制体制赋予官员以相机处理的权力，使得他们能够给其他人，特别是商界人士提供优惠，而这些优惠能给商界人士带来大笔金钱。而商界人士为了能够不断得到优惠，自然要将因优惠得来的金钱回送给有关的官员一部分。而得到金钱的官员为了能够不断得到回送，也会继续为商界人士提供优惠。这样，也就形成了人们通常所说的"钱权交易"。所以，阿马蒂亚·森指出："这样的安排实际上鼓励了腐败。""过度管制的经济（在印度这种体制称做'颁发许可证的官府'）是腐败的温床。"② 阿马蒂亚·森通过这种分析，十分清楚地说明了改革政府这种管理体制的必要性。通过政府管理体制的改革，使官员们相机处理的权力得到有效的限制，同时不断完善市场体系，这样就可以有效地避免诸如"钱权交易"等腐败行为的出现。

最后，阿马蒂亚·森指出，在官员掌握很大的权力，但他们自己相对来说并没有多少钱的时候，腐败的诱惑是最强的。他认为，在过度管制的经济中腐败之所以会普遍发生，这就是其中非常重要的原因。在这里，阿马蒂亚·森实际上是要说明，通过改革工资分配制度，适当提高官员们的收入水平，也是防止腐败的一种措施。

同时，阿马蒂亚·森又指出，以上反腐败措施虽然可以收到一定成效，但也存在一定的局限性。这些局限性表现在以下方面。

其一，监督和审查有时不免会出现疏忽和遗漏，这样一些腐败者

---

① ［印度］阿马蒂亚·森：《以自由看待发展》，任赜、于真译，中国人民大学出版社2002年版，第272页。
② 同上。

## 第四章　正义的实现依赖于体制形式

有时就有可能成为漏网之鱼而逃脱惩罚。另外，那些监督和审查人员也有被腐败者腐蚀、收买的可能。其二，任何政府体制都必定要赋予官员一定的对他人有价值的权力。那么，有的人就会试图通过提供贿赂，借用官员手中的权力来为获取自己的私利服务，从而导致官员腐败的发生。其三，一些官员尽管已经很富有，也常常尽力使自己更富有，即贪得无厌。他们在足够高的收益面前，是不惜甘冒很大风险的。

然而，阿马蒂亚·森也明确指出："这些局限性不应该阻止我们去做所能做的一切，来使组织机构改革有所成效，但是单纯依赖于对个人利益的激励不能完全消除腐败。"① 这就是说，尽管通过组织机构改革来防止腐败有其局限性，但也必须坚持做下去，要坚持通过这种途径尽量防止和减少腐败现象的发生。同时，也必须注意选择其他途径来防止腐败的发生。阿马蒂亚·森分析说，在那些极少见到腐败行为的社会中，防止腐败在很大程度上所依赖的是对行为准则的遵从，而不是对不腐败提供金钱激励。为了说明这其中的道理，阿马蒂亚·森引用了柏拉图的下述观点，以及亚当·斯密和中国的《淮南子》的有关论述。

阿马蒂亚·森指出："柏拉图《法律篇》建议，强烈的责任感有助于防止腐败。但他也明智地注意到这绝不是一项'容易的任务'。"② 阿马蒂亚·森认为，柏拉图在这里所说的"责任感"，不是一般的责任感，而是对于规则以及遵守规则所持的特定态度，正是这种特定的态度直接关系到腐败的防止。从阿马蒂亚·森的具体论述中可以看出，阿马蒂亚·森通过引用柏拉图、亚当·斯密以及中国的《淮南子》中的有关论述，主要表达了自己的以下思想。

第一，要防止腐败，必须制定包括诚实和正直在内的行为规则和价值标准。他指出，在很多社会，对包括诚实和正直在内的行为

---

① ［印度］阿马蒂亚·森：《以自由看待发展》，任赜、于真译，中国人民大学出版社2002年版，第273页。

② 同上。

规则和价值标准的尊重,"是防止腐败的防护墙"①。这里实际上提出了两个问题,一是行为规则的制定和价值标准的建立问题;二是对既定的行为规则和价值标准的宣传教育和具体的贯彻落实问题。要通过广泛的宣传教育,使既定的行为规则和价值标准深入人心。并严格贯彻落实,为既定的行为规则和价值标准树立权威。要使既定的行为规则和价值标准得到人们应有的尊重,从而在实际行动中自觉遵循。这样,既定的行为规则和价值标准的"防护墙"的作用也就发挥出来了。

第二,要防止腐败,还必须充分重视并注意消除腐败行为所带来的连锁反应。阿马蒂亚·森指出,人们的行为模式并不是一成不变的。人们如何行为,取决于他们对流行的行为准则的理解,同时也受到其他人,特别是与自己地位相近的人的行为的影响。比如,有些人做了一些腐败的事情而没有受到应有的惩罚和谴责,那么其他人,特别是那些与腐败者地位相近的人也会跟着这样做。这样随着时间的推移,一些腐败行为也就逐渐成了一种习惯,一些腐败行为原则也就成了一种为人们所接受的"潜规则"。在实际生活中,一些人往往以"别人也是这么干的"为理由,来为自己的腐败行为作辩护。阿马蒂亚·森把这种心理称为"相对正义"感。很显然,阿马蒂亚·森的目的是在于强调,对于那些腐败行为一定要及时处理,一定要给予那些腐败者应得的惩罚,使他们付出应当付出的代价。要特别注意消除腐败行为所造成的恶劣影响,力避连锁反应的发生,杜绝人们"相对正义"感的产生。

第三,要特别注重高级官员的行为所带来的社会影响。阿马蒂亚·森指出,人们在解读"已成惯例的行为规则"时,会特别重视处于掌权和权威地位的人的行为,因而,这就使得高级官员的行为对于建立行为规范显得特别重要。一方面,是因为高级官员掌握着重要

---

① [印度]阿马蒂亚·森:《以自由看待发展》,任赜、于真译,中国人民大学出版社2002年版,第273页。

的用人权力,他们的品质决定着他们喜欢什么样的人、亲近什么样的人、提拔重用什么样的人。一旦处于高位的官员有了腐败心理和腐败行为,那么他所排斥的、不喜欢的肯定是一些有正义感的人;所喜欢、亲近、提拔重用的就会是一些投机腐败分子。有正义感的人遭排斥,腐败分子被重用,这对社会的危害之大,是可想而知的。另一方面,是因为处于高位的官员在人们的心目中是成功者,其行为举止自然会为人们所关注,为人们所仿效。这样,高级官员的行为举止实际上也就具有了引领作用。因此,阿马蒂亚·森明确指出:"在'高位'上发生的腐败,其作用可以远远超出那种行为的直接后果",并明确肯定"坚持从上层做起确实有其道理"[①]。只要上层反腐败工作做得好,那么从上到下,一层抓一层,一级抓一级,就会非常有效地防止和减少腐败行为的发生。

总之,在阿马蒂亚·森看来,人们的行为并不仅仅为个人利益所驱使,价值标准和规范对于人们的行为也同样起着重要作用。因而,一方面要特别注意通过组织机构改革来防止腐败行为的发生,但另一方面也必须注意价值标准和行为规范在防止和减少腐败行为发生中的作用,也必须注意高级官员在防止和减少腐败中的引领作用。

## 第二节 市场机制与社会机会

阿马蒂亚·森说:"通过把发展看做是扩展那些相互联系着的实质自由的一个综合过程,能使我们的观念起决定性的变化。"[②] 这种决定性的变化,就是超越把发展看作是国民生产总值的增长,或个人收入的提高,或工业化,或技术进步,或社会现代化程度的提高等的狭隘的发展观,把对经济、社会和政治的考量结合起来,综合研究发展的过程。阿马蒂亚·森指出,这种多维视野使我们能够同时评价不

---

[①] [印度] 阿马蒂亚·森:《以自由看待发展》,任赜、于真译,中国人民大学出版社2002年版,第274页。

[②] 同上书,第6页。

同的机构和制度。这些机构和组织具体包括市场和与市场有关的组织、政府和地方当局、政党和其他民间机构、教育体制的安排,以及参加公开对话和辩论的机会等。看它们在发展中发挥了什么样的作用。

正是基于实质自由的视角,阿马蒂亚·森指出:"尽管市场机制的优点现在已得到非常广泛的承认,需要市场的理由却常常没有得到充分的理解。"① 那么,在阿马蒂亚·森看来,"需要市场的理由"有哪些呢?

## 一 市场机制的首要优点

首先,阿马蒂亚·森指出,经济学专业一直趋于偏离对自由的关注,而是聚焦于效用、收入和财富。这样就缩小了视角,从而导致了对市场机制全面作用理解的欠缺。

在阿马蒂亚·森看来,市场体系的优点绝非仅仅在于它的高效率。"市场机制对经济增长的贡献当然是重要的,但它位于承认自由交换——词句、物品、礼物——的直接意义之后。"② 这就是说,市场机制的首要的优点,并不在于它的高效率,并不在于它对经济增长的贡献,而是在于它"承认自由交换"。"承认自由交换"才是市场机制的首要的优点。他曾引用亚当·斯密的观点说:"交换和交易的自由,其自身就是人们有理由珍视的基本自由的一部分。"③ 他特别强调"进入劳动市场的自由"的重要意义,认为"进入劳动市场的自由,其自身就是对发展的显著贡献"④。因为它标志着人们从受束缚、被拘禁的状态下解放了出来,体现了社会的重大进步和发展。所以,在阿马蒂亚·森看来,自由市场的发展,特别是自由选择就业的发

---

① [印度]阿马蒂亚·森:《以自由看待发展》,任赜、于真译,中国人民大学出版社2002年版,第112页。
② 同上书,第4页。
③ 同上。
④ 同上。

## 第四章 正义的实现依赖于体制形式

展,在历史研究中是应当受到高度评价的。

阿马蒂亚·森又指出:"市场机制在支持免于侵犯的消极自由方面具有显而易见的优势,这一优势还可以得到市场机制的其他特征的肯定。"[1] 根据市场机制的基本要求,每个人都有交换和交易的自由,都有进入劳动市场的自由,任何人都无权干涉。因此说,市场机制很好地保护了人们的这些自由。除此之外,市场机制还具有保护"决策自主"的作用。比如,作为一种生产企业,在完全竞争的市场条件下,生产什么样的产品,生产多少,完全是由企业根据市场情况自主决定。这种决策的自主性会使企业的积极性、主动性得到很好的发挥,从而促使企业的效率大大提高。所以,阿马蒂亚·森认为,市场体系可以成为经济快速增长和生活标准提高的发动机。

正是因为市场机制具有保护"交换自由""进入劳动市场的自由",具有"支持免于侵犯的消极自由"等方面的优点,所以,阿马蒂亚·森明确表示反对限制市场机制,反对限制自由交换和交易。他指出:"通过任意制定限制而否定人们从事交易的机会,本身就可以是不自由的一个源泉。"[2] 这是因为各种自由是相互联系的,一种不自由会助长另一种不自由。比如,限制人们的交换自由,就会使人们丧失经济机会,而经济机会的丧失则将导致贫困,而贫困又将使人们陷入经济不自由,经济不自由将会助长社会不自由。反之,如果能够使人们自由地进行交换和交易,那么,人们就将得到更多的经济机会,从而增加收入和财富,而收入和财富的增加则将使人们的经济自由得到扩展,而经济自由的扩展又将促进社会自由的扩展。所以,阿马蒂亚·森认为:"赞同市场交易自由的更直接的理由在于这种自由本身的基本意义。我们有很好的理由去买和卖,去交换,去追求可以

---

[1] [印度]阿马蒂亚·森:《理性与自由》,李风华译,中国人民大学出版社2006年版,第272页。

[2] [印度]阿马蒂亚·森:《以自由看待发展》,任赜、于真译,中国人民大学出版社2002年版,第19页。

在交易的基础上丰裕起来的生活。"① 而如果否定交换和交易的自由，那将是社会的重大失策。如果任意地限制市场机制，则将造成限制实质自由扩展的后果。

阿马蒂亚·森还明确指出，在评价市场机制时，还必须注意市场的形成。就是说，还要看是竞争的市场还是垄断的市场，或者是其他类型的非竞争市场。同时，还要注意到"客观环境的性质（例如，能否获得某些特定的信息，是否存在规模经济），也会影响到通过不同体制形式的市场机制所能够取得何种成果的现实可能性，并对这种成果的取得造成实际限制"②。在这里，阿马蒂亚·森实际上强调了不断完善市场体系和加强市场监管的重要性。因为竞争规律是市场运行的基本规律，只有在完全竞争的条件下，市场机制的优点才能发挥出来。而如果出现市场垄断，那么市场机制的优点也就无从发挥了。比如，某种商品为某个行业或某个企业所垄断，那么它就有可能利用这种垄断的优势，从而制定超越商品价值的价格并降低服务质量，以便从中谋取暴利。这样也就违背了平等竞争的市场原则，损害了消费者和其他企业的利益。所以，必须加强市场立法和市场监督，以防止市场垄断等不利于市场正常运行的情况出现。由此阿马蒂亚·森得出了这样的结论："市场的整体成就深深地依赖于政治和社会安排。"③

值得我们特别注意的是，阿马蒂亚·森在论述市场体系优点的同时，"也并不否定市场有时候会产生副作用"④。

## 二 市场体系所面临的挑战

阿马蒂亚·森指出："市场机制对效率的贡献是无可怀疑的。"但

---

① [印度]阿马蒂亚·森：《以自由看待发展》，任赜、于真译，中国人民大学出版社2002年版，第112页。
② 同上书，第116页。
③ 同上书，第135页。
④ 同上书，第20页。

## 第四章 正义的实现依赖于体制形式

是,"效率结果本身并不保证分配公平。这个问题在实质自由的不均等层面上会变得更加严重"①。因此,"市场体系必须面临着实质自由分配不平等的挑战"②。

他分析说,处境劣势是具有"配对效应"的。在"市场运行的结果中,人际的收入不均,会由于低收入与把收入转化为可行能力的障碍之间的'配对'效应而趋于扩大"③。例如,一个残疾人、病人、老人,或者有其他障碍的人,他既面临着找到一份好工作、挣得一份好收入的困难,同时还面临着使用经济收入以实现良好生活的可行能力的困难。从而,会使他的处境更加恶劣。而市场机制本身是不会顾及这方面的问题的。这也就是说,市场机制从提高效率出发,所注重的是市场运作过程中竞争的公平、均等、正义、自由,而并不关心收入分配方面的公平、均等、正义,以及由此带来的实质自由问题。也正因为如此,市场机制在带来高效率的同时,也往往带来了收入财富的不均等问题、实质自由的不均等问题。"一个社会中贫富差别越大,他的分配正义问题也就越严重。分配正义所涉及的不只是物品和金钱的多寡,而是社会成员之间的基础。一旦这个基础遭到破坏,社会群体无可避免地分裂为相互对立、相互敌视、甚至相互暴力冲突的集团。"④ 因此,阿马蒂亚·森强调,必须将市场机制的效率和所带来的不均等问题"同时考察",必须认识到"不均等问题的严重性","特别是在处理严重的剥夺和贫困问题时,必须正视不均等问题"⑤。他说:"为了社会公平和正义,市场机制的深远力量必须通过创造基

---

① [印度]阿马蒂亚·森:《以自由看待发展》,任赜、于真译,中国人民大学出版社2002年版,第135页。

② [印度]阿马蒂亚·森:《理性与自由》,李风华译,中国人民大学出版社2006年版,第481页。

③ [印度]阿马蒂亚·森:《以自由看待发展》,任赜、于真译,中国人民大学出版社2002年版,第118页。

④ 徐贲:《通往尊严的公共生活:全球正义和公民认同》,新星出版社2009年版,第55页。

⑤ [印度]阿马蒂亚·森:《以自由看待发展》,任赜、于真译,中国人民大学出版社2002年版,第118页。

本的社会机会来补充。"①

## 三 市场机制的缺陷需要社会机会来补充

如上所述,阿马蒂亚·森强调,必须充分认识市场机制所带来的分配方面"不均等问题的严重性","必须正视不均等问题"。他指出:"在这个领域,社会干预,包括政府扶助,应该发挥重要的作用。"② 这就是说,要通过创造基本的社会机会,来弥补市场机制的缺陷,从而实现社会的公平和正义。

前面已经讲到,阿马蒂亚·森所说的社会机会,指的是在社会教育、医疗保健、政府扶助、社会保障以及其他方面所实行的安排。阿马蒂亚·森认为,社会机会的创造,医疗保健、教育、社会保障等的扩展,能够直接对人类可行能力和生活质量的提升做出贡献。因此,社会机会的创造,对于个人实质自由的实现和扩展,是至关重要的。

正是基于对社会机会重要性的认识,阿马蒂亚·森强调,实行旨在提供广泛就业机会的经济政策,为孩子们提供基本教育的机会,为病人提供基本的医疗保健,这些都是社会应该负起的责任,"国家和社会不能逃避责任"③。否则就是失职。

然而,值得我们特别注意的是,阿马蒂亚·森在强调社会机会的同时,仍然不忘提醒人们,"需要同时注意这个问题的效率和公平层面,因为以公平为目的来干预市场机制的运作,尽管促进了公平,却会影响效率的实现"。他要求人们,"应该清楚地认识到需要同时考虑社会评价和正义的不同层面"。要"兼顾效率与公平"④。不难看出,这是一种十分深刻的见解。对于我们来说,具有非常重要的启示意义。

---

① [印度]阿马蒂亚·森:《以自由看待发展》,任赜、于真译,中国人民大学出版社2002年版,第135页。
② 同上书,第118页。
③ 同上书,第288页。
④ 同上书,第118页。

※ 第四章 正义的实现依赖于体制形式 ※

当前，我们虽然面临着世界性的金融危机，但我们的经济仍然保持着持续增长的态势。然而，我们在保持经济持续增长的同时，却也存在环境、医疗卫生、就业、贫富差距过大等诸多方面的问题。面对社会诸多问题，我们必须同时考虑社会评价和正义的不同层面。

一方面，我们要想方设法保持经济的持续增长和发展，从而为社会诸多问题的解决，提供必需的物质条件。要知道，发展中出现的问题，必须通过进一步的发展才能解决，停止不前不可能有任何出路。这就是说，我们任何时候都不能忽视效率。这就要求我们，必须继续完善市场体系，加强宏观调控和市场监管，使市场机制促进效率的作用充分发挥出来。另一方面，我们要更加关注社会公平正义，要想方设法促使社会公平正义的实现。既要抓紧完善相关法律、法规，更要坚决贯彻执行。"因为财富的分配是法律制度的产物"①，并且"只有法律才能伸张正义，也才具有正义权威"②，所以，要使全体人民共享发展成果，共同提高生活质量，从而促进社会和谐，就必须建立健全相应的法律制度。总之，我们必须兼顾效率与公平，决不能忽视任何一方。只有如此，才能够促使社会经济政治文化又好又快地发展，实现我们的预期目标。否则，不管忽视哪方面，都将导致灾难性的后果。

## 第三节 饥荒防止与权益保障

阿马蒂亚·森指出："在我们居住的世界上广泛存在着饥饿、营养不足和频繁的饥荒。"③ 说明了饥荒存在问题的严重性。但他根据自己最近所做的经济、政治和社会的分析，又相信找到实现消除饥荒

---

① [美] 罗纳德·德沃金：《至上的美德》，冯克利译，江苏人民出版社2007年版，第1页。
② 徐贲：《通往尊严的公共生活：全球正义和公民认同》，新星出版社2009年版，第66页。
③ [印度] 阿马蒂亚·森：《以自由看待发展》，任赜、于真译，中国人民大学出版社2002年版，第161页。

并大幅度减少长期营养不足的措施是可能的。表达了他对消除饥荒的信心。那么,在他看来应当依靠什么来消除饥荒呢?他明确指出:"恰当的政策和行动确实能够根除当代世界上严重的饥饿问题。"① 就是说,要通过制定恰当的政策,并采取切实有效的行动,来根除饥饿和饥荒问题。而要制定出恰当的政策,则必须深刻了解饥饿和饥荒形成的原因。而要真正深刻了解饥饿和饥荒形成的原因,则必须具有足够宽广的视野。

## 一 分析饥饿和饥荒现象的视野

首先,阿马蒂亚·森将饥饿与饥荒进行了区分。他说:"饥荒意味着饥饿,反之则不然;饥饿意味着贫困,反之也不然。"② 就饥饿与贫困的关系而言,饥饿是贫困的表现,不存在贫困不可能出现饥饿现象。但是,贫困不一定会导致饥饿。这是因为,贫困具有相对性,比如张三家庭人均月收入800元,而张三所在地区的人均月收入是1000元,那么张三的家庭就处于相对贫困之中,但他不会因此而处于饥饿之中。而饥饿则说明没有充足的食物供给,这当然是贫困的表现。就饥荒与饥饿的关系而言,"从广义上说,饥饿是指人们没有充足的食物,而饥荒则指由饥饿所造成的大量死亡的恶性现象"③。是由食物消费水平的突然大幅度下降导致的。阿马蒂亚·森强调,应当将饥荒和其他短期危机与地区性的饥饿和贫困区分开来进行研究。在世界各地,饥饿是经常发生着的,而饥荒则是突然爆发的,饥荒一旦爆发,所造成的死亡则是极其惨重的。因此,应当注重如何防止饥荒的研究,以便采取相应的措施,消除饥荒。

阿马蒂亚·森认为,要在当代世界消除饥饿和饥荒,关键是要以

---

① [印度]阿马蒂亚·森:《以自由看待发展》,任赜、于真译,中国人民大学出版社2002年版,第161页。
② [印度]阿马蒂亚·森:《贫困与饥荒》,王宇、王文玉译,商务印书馆2001年版,第53页。
③ 同上书,第55页。

一种足够宽广的视野,来分析饥饿和饥荒现象,来认识造成饥荒的原因。他指出,不能"仅仅就粮食与人口之间的某种机械的平衡,去理解造成饥荒的起因过程"①。就是说,不能仅着眼于人均粮食的供给量。他曾在《贫困与饥荒》一书中通过具体例证分析,得出了这样的结论:"我们有充分的理由认为,在最近一个时期,世界各地的人均粮食供给都呈现出了增加的趋势,但严重的饥饿现象却时有发生,有时面临饥荒的威胁。"这是为什么呢?"造成这种现象的部分原因是一个国家内部各阶层之间的粮食分配问题"②。因此,他认为,在分析饥饿和饥荒现象时,"焦点必须对准个人和家庭有无购买足够食品的经济能力和实质自由,而不是单单对准一国的粮食总量"③。所以,在他看来,要理解饥荒的起因,要防止饥荒,需要进行经济的分析,也需要进行政治的分析。而在关注饥荒防止的同时,还要更充分地认识理解饥荒以外的其他危机和灾害,比如金融危机等。这些危机也和饥荒一样,给人们造成的后果同样是十分惨重的、灾难性的。

## 二 饥荒的防止非常依赖于保障权益的政治安排

阿马蒂亚·森指出,饥饿与饥荒的发生不仅与粮食生产和农业的扩展有关,而且与整个经济体的运作有关。同时,也与政治和社会安排的运行有关。这是因为,政治和社会的安排能够直接或间接地影响人们获取食品、维持其健康和营养状况的能力。因此,他特别强调:"饥荒的防止非常依赖于保障权益的政治安排。"④ 粮食总供给如何在一个国家的不同群体之间分享,对于防止饥饿和饥荒的发生,是极其重要的。

---

① [印度]阿马蒂亚·森:《以自由看待发展》,任赜、于真译,中国人民大学出版社2002年版,第162页。
② [印度]阿马蒂亚·森:《贫困与饥荒》,王宇、王文玉译,商务印书馆2001年版,第57页。
③ [印度]阿马蒂亚·森:《以自由看待发展》,任赜、于真译,中国人民大学出版社2002年版,第162页。
④ 同上书,第168页。

贫困、饥饿和饥荒，"从其真正的特性上说，是一种社会现象"①，"是一种社会之恶"，"贫困者所受到的伤害是人对人造成的伤害，不是物质对人造成的伤害"②。因此，要消除这种社会之恶，"并不只是增加物质生产，还必须改变社会人际关系和制度"③。

阿马蒂亚·森分析说，在一个经济体中，粮食和食品不是由慈善机构或者自动分配的系统来分配的，对于一个家庭或者个人来说，取得粮食和食品的能力必须"挣得"。而要"挣得"这种能力，首先必须拥有"挣得"的机会，这就涉及了权益问题。那么，影响一个家庭或个人权益的因素有哪些呢？阿马蒂亚·森从三个方面进行了分析。

首先，是资源禀赋，也就是对于生产性资源和具有市场价格的财富的所有权。这里所说的生产性资源和具有市场价格的财富，主要指的是土地和劳动力。对土地和劳动力拥有了所有权，那么，就可以利用这些资源直接生产粮食。

其次，是生产可能性及其利用。这种生产可能性是由可资利用的技术决定的。一个家庭或个人，如果没有土地，但拥有一定的技术，那么他就拥有了生产可能性，他就可以通过挣得工资收入来获取购买粮食和食品的能力。然而，这里所说的只是一种可能性。而要将这种可能性变成现实，则"取决于就业机会和现行的工资率"。④ 如果有了就业的机会，那么他就可以通过在其他商品生产中就业来挣得获取粮食和食品的能力。而商品是多种多样的，从事商品生产、服务的行业也是多种多样的。同时，各种行业彼此之间又是密切联系、相互依赖的。阿马蒂亚·森认为，各种行业彼此之间的"相互依赖在分析饥

---

① ［印度］让·德雷兹、阿马蒂亚·森：《饥饿与公共行为》，苏雷译，社会科学文献出版社2006年版，第48页。

② 徐贲：《通往尊严的公共生活：全球正义和公民认同》，新星出版社2009年版，第60—61页。

③ 同上书，第60页。

④ ［印度］阿马蒂亚·森：《以自由看待发展》，任赜、于真译，中国人民大学出版社2002年版，第163页。

## 第四章 正义的实现依赖于体制形式

荒时可以具有高度的中心意义，因为相当多的人可能因为其他产品，而不是粮食本身在生产中出了问题，而失去了拥有食品的能力"①。

最后，是交换条件。即"出售和购买产品的能力，以及不同产品的相对价格（如工艺品对主食的价格）"②。阿马蒂亚·森指出，对于很多人来说，劳动力可以说是唯一的资源禀赋，因此，劳动市场的运作至关重要。寻找工作的人是否能在现行工资水平上实现就业？工匠和服务提供者能否售出他们想要出售的东西？其相对价格如何？这些都直接关系到人们的实际生活。当经济发生紧急情况时，这些交换条件会发生急剧变化，从而导致饥饿和饥荒的发生。阿马蒂亚·森曾以理发行业为例，来说明这种情况。当经济危机发生时，理发匠要受到双重打击：一是人们会推迟理发，比如平常20天理一次发，而此时可能要一个月才理一次。这样，理发的需求也就大为降低了。二是理发的相对价格也会直线下跌。比如在1943年的孟加拉饥荒中，一些地方的理发与原粮的交换率下降了70%或80%。这样，本来已经很贫苦的理发师也就更加陷入了绝境。不仅是理发业，很多其他行业的情况也是这样。而这些都是在粮食产量或总供给量几乎并未下降的情况下发生的。因此，阿马蒂亚·森强调："对饥饿和饥荒成因的理解，要求我们分析整个经济机制，而不是仅仅计算粮食的产量和供给。"③

正是基于这种认识，阿马蒂亚·森强调，饥荒的防止非常依赖于保障权益的政治安排。他指出，在比较富裕的国家，政府往往是通过反贫困计划和失业保险来提供权益保障。而没有普遍的失业保险系统的发展中国家，当由于各方面的原因造成大规模失业时，政府则可以通过专门计划的公共工程等，为受害者重新创造就业机会，使他们能够重新得到工资收入，从而拥有获得粮食的能力。在阿马蒂亚·森看

---

① ［印度］阿马蒂亚·森：《以自由看待发展》，任赜、于真译，中国人民大学出版社2002年版，第163—164页。
② 同上书，第164页。
③ 同上。

来,"创造就业的补偿性政府支出可以很有效地避免饥荒的威胁"①。

同时,阿马蒂亚·森还指出,在饥饿和饥荒的防止过程中,政府能够发挥极其重要的作用,其他经济和社会机构及制度,如贸易、商业和市场、非政府组织、新闻媒体等,也能够发挥重要作用。因此,重要的是要将各方面的力量、作用有效地结合起来。这也就是说,全社会都要高度重视饥饿和饥荒的防止,要将全社会各方面的力量动员起来、结合起来,这样才能有效地避免饥饿和饥荒的发生。

然而,在阿马蒂亚·森看来,政府在饥饿和饥荒的防止过程中的极其重要的作用能否发挥出来,则"依赖于伴随权力和权威运作的那些感知和理解,尤其取决于统治者和被统治者之间的疏离程度"②。这就是说,政府的作用能否发挥出来,以及发挥的程度如何,关键在于统治者和被统治者、治理者和被治理者之间的关系如何。如果统治者和被统治者、治理者和被治理者之间的关系密切,那么统治者、治理者就会采取积极行动,制定有效的公共政策,从而有效地防止饥饿和饥荒的发生。而如果统治者和被统治者、治理者和被治理者之间的关系疏远,那么则有可能导致政府在饥荒面前无所作为。阿马蒂亚·森曾以19世纪40年代爱尔兰发生的饥荒为例,来说明这其中的道理。

19世纪40年代,饥荒席卷了爱尔兰,导致了爱尔兰人口的大量死亡。引起这场饥荒的直接原因,是由于马铃薯枯萎病引起的粮食产量的下降。然而,就整个联合王国而言,并不存在粮食产量和供应的危机。但是,爱尔兰人没有购买能力。如果爱尔兰人有购买能力,那么粮食完全可以从不列颠运往爱尔兰,从而避免饥荒的发生。也正是由于爱尔兰人没有购买能力,使得食品出现了"逆向运动",即在爱尔兰饥荒发生的高峰期,一艘接一艘的装满粮食和各种食品的船只,从陷于饥荒的爱尔兰驶往食品供应充足的英格兰。阿马蒂

---

① [印度]阿马蒂亚·森:《以自由看待发展》,任赜、于真译,中国人民大学出版社2002年版,第168页。

② 同上书,第169页。

## 第四章 正义的实现依赖于体制形式

亚·森指出:"实际上,通过为穷人重新创造他们失去了的收入这一正面政策(如通过公共就业计划),食品的逆向运动会自动减少或停止,因为当地的买主会有更大的购买力来购买食品。"① 但是,在这个饥荒期间,联合王国的政府并没有提供什么来帮助缓解爱尔兰人的饥荒。那么,伦敦政府为什么漠视在爱尔兰发生的饥荒和痛苦,更缺乏决心去防止爱尔兰人的贫困和挨饿呢? 阿马蒂亚·森指出,在解释不列颠政府在爱尔兰饥荒时的无所作为时,除了指出缺少政治动机外,还必须加上文化疏离。就是说,既有政治方面的原因,又有文化方面的原因。就政治方面的原因来讲,是因为爱尔兰人缺乏有效的政治参与。阿马蒂亚·森曾说:"活跃的政治参与在防止饥荒方面,在强烈谴责政府容忍的挨饿现象发生方面,是很有效的,而且这个过程的迅速有力使得防止这种重大灾难成为每个政府不可避免的优先事务。"② 这就是说,民众活跃的政治参与是政府在饥荒面前积极作为的动力。民众拥有政治参与的机会,能够对政府的作为进行评价和监督,那么,政府为了提高自己的支持率,也就不得不把防止饥荒这种重大灾难作为自己的优先事务了。就文化方面的原因来讲,是因为"不列颠人在对待爱尔兰人的态度中所特有的那种分离感和优越感"③。阿马蒂亚·森曾引用他人的话分析说,在不列颠,贫困一般被归因于经济变迁和波动,在爱尔兰,贫困则被看成是懒惰、不在乎和无能造成的。甚至"连爱尔兰人对马铃薯的爱好也是他们自作自受造成的灾难的原因之一"④。这样,"对文化优越感的深信不疑与政治权力的不对称完美地结合在一起"⑤,从而导致了政府对爱尔兰饥荒的漠视。

总之,在阿马蒂亚·森看来,饥荒是可以防止的,即使在一个国

---

① [印度]阿马蒂亚·森:《以自由看待发展》,任赜、于真译,中国人民大学出版社 2002 年版,第 171 页。
② 同上书,第 156 页。
③ 同上书,第 172 页。
④ 同上。
⑤ 同上。

家或者地区的食品供应急剧下降时，只要更好地共同分享食品可供量，每一个人的生命都可以被拯救下来。但是，"即使是在前所未有的富裕的当代世界，饥荒还是继续地在不同国家发生"①。这是为什么呢？阿马蒂亚·森指出："统治者和被统治者之间——'我们'和'他们'之间——的距离感是饥荒的至关重要的特征。"② 阿马蒂亚·森在这里所说的距离感可以从两个方面理解。首先，作为被统治者的民众在统治者心中不占有位置，或者占有很小的位置，统治者所关心的只是自身及其所代表的利益集团的利益，而对于民众的疾苦则视而不见。其次，作为被统治者的民众不能进行有效的政治参与，不能有效地表达自己的利益诉求，更不能对统治者进行有效的监督。很显然，这种距离感必然要影响到公共政策的公平正义，而缺乏公平正义的公共政策，必然导致社会财富的过度集中，使贫者更贫，富者更富。在这种情况下，经济一旦发生波动，那些承受能力很低的贫困者便会立即陷入困境，从而导致饥荒的发生。这也就是说，公共政策是否具有正义性，是否能够被有效地贯彻执行，对于消除贫困和防止饥荒，具有非常重要的意义。由此，我们可以联想到罗尔斯、戴维·米勒的有关论述。罗尔斯在他的《正义论》中曾明确指出："一种理论，无论它多么精致和简洁，只要它不真实，就必须加以拒绝或修正；同样，某些法律和制度，不管它们如何有效率和有条理，只要它们不正义，就必须加以改造或废除。"③ 并提出了包括"差别原则"在内的用于制度的两个正义原则。戴维·米勒在他的《社会正义原则》一书中也曾这样说道："无疑，国家是首要的分配机构，其政策和实践促成了社会正义和不正义。""国家通过它的各种部门和机构在每种情形中都对每个人对物品的享用产生了主要的影响：它颁布财

---

① ［印度］阿马蒂亚·森：《以自由看待发展》，任赜、于真译，中国人民大学出版社2002年版，第170页。
② 同上书，第173页。
③ ［美］约翰·罗尔斯：《正义论》，何怀宏等译，中国社会科学出版社1988年版，第3页。

产法令，征税，（直接或间接地）组织医疗保健的供应，等等。"① 由此可见，阿马蒂亚·森和罗尔斯、戴维·米勒在这方面的认识是有相通之处的。同时，阿马蒂亚·森和罗尔斯、戴维·米勒这方面的思想，对于我们来说，也都同样具有非常重要的启示意义。

## 第四节 社会正义与妇女主体地位的确立

阿马蒂亚·森非常关注妇女问题。在《以自由看待发展》一书中，他用了一整章来论述妇女问题。阿马蒂亚·森指出，今天的妇女运动，已经由早期的只注意福利层面，渐渐地扩展到强调妇女主体性的能动作用层面上来了。"妇女不再是旨在改善其福利的扶助措施的被动接受者，而越来越被男人以及妇女自己看做变化的能动的主体：她们是那些能够变更妇女和男人生活的社会转型的有力促进者。"②

### 一 妇女运动的福利层面与主体地位的层面

阿马蒂亚·森指出，对于上述妇女运动所关注和强调重点的转变的性质，有时候被人们忽略了。也就是说，人们还没有充分认识到这种转变的重大意义。为此，他对妇女运动的福利层面与主体地位的层面的关系，进行了深入分析论述，期望引起人们对这种转变重大意义的深刻认识。

阿马蒂亚·森指出，人们之所以忽略这种转变的性质，是因为妇女运动的福利与主体地位这两个层面有很大的重叠之处。也就是说，人们只看到了这两个层面的重叠之处，而没有同时看到这两个层面的不同之处。他分析说，把妇女作为能动的主体，不可能忽视纠正那些伤害妇女、迫使妇女接受差别待遇的不平等现象，因此从主体地位出

---

① [英] 戴维·米勒：《社会正义原则》，应奇译，江苏人民出版社 2005 年版，第 13—14 页。
② [印度] 阿马蒂亚·森：《以自由看待发展》，任赜、于真译，中国人民大学出版社 2002 年版，第 189 页。

发，也必定十分关切妇女的福利。反过来讲，改善妇女福利的努力，也不能不依赖妇女的主体作用。"所以，妇女运动的福利层面与主体地位层面，不可避免地有很大的重叠之处。"① 但是，这只是问题的一个方面。从根本上说，这两者又必定是不同的。对于同一个人来说，处于"主体"的地位，当然不同于处于"接受者"的地位。

阿马蒂亚·森认为，对于人的主体地位的理解，对于承认人作为负责任的人，具有中心意义。就是说，只有对人的主体地位有了充分的理解，才能够充分理解、承认包括男人和女人在内的每个人，都应当对自己的行动方式承担责任。如果说我们是具有主体地位的人，那么我们也就不仅仅是一个健康的人或者是一个生病的人了。就是说，也就不仅仅是生物学意义上的人了。"我们还是采取行动或者拒绝行动的人，而且是可以选择以这种或者那种方式来行动的人。"② 这样，也就成了拥有自由的人了。既然拥有了自由，那么，也就必须为自己的自由行动承担责任。阿马蒂亚·森指出，这种基本的认识，可以深刻影响我们对于社会的分析与实际的思考和行动。根据这种认识来分析妇女运动重点的变化，就会了解到"妇女运动的这种重点的变化，也就是对先前考虑因素的一个重要的补充，而不是对那些考虑因素的否定"③。正是这种补充，反映了人们对于妇女问题的理解，达到了新的高度。

阿马蒂亚·森分析说，过去妇女运动集中注意妇女的"苦难状况"，绝不是无的放矢。就是说，是从妇女的实际处境出发，有着明确的针对性的。"妇女在福利方面受到的相对剥夺，在我们生活的世界上，过去存在，现在仍然存在，而且这对于社会正义包括对妇女而言的正义，显然是有重要意义的。"④ 因此，现在仍然需要关注妇女

---

① [印度]阿马蒂亚·森：《以自由看待发展》，任赜、于真译，中国人民大学出版社2002年版，第189页。
② 同上。
③ 同上。
④ 同上。

的福利问题。关注妇女的福利问题,对于实现社会正义具有重要意义。然而,阿马蒂亚·森又指出,尽管有各种理由要继续关注妇女所遭受的痛苦和剥夺,"但是,特别是在当前这个时刻,还是存在一种紧迫的、基本的必要性,那就是对妇女问题的议程采取一种以主体性为导向的路线"①。就是说,必须把提高妇女的主体地位作为首要的、紧迫的任务。这是为什么呢?为了说明这其中的道理,阿马蒂亚·森对妇女主体地位的作用,进行了深入分析。

## 二 妇女主体地位的作用

首先,阿马蒂亚·森指出,之所以要聚焦于妇女的主体地位,最直接的理由就是这种主体地位在消除那些损害妇女福利的不公正现象上所能够发挥的作用。阿马蒂亚·森分析说,妇女的挣钱能力、在家庭之外的经济地位、识字和受过教育、财产权等因素,能够为增强妇女的声音和主体性做出积极贡献。比如,妇女能够在家庭之外就业并能挣得独立的收入,那么她就减少了对别人的依赖,并为家庭富裕程度的提高做出贡献,这样她在家庭和社会中的地位就会得到增强。同样,妇女所受的教育,所拥有的财产权,也都能增强她们的主体地位,使她们能够参与家庭决策。然而,这些因素又影响着对妇女的相对尊重和关爱。因此,阿马蒂亚·森指出:"实际上,甚至在发展中国家,当妇女在主体地位方面取得进步时,妇女与男人相比在生存率方面的劣势,看来也在迅速下降,甚至会完全消除。"②

其次,阿马蒂亚·森指出,妇女素质和主体地位的提升,还能够影响关于一系列社会问题的公共讨论的性质,包括可接受的生育率,以及环境方面的优先主次。布莱恩·巴利在他的《社会正义论》中也曾表达了类似的观点。他说:"教育妇女以及给予她们更多的自主

---

① [印度]阿马蒂亚·森:《以自由看待发展》,任赜、于真译,中国人民大学出版社2002年版,第190页。

② 同上。

性,这就是要改变社会的动力机制","而且,这些全新变革的社会、经济以及政治支流必然会令男女关系变得更为公正"①。

就生育率而言,高出生率的负面作用是通过持续不断的生育、养育子女造成对妇女实质自由的剥夺。这种负面作用体现在许多亚洲和非洲妇女身上。因此,要提高这些妇女的福利,就要改变生育模式,降低生育率。阿马蒂亚·森指出,出生率则常常随着妇女地位和力量的提升而下降。而"所有为了降低人口增长的措施都会同时有利于正义的事业"②。比如印度的克拉拉邦,"它以发挥妇女主体作用为基础,非常成功地降低了生育率"。尤其是"克拉拉邦妇女的教育水平高,对促成出生率的快速下降起了特别重要的作用"③。阿马蒂亚·森分析说,这是因为教育能够使妇女的眼界更加宽广;教育有助于计划生育知识的传播;受过教育的妇女不愿意被禁锢在持续养育子女上;受过教育的妇女在家庭包括生育和养育子女问题在内的决策中,拥有更大的发挥主体作用的自由。

同时,阿马蒂亚·森指出,妇女教育和识字水平的提高,也能够使儿童的死亡率趋于降低。这是因为妇女通常对子女的福利更加重视,当妇女因教育和识字水平的提高而使主体地位得到尊重和提升时,她们就拥有更多的影响家庭决策的机会,这样就会使家庭决策更重视子女的福利。从而,使儿童的死亡率得到降低。

最后,阿马蒂亚·森指出,妇女在政治活动、社会生活、经济生活中,都能够发挥重要影响和作用。

根据已经发生在斯里兰卡、印度、巴基斯坦、菲律宾等国,妇女担任最高领导职务时所发挥的作用,阿马蒂亚·森得出了这样的结论:"当妇女得到那些通常专为男人保留的机会时,在运用那些多少

---

① [英]布莱恩·巴利:《社会正义论》,曹海军译,江苏人民出版社2007年版,第318页。
② 同上。
③ [印度]阿马蒂亚·森:《以自由看待发展》,任赜、于真译,中国人民大学出版社2002年版,第196页。

## 第四章 正义的实现依赖于体制形式

世纪以来男人一直声称是男人专有的机构方面,她们绝非不如男人。"① 因此,他强调,要对妇女在各种不同层次的政治活动和社会创新行动上所能发挥的作用,给予更多的关注。

在社会生活方面,妇女活动的影响和作用也是非常大的。比如,前面已经提到的妇女的主体地位在降低生育率、降低儿童死亡率方面的作用等。

在经济活动方面,阿马蒂亚·森认为,妇女之所以参与程度相对低下,原因之一就是因为她们相对缺少取得经济资源的渠道。而"一旦社会安排改变了标准的男性所有权的做法,妇女就能够成功地抓住商业和经济的契机。"② 在阿马蒂亚·森看来,妇女参与经济活动所产生的效果,并非仅仅为妇女自身带来了经济收入,而且带来了包括如上所说的降低儿童死亡率和生育率在内的社会利益。由此阿马蒂亚·森得出结论:妇女的经济参与本身就是一种报酬。因为这样能够提高妇女的地位和独立性,从而减少在家庭决策中所遭受的歧视。

总之,在阿马蒂亚·森看来:"变化着的妇女主体地位,是经济和社会变革的主要媒介之一。"③ 然而,妇女主体地位的广泛作用范围,在发展研究中却没有得到应有的高度重视。阿马蒂亚·森强调,这是需要尽快纠正的。这是因为,妇女主体地位的提升和作用的发挥,对于社会的发展,对于消除损害妇女福利的不公正现象,对于社会正义包括对妇女而言的正义的实现,都具有十分重要的意义。

---

① [印度]阿马蒂亚·森:《以自由看待发展》,任赜、于真译,中国人民大学出版社2002年版,第197页。
② 同上书,第198页。
③ 同上书,第199页。

# 结论　阿马蒂亚·森的正义理论的特色

瑞典皇家科学院罗伯特·爱罗科森教授在给森的《颁奖词》中说："在极端的形式下，贫困导致饥饿，这是 A. 森在饥饿起源的深入研究中所阐述的一个问题。在这些研究中，他通过修改通常的假定——饥饿一般和粮食供给的减少相联系，为饥饿的新理论的产生开辟出了一条道路。A. 森分析的中心是穷人不应该被认为是无显著特点的人群，而应看做是被需求和资源间的灾难性的不平衡所打击的特殊的群体。""A. 森的探索为做好以消除饥饿和与之斗争为目的的举措打下了一个很好的基础。"① 在这里，罗伯特·爱罗科森教授明确指出了阿马蒂亚·森的理论贡献及其理论特色。指出他"为饥饿的新理论的产生开辟出了一条道路"，是说他采用了新的研究视角和方法；指出他"分析的中心是穷人不应该被认为是无显著特点的人群，而应看作被需求和资源间的灾难性的不平衡所打击的特殊的群体"，是说他所要维护的是贫穷和被剥夺者的利益。

根据罗伯特·爱罗科森对阿马蒂亚·森教授的评论，我们可以将阿马蒂亚·森的正义理论的个性特色，概括为以下几个方面。

## 一　运用实质自由的新视角与可行能力的新方法

如前所述，阿马蒂亚·森分析论述社会正义时，所采取的是"实

---

① 《诺贝尔奖讲演全集》编译委员会编译：《诺贝尔奖讲演全集》（经济学卷Ⅱ），福建人民出版社 2004 年版，第 520 页。

## 结论  阿马蒂亚·森的正义理论的特色

质自由"的视角,而"实质自由"是通过人的可行能力来表示的。一个人的"可行能力",是指此人有可能实现的各种"功能性活动"的组合。"功能性活动"则反映了一个人认为值得去做或达到的多种多样的事情或状态。具体来说,既包括一个人有足够的营养和不受可以避免的疾病之害等这些很初级的要求,也包括参与社区生活和拥有自尊等非常复杂的活动或者个人的状态。他以"可行能力"作为正义评价的信息基础,将自己的正义理论体系与功利主义、罗尔斯、诺齐克等的正义理论体系区别了开来,从而展现了他的正义理论体系的特色,同时也展现了他的勇于创新的精神。

当然,阿马蒂亚·森的关于"能力"的思想也是有所继承的。诚如阿马蒂亚·森在他的书中所说,"能力方法""与亚里士多德关于人类善的观点的联系更为紧密"[1],"发挥功能的能力的公平分配在亚里士多德的政治分配理论中具有核心的地位",亚里士多德"对个人功能性活动和能力的极端重要性的承认看起来是十分清楚的,在分配安排的政治语境之下,则尤为如此"。这就是说,阿马蒂亚·森的能力分析的方法是建立在对亚里士多德"能力"思想的继承和发挥基础之上的。应当指出,我们在这里点出阿马蒂亚·森的能力方法的历史继承性,并非在于否定他的理论贡献,而是在于通过探寻这种方法的理论渊源,进一步了解它的合理性和可靠性。

同时,我们还应当注意到,这种能力方法也并非仅阿马蒂亚·森一人在运用。阿马蒂亚·森在哈佛大学的同事希拉里·普特南就曾指出:"沃尔什在1961年的著作《匮乏与邪恶》中已经预期了'功能'这一概念也就是相宜的。沃尔什用的术语是'成就',而且与阿马蒂亚·森一样,他把相当宽泛的成就或功能的概念与对于作为整体的人类生活的特征的关心——这种关心可以追溯到亚里士多德那里——联

---

[1] [印度]阿马蒂亚·森、[美]玛莎·努斯鲍姆主编:《生活质量》,龚群、聂敏里、王文东、肖美、唐震煊译,社会科学文献出版社2008年版,第35—57页。

系在一起。"①

哲学家玛莎·C. 纳斯鲍姆也是以"能力进路"来分析论述"正义"等问题的。

玛莎·C. 纳斯鲍姆在她的《寻求有尊严的生活——正义的能力理论》一书的"前言"中写道:"今天,在发展和政策的领域出现了一种新的理论范式,我们称之为'人类发展理论',或者是'能力理论'"②。并指出:"能力理论是森所提出的政治/经济项目的概念。"③ 明确肯定了阿马蒂亚·森对于"能力理论"的贡献。她还指出:"能力理论""起始于一个非常简单的问题:人在现实中能做到什么,又能成为什么?他们可以得到哪些真实的机会?"④ 这实际上是在揭示"能力理论"所关注和研究的主要问题。

在玛莎·C. 纳斯鲍姆看来,"能力理论(至少)有两个版本,这部分是因为该理论服务于两种不同的目标"。就是说,"能力理论"有两套体系。她的"正义理论"是希望运用"能力"方法,"构建一种关于基本社会正义的理论"。在构建这种"关于基本社会正义的理论"的过程中,"加入了其他的概念(比如人性尊严、最低限要求、政治自由主义)","还包括了一组具体的核心能力"。而阿马蒂亚·森所主要关注的"是将能力确定为对生活品质加以评估的最佳比较指标,因此改变发展政策辩论的方向"。她指出:阿马蒂亚·森的"能力理论","的确具有一种对正义议题的明晰关注(例如,关注因为性别或种族歧视所导致的能力失败的情形)"。"阿马蒂亚·森确实指出,能力的概念可以成为综合评估一国内生活品质的基础,在这一意义上区别于我基于政治自由主义所自觉设定的优先目标"。在这里,她既说明了阿马蒂亚·森"能力理论"的特点,同时又指出了她的"能力理

---

① [美] 希拉里·普特南:《事实与价值二分法的崩溃》,应奇译,东方出版社 2006 年版,第 70 页。
② [美] 玛莎·C. 纳斯鲍姆:《寻求有尊严的生活——正义的能力理论》,田雷译,中国人民大学出版社 2016 年版,"前言",第 1 页。
③ 同上书,第 13 页。
④ 同上书,"前言",第 1 页。

论"与阿马蒂亚·森的"能力理论",两个理论版本的不同之处。

玛莎·C.纳斯鲍姆还指出:"能力进路"是"由我在哲学上、由阿马蒂亚·森在经济学上予以发展。森对此进路的运用集中在对生活质量的比较性衡量","比较而言,我运用这一进路为核心人类资格——应该被所有国家的政府作为尊重人类尊严所要求的最低限度所尊重和实施——的解释提供了哲学上的支撑"①。在这里,她明确肯定了阿马蒂亚·森对于"能力理论"的贡献,并再一次说明了阿马蒂亚·森"能力理论"的特点,以及与她的"能力理论"的区别所在。

玛莎·C.纳斯鲍姆又指出:"通过采用森的论证和一些额外的论据,我的能力进路支持森的建议。"②这里所说的"森的建议",是指阿马蒂亚·森认为,罗尔斯应该用能力清单取代首要善清单。首要善清单"明显把资源(收入和财富)用于表征健康安乐"③。同时,她还曾明确表示,她完全同意阿马蒂亚·森关于"一种基于能力的福利观要优于基于欲求和认知状态的福利观"④的观点。由此可见,她与阿马蒂亚·森的理论体系,尽管各有其特点,但从总体上看,彼此是相互支持的。

玛莎·C.纳斯鲍姆强调,"能力的培育就是为了能力的运作"。她分析说,一个社会如果只是注重对于民众能力的培育,只是赋予民众以充分的能力,而并不为民众基于内在能力进行活动的机会,使民众所拥有的能力不得运用,处于沉睡和闲置之中,那么能力就是毫无意义的。这样的社会也不是一个好的社会。她的结论是:"能力之所以重要,一定意义上是因为它们可以以种种方式转换成运作。"⑤这就非常清楚地表明了"能力理论"的落脚点,是在于能力的运用。

---

① [美]玛莎·C.纳斯鲍姆:《正义的前沿》,朱慧玲、谢惠媛、陈文娟译,中国人民大学出版社2016年版,第49页。
② 同上书,第115页。
③ 同上书,第114页。
④ [美]玛莎·C.纳斯鲍姆:《寻求有尊严的生活——正义的能力理论》,田雷译,中国人民大学出版社2016年版,第137页。
⑤ 同上书,第18页。

"能力进路是一种追求结果的进路。"①

玛莎·C. 纳斯鲍姆还对能力进路的优点进行了概括。首先,能力进路将人们的注意力转移到人们实际上能够做什么或者能够成为什么样的人,"自始至终都以所有人在物质方面的善物为基础"。就是说,能力进路是以实际结果为导向的。其次,能力进路将所有的基本自由都界定为做事的能力,而自由的行使离不开经济和教育,因此,"能力进路强调自由与经济安排之间的相关性"。最后,能力进路"能够很好地强调和表述女性在家庭内部所遭遇的不平等"。比如,在资源和机会上的不平等,受教育有限、其工作不被认可,身体完整权受到侮辱等。而"传统的权利话语忽略了这些事情"②。

应当指出,我们在这里谈论玛莎·C. 纳斯鲍姆对于能力方法的论述,目的仍然在于进一步了解这种方法的特点及其合理性和可靠性,并非在于否定阿马蒂亚·森的理论贡献。事实诚如希拉里·普特南所说:"把这一观点应用到发展问题上完全是阿马蒂亚·森的功劳。"③

## 二 维护贫穷和被剥夺者的利益

如上所引,罗伯特·爱罗科森教授指出:阿马蒂亚·森"分析的中心是穷人不应该被认为是无显著特点的人群","森的探索为做好以消除饥饿和与之斗争为目的的举措打下了一个很好的基础"。由此可见,阿马蒂亚·森所热切关注的、所要维护的是贫穷和被剥夺者的利益。

他在《贫困与饥荒》一书中,对 1943 年的孟加拉大饥荒,1972—1974 年埃塞俄比亚的饥荒,萨赫勒地区的干旱与饥荒,1974 年孟加拉国的饥荒,进行了极其深入的分析研究。在《以自由看待发

---

① [美] 玛莎·C. 纳斯鲍姆:《正义的前沿》,朱慧玲、谢惠媛、陈文娟译,中国人民大学出版社 2016 年版,第 197 页。
② 同上书,第 203 页。
③ [美] 希拉里·普特南:《事实与价值二分法的崩溃》,应奇译,东方出版社 2006 年版,第 70 页。

结论　阿马蒂亚·森的正义理论的特色

展》一书中，又对19世纪40年代爱尔兰的饥荒进行了深入分析研究。在进行大量的案例分析的基础上，提出了自己关于饥荒发生原因的独到见解。从而，"为做好以消除饥饿和与之斗争为目的的举措打下了一个很好的基础"。

在分析1972—1974年埃塞俄比亚的饥荒时，他具体列出了7个数字表格，说明了饥荒发生时，其粮食产量并没有明显减少，就整个埃塞俄比亚来讲，即使在1973年饥荒的最高峰期，人均粮食消费量也基本处于正常水平。而就沃洛省来说，粮食产量的确大幅度减少了，但粮食价格并没有明显上涨。"人们是在粮食价格基本上与灾前相同的情况下饿死的。"这表明了人们购买能力的低下，因而没有能力将其他地方的粮食吸引进来。阿马蒂亚·森指出："这一现象可以用沃洛各阶层人民的'权利失败'（entlement failure）来解释。"①

在分析萨赫勒地区的干旱与饥荒时，他具体列出了3个数字表格，深入分析了造成萨赫勒地区饥荒的原因。他认为："干旱也许是难以避免的，但干旱的影响却可以避免。"② 就是说，即便是发生了诸如干旱等自然灾害，饥荒也是可以避免的。饥荒主要不是由自然灾害造成的，而主要是由社会政治的原因造成的。他指出，就处于干旱自然环境下的萨赫勒地区的食物问题来说，"主要取决于影响食物权利的制度因素，这一影响是通过生产和交换实现的"，因此，要真正从根本上解决问题，就需要针对这些因素采取具体措施，需要建立一个机制，"即通过公共机构确保每一个人的食物权利"。这一权利不仅要包括灾难期间的粮食分配，还要包括通过社会保险和就业保障来实现的长远权利安排。③

在分析1974年孟加拉国饥荒时，他用了17个数字表格，通过实测，揭示了孟加拉国"1974年产量和粮食供给量都达到了最大值，

---

① ［印度］阿马蒂亚·森：《贫困与饥荒》，王宇、王文玉译，商务印书馆2001年版，第140页。
② 同上书，第154页。
③ 同上书，第161页。

而决定工资与大米的交换比率的市场力量却向相反的方向迅速发展"① 这一事实。由此他得出结论：如果"仅仅注重总量问题，不深入分析千百万孟加拉国人所赖以生存的权利体系是十分危险的。不理解到底是什么人能够支配粮食？能够支配多少粮食？人口与粮食供给就是无关紧要的"②。

正是在上述实测分析的基础之上，阿马蒂亚·森提出了关于贫困、饥荒的"权利分析方法"。并运用这种"权利分析方法"，深入到社会政治层面，揭示了贫困、饥荒发生的根本原因。得出了"饥荒的防止非常依赖于保障权益的政治安排"③，"恰当的政策和行动确实能够根除当代世界上严重的饥饿问题"④ 的结论。很显然，这种理论既能够增强各国、各级政府消除贫困和饥荒的责任意识，同时也能够坚定各国、各级政府消除贫困和饥荒的信心。而要达到消除贫困和饥荒的目标，各国、各级政府就必须采取切实可行的具体措施，实现分配正义。由此展现了他对于贫穷和被剥夺者利益的热切关注，同时也展现了他的正义理论的目标指向和特色。

也正是出于对贫穷和被剥夺者利益的热切关注，阿马蒂亚·森在关注贫困与饥荒问题的同时，也非常关注不平等问题。他于1973年出版了《论经济不平等》，以后又出版了增订本《论经济不平等/不平等之再考察》。提出了"用个体可获致他所看重的'生活内容'的能力"，来"评估平等或不平等的新思路"⑤。这种"新思路"，引起了不少学者的关注。

德国奥斯纳布吕克大学经济学教授伍尔夫·盖德尔在《评阿马蒂

---

① ［印度］阿马蒂亚·森：《贫困与饥荒》，王宇、王文玉译，商务印书馆2001年版，第182页。

② 同上书，第185页。

③ ［印度］阿马蒂亚·森：《以自由看待发展》，任赜、于真译，中国人民大学出版社2002年版，第168页。

④ 同上书，第161页。

⑤ ［印度］阿马蒂亚·森：《论经济不平等/不平等之再考察》，王利文、于占杰译，社会科学文献出版社2006年版，第227页。

亚·森的〈能力与福祉〉》①一文中指出：活得长久、在婴儿和儿童时期避免死亡、读写以及从持续教育中受益等，"这些基本能力分析贫困问题时无疑是相当重要的"。在这些基本能力之外，伍尔夫·盖德尔又提出了另一类在工业化国家中显得越来越突出的功能性活动："饮用自来水、在河中或海里游泳、吃海鱼、在都市呼吸新鲜空气，在夜晚四处走动而不感到恐惧，以及生活中不用担心核电站发生事故等。"还有一类在某种程度上与富足的观念相关的功能性活动："受到进一步的教育，稳定的工作，享受假日，参与社会。"在这篇文章最后，伍尔夫·盖德尔指出：不要因为阿马蒂亚·森依据最基本的功能性活动所做的经验研究，揭示了贫困国家中的某些惊人的不公正，而误以为"森处理福祉和能力的方法主要是与对贫困国家的分析相关的"。这里同时表达了两层意思，一是指出了阿马蒂亚·森依据最基本的功能性活动，通过经验研究，揭示了贫困国家中的某些惊人的不公正，并认为"揭示这个事实是非常有意义的"，特别是"对于那些正遭受不公正之害的人来说则更是如此"。二是指出了"注意功能性活动和能力对于福祉研究极有意义且富有成果"，这种方法也同样适用于研究高度工业化国家中的相关问题。既点出了阿马蒂亚·森所关注的重点是贫困国家的不公正，所要维护的是贫穷和被剥夺者的利益，又强调了能力方法的意义和价值。

哈佛大学哲学系教授 C. A. 库斯哥阿德曾在《评 G. A. 柯亨的〈什么的平等？论福利、善和能力〉和阿马蒂亚·森的〈能力与福祉〉》②一文中指出："我们应该着眼于能力来分配。因为阿马蒂亚·森主张，能力的观念给了我们理解积极自由的观念的一条途径，并且我认为这是正确的：使人们能够有效地实现他们的目标和追求他们的福祉，这本身就是使他们有积极的自由。"明确肯定了阿马蒂亚·森的能力方法的意义和价值；说明了能力方法可以帮助我们理解积极自

---

① ［印度］阿马蒂亚·森、［美］玛莎·努斯鲍姆主编：《生活质量》，龚群、聂敏里、王文东、肖美、唐震煊译，社会科学文献出版社2008年版，第71—75页。

② 同上书，第62—70页。

由，能力的提升可以帮助人们实现积极自由。正是根据这种认识，C. A. 库斯哥阿德指出："穷苦人、失业者、缺乏医疗保障者、无处居住者以及没有受过教育的人无论宪法如何保障他们的权利，都不会是自由的。"并举例说："一个没有技术的劳动妇女，面对低收入、贫穷，或甚至在工作中遭受到性骚扰，只能是逆来顺受，因为除了让她的孩子挨饿之外她别无选择，因而她是没有自由的。"由此，C. A. 库斯哥阿德得出结论："不能满足人们的基本需要和提供必需的技能和机会，就是使人们处于无依无靠的境地，无依无靠的人就没有自由。"从这里可以看出，能力方法对于分析理解贫穷和被剥夺者失去自由的根本原因，对于探寻扩展与提升贫穷和被剥夺者自由的路径，都是非常有效的。由此也可以看出，阿马蒂亚·森提出能力方法的出发点，正是在于使人们能够更加清楚地认识贫穷和被剥夺者失去自由的根源所在，从而采取切实有效的措施，从根本上解决贫穷和被剥夺者不自由的问题，提高他们的生活质量。

### 三　注重社会的整体发展

阿马蒂亚·森在他的《以自由看待发展》一书的中文版序言中明确指出：说明社会进步与经济发展之间的互补性，是本书的主题之一。并进一步指出：除了社会进步与经济发展之间的互补性，"此外还存在着其他一些互补性。这些互补性包括文化和经济、政治参与和经济进步，以及技术进步及其社会运用之间的相互作用"。他要论证的观点是："发展是一个相互依赖的过程，而且经济的成功不可能与社会、政治和文化的成就相分离。每一个国家，每一个社会，都不得不处理它自己的问题，而世界将怀着极大的兴趣注视全方位的发展过程如何在中国展开。"[①] 在这里，阿马蒂亚·森说明了社会是一个大系统，经济、政治、文化等各个方面是相互联系、相互影响的，任何

---

① ［印度］阿马蒂亚·森：《以自由看待发展》，任赜、于真译，中国人民大学出版社2002年版，第20页。

一个方面都不可能脱离其他方面而独立发展；同时，表达了他对于我们中国全面发展的关注。由此可见，阿马蒂亚·森的正义理论是建立在系统、辩证的思维基础之上的。除了思维方面的因素之外，阿马蒂亚·森之所以强调发展是一个相互依赖的过程，也是基于实质自由的视角。

如前所述，阿马蒂亚·森认为实质自由是正义的首要辖域，"一个社会成功与否，主要应根据该社会成员所享有的实质自由来评价"[1]。而不同类型的实质自由是相互联系、相互影响的。"政治自由（以言论民主和自由选举的形式）有助于促进经济保障。社会机会（以教育和医疗保健设施的形式）有利于经济参与。经济条件（以参与贸易和生产的机会的形式）可以帮助人们创造个人财富以及用于社会设施的公共资源。"[2] 这些都是相互之间的正面的、积极的影响。同样道理，如果一个方面的自由出了问题，那么也必将给其他方面的自由带来不利的影响。比如，"由于极端贫困而造成的经济不自由，会使一个人在其他形式的自由受到侵犯时成为一个弱小的牺牲品"。总之，"经济不自由可以助长社会不自由，正如社会或政治不自由也会助长经济不自由一样"[3]。因此，要真正达到提升和扩展人们的实质自由，要真正实现社会正义，就要充分认识和理解发展是一个相互依赖的过程，在发展过程中就要树立全局观念，兼顾经济政治文化社会各个方面，使其良性互动，从而实现全面发展的目标。

也同样是基于实质自由的视角，阿马蒂亚·森的正义理论对于个人的主体地位给予了高度的重视。

## 四　注重个人的主体地位

如前所引，他曾说："一个集中注意实质自由的、关于正义和

---

[1] ［印度］阿马蒂亚·森：《以自由看待发展》，任赜、于真译，中国人民大学出版社2002年版，第13页。
[2] 同上书，第7页。
[3] 同上书，第5—6页。

发展的视角，必定不可避免地聚焦于个人的主体地位及其判断"。从这里也可以看出，阿马蒂亚·森之所以提出实质自由的视角，并将实质自由界定为"包括免受困苦——诸如饥饿、营养不良、可避免的疾病、过早死亡之类——基本的可行能力，以及能够识字算数、享受政治参与等等的自由"①，是着眼于"人的发展"。他曾明确表示，他反对那种"认为'人的发展'（经常用来指教育、医疗保健和人类生活其他条件的扩展过程）仅仅是只有富国才付得起的某种'奢侈品'"②。就是说，他更关注的是不发达国家的贫困者的发展。

正是因为阿马蒂亚·森的正义理论"聚焦于个人的主体地位及其判断"，所以他强调，不能把人们看作仅仅是发展过程所带来的利益的接受者。就是说，每个人对于自己在发展过程中所不断获得、不断得到提升的可行能力，都应当具有自己的支配权。比如，在发展过程中人们的经济收入得到了提高，那么，人们的"可行能力"自然也就随之得到提升，而对于如何使用这种不断得到提升的"可行能力"，是先购买汽车还是先购买新的住房，则完全由每个人自己决定，单位和他人都不得阻挠和干涉。

也正是从强调人的主体地位出发，阿马蒂亚·森还讨论了当代经济分析中"人力资本"取向，与他所强调的作为自由表现形式的"人类可行能力"之间的关系。

阿马蒂亚·森指出："当代经济分析中，重点在相当大程度上已经从主要以实物形态看待资本积累，转移到把它看成是结合了人的生产性素质于其中的一个过程。"并举例说："通过教育、学习以及技能的提高，人们可以逐步变得更具生产力，而这对经济扩展的过程能做出极大的贡献。"因而，"近来的经济增长研究（常常受到对日本、东亚其他地区，以及欧洲和北美的历史所做的经验研究的影响）较之

---

① ［印度］阿马蒂亚·森：《以自由看待发展》，任赜、于真译，中国人民大学出版社2002年版，第30页。

② 同上书，第33页。

不久前的情况,要更加强调'人力资本'。"① 对于"人力资本",约翰·米尔鲍尔在他的《阿马蒂亚·森教授论生活水准》② 一文中曾解释说:"人力资本其实就是人们在一段时期内作出的任何消费牺牲,它可以让人们在后一段时期达到的消费水平高于若不做消费牺牲本可能达到的水平。"所以,"人力资本也可以被视为一种重要的投入,尽管其本身也是生产出来的"。那么,具体说来"人力资本"取向与强调"人类可行能力"之间的关系到底如何呢?

首先,阿马蒂亚·森分析了两者之间的联系。他指出,两者都把人的因素置于注意力的中心,因而不能不密切地联系在一起。比如,通过教育、学习以及技能的提高,既可以使一个人在商品生产中效率更高,更具生产力,又同时可以使他在诸如阅读、交流、辩论、以更知情的方式做出选择、得到别人更认真地对待等方面受益。正是因为两者密切地联系在一起,所以,阿马蒂亚·森认为:"对'人力资本'的作用给予了更大的承认,这有助于理解可行能力视角的意义。"③

其次,阿马蒂亚·森着重分析了两者之间的区别。他指出:"关于人力资本的文献趋于集中注意在扩大生产可能性方面的人类主体作用。而关于人类可行能力的视角则聚焦于人们去过他们有理由珍视的那种生活,以及去扩展他们所拥有的真实选择的能力,也即实质自由。"④ 因而,两者虽然都关注人类主体作用,但"事实上,存在价值评定方面的一个重要区别——这个区别在一定程度上与手段和目标的区别相关"⑤。

---

① [印度]阿马蒂亚·森:《以自由看待发展》,任赜、于真译,中国人民大学出版社2002年版,第292页。
② 载[印度]阿马蒂亚·森等著《生活水准》,徐大建译,上海财经大学出版社2007年版,第50—73页。
③ [印度]阿马蒂亚·森:《以自由看待发展》,任赜、于真译,中国人民大学出版社2002年版,第293页。
④ 同上书,第292页。
⑤ 同上书,第293—294页。

阿马蒂亚·森认为,"人力资本"的视角尽管"承认人类素质在促进和保持经济增长的作用——尽管那是极其重要的——对于为什么一开始要追求经济增长,并没有提供任何说明"①。就是说,"人力资本"的视角虽然强调了人自身的素质在经济增长中的作用,但却没有说明经济增长的目的是什么。也就是说,只是把人自身当作了经济增长的工具和手段。与这种"人力资本"的视角不同,强调"人类可行能力",则"把焦点最终放在扩展人类自由上以使人们享受他们有理由珍视的那种生活",那么,这就必然要从"扩展人类自由以享受更有意义和更自由的生活"②的角度来理解经济增长。这样不仅关注到了人自身的素质在经济增长中的作用,同时,更重要的是强调了经济增长的目的。彼得·S.温茨在他的《环境正义论》中也曾指出:"提高效率的理由,在于能够让人们从可资利用的资源中生产出最大数量的商品与服务",但"生产和消费都不是最终目的,因为它们都是为了最大化地满足人类的欲望、需求或偏好"③。在这个方面,他们是有着相通之处的。

经过上述对比分析,阿马蒂亚·森指出,"人力资本"概念的提出虽然是一个进步,"人力资本"虽然是一个有用的概念,但它"只集中注意到了整个画面的一个部分(虽然是一个重要的部分,涉及拓宽对'生产性资源'的核算)",具有相当狭隘的局限性。④ 因此,阿马蒂亚·森强调,必须在承认"人力资本"的重要性和有效范围之后,超越"人力资本"概念。同时,他又特别指出,这里所说的超越,并不是要用"人类可行能力"概念来取代"人力资本"概念。

---

① [印度]阿马蒂亚·森:《以自由看待发展》,任赜、于真译,中国人民大学出版社2002年版,第294页。
② 同上。
③ [美]彼得·S.温茨:《环境正义论》,朱丹琼、宋玉波译,世纪出版集团、上海人民出版社2007年版,第200页。
④ [印度]阿马蒂亚·森:《以自由看待发展》,任赜、于真译,中国人民大学出版社2002年版,第294页。

这里所说的超越是一种"拓宽"、"补充","是添加性、包容性的"①。即"拓宽""人力资本"概念所考虑的范围,为"人力资本"概念"补充"、"添加"新的内容。就是说,提出"人类可行能力"概念,并不是要否定"人是生产性资源",而是在于强调"人不仅是生产的手段,而且是其目的"②。不能把人看成如同"衣柜"一样,仅仅具有工具性作用的"物"。这既充分肯定了"人力资本"概念的意义和价值,又进一步说明了"人类可行能力"概念的优势。

最后,阿马蒂亚·森指出,是聚焦于"人力资本"还是聚焦于"人类可行能力",这个区别对公共政策有重要的实践意义。他说:"经济繁荣帮助人们拥有更多的选择、享有更令人满足的生活,但是,更多的教育、更好的卫生保健、更充分的医疗照顾,以及对人们实际享有的有效自由具有因果性影响的其他因素,也能发挥这样的作用。"而且,"更多的教育、更好的卫生保健、更充分的医疗照顾"等,"能够帮助我们活的更长久、更自由而且更加满足"③。因此,能够更直接地体现社会发展的目的意义。这就要求,在制定公共政策时,既要注重经济生产的发展,更要注重人自身的发展。要采取有效措施,加强基本教育、卫生保健和医疗照顾等,不断扩展人的可行能力。为了使人们更清楚地理解聚焦于"人类可行能力"的重要性,阿马蒂亚·森指出,加强基本教育、卫生保健和医疗照顾等扩展人的可行能力的举措,对于提升人的生活质量、实现人的实质自由,具有三个方面的意义。第一,扩展人的可行能力的举措,对于提升人的生活质量、实现人的实质自由,具有直接的作用和意义。第二,扩展人的可行能力的举措,可以导致社会的变化。比如,扩大对于妇女的教育,可以有效地减少家庭内部分配的性别不平等,可以减少生育率和儿童死亡率;扩大基本教育,可以改善公共评论的质量,促进社会和政治

---

① [印度]阿马蒂亚·森:《以自由看待发展》,任赜、于真译,中国人民大学出版社2002年版,第294页。
② 同上。
③ 同上。

的发展。这种社会的变化，对于提升人的生活质量、实现人的实质自由，具有间接的工具性作用和意义。第三，扩展人的可行能力的举措，可以影响经济生产。而经济生产对于提升人的生活质量、实现人的实质自由，也同样具有间接的工具性作用和意义。而聚焦于"人力资本"，所考虑的只是经济生产对于提升人的生活质量的作用和意义。很显然"人力资本"的视角，具有考虑范围狭隘的局限性。

综上所述，阿马蒂亚·森的正义理论，对于各国政府公共政策的制定，尤其是对于各发展中国家政府公共政策的制定，都具有重要的启示意义。

当前，随着市场经济的确立和发展，各国无论是在经济方面还是在政治文化方面，都越来越紧密地联系在了一起。这就使得各国所面临的困难和问题，越来越具有共同性。既然各国面临着这些相同的问题，彼此在经济政治和文化等方面的联系又越来越紧密，那么，各国在解决这些问题时，所采取的方式、方法、政策、措施，彼此不可避免地要相互借鉴和影响。同时，就阿马蒂亚·森所进行的实证性研究所涉及的空间范围来讲，并不局限于一国一地，加之他采用了新的视角和方法，这就必然使得他的研究成果，更具合理性和普适性。这就决定了阿马蒂亚·森的正义理论，必然能够为我们所借鉴和吸收。

首先，阿马蒂亚·森用能力的方法分析正义问题、贫困问题、平等问题等，这种能力方法可以启发我们，在进行体制改革和制度建设时，要把促进人的能力的不断提高，作为价值评价的重要指标。

党的十七大报告中明确指出，目前我国人民生活总体上达到小康水平，但"同时收入分配差距拉大趋势还未根本扭转，城乡贫困人口和低收入人口还有相当数量"。这就要求我们，既"要通过发展增加社会物质财富、不断改善人民生活，又要通过发展保障社会公平正义、不断促进社会和谐"。比如，在教育体制改革时，要把基础教育放在突出位置；在扶贫工作中，要着力提高贫困地区、贫困群体自身的"造血"能力，而不能仅仅是"输血"。

其次，阿马蒂亚·森特别强调人的主体地位，指出："人不仅是

## 结论 阿马蒂亚·森的正义理论的特色

生产的手段,而且是其目的。""公众是变革的能动的参与者,不是指令或资助配给的被动的、顺从的接受者。"同时,阿马蒂亚·森又对可持续发展的理念进行了重新阐述。他说:如果人的生命的重要性不仅在于我们的生活水平和需要实现的目标,也在于我们所享有的自由,那么可持续发展的理念必须相应地重新阐述。有说服力的见解不只是关于维持满足我们的需要,更是关于更广泛的维持——或延长——我们的自由(包括满足我们需要的自由)。因此,重新定性的可持续的自由可以扩大范围,从布伦特兰和索洛提出的规划到涉及保护,并在当今人们的实质性的自由和能力的可能的扩展时,"又不损害后代的能力"去拥有同样的——或更多的——自由。[1] 这就是说,既要注重发展,又要注重环境、资源的保护;既要关注当代人的实质性的自由和能力,同时又要关注子孙后代的实质性的自由和能力。要避免为了扩展当今人们的实质性的自由和能力,而去做那些损害子孙后代的事情。

不难看出,阿马蒂亚·森的这些思想能够为我们深刻理解和全面贯彻科学发展观提供有益的理论帮助,能够为我们的体制改革和制度建设提供可资借鉴的评价指标。科学发展观的核心是"以人为本",强调的是"尊重人民主体地位,发挥人民首创精神,保障人民各项权益,走共同富裕道路,促进人的全面发展"。科学发展观的基本要求是"全面协调可持续",坚持的是"生产发展、生活富裕、生态良好的文明发展道路",要实现的是"经济社会永续发展"。反映了人类的共同愿望。

当然,阿马蒂亚·森的正义理论也有其自身的不足之处。他提出并运用实质自由或可行能力作为自己正义理论的信息基础,但是,诚如学者们所指出的那样,他对实质自由或可行能力内涵的说明和论证还不够清晰明了。阿马蒂亚·森自己也曾明确表示:即便对功能活动和可行能力的基本研究成果得到了大家的认可,也仍然会有很多困难

---

[1] Anmartya Sen, *The Idea of Justice*, England, the Penguin Group, 2009, p. 251.

而令人费解的问题有待解决。① 然而，他提出实质自由或可行能力思想本身，就是一种创新、一种贡献。因为他毕竟开辟了一条新的研究路径，推动了人们在新的环境条件下，运用新的视角和方法，对正义、自由、发展等这些直接关涉社会前途命运问题的深入思考，从而促进了这些理论的不断发展。

---

① [印度]阿马蒂亚·森等：《生活水准》，徐大建译，上海财经大学出版社2007年版，第139页。

# 附　　录

## 附录1　公平、公正、正义、平等辨析[*]

"公平正义"是我们所要建设的社会主义和谐社会的基本特征。因此，在努力建设社会主义和谐社会的过程中，必须深入探讨"社会公平和正义"问题。

然而，诚如学者们所指出的那样，目前人们在探讨"社会公平和正义"问题时，对于公平、公正、正义、平等概念的理解和使用，并没有明确的界限，有的甚至把它们完全等同起来[①]。这显然不利于问题研究的深入，不利于社会主义正义理论和原则的建立健全。英国学者以赛亚·伯林也曾指出："诸如公正、平等、赏罚、公平这些概念，无疑应该被一再检视，如果它们要保持活跃而不是成为被遗弃的虚构之物的话。"[②] 本文将在借鉴现有研究成果的基础上，从思想发展史的视角，对这些概念作以"检视"。

### 一　公平

"公平"一词在我国古已有之，《管子·形势解》中说："天公平而无私，故美恶莫不覆；地公平而无私，故大小莫不载。"显然，这里的"公平"是指以同样的态度对待各种事物，不偏爱，无私怨。

---

[*] 原载《郑州大学学报》（哲学社会科学版）2009年第1期。
[①] 参见吴忠民《社会公正论》，山东人民出版社2004年版。
[②] ［英］以赛亚·伯林：《自由论》，胡传胜译，译林出版社2003年版，第17页。

然而，在我国古代，"公平"一词大多是分开来使用的，其侧重点是"公"。

人是以个体与群体两种形式存在的。在个体与群体的相互关系中，个体就是"私"，群体则是"公"。从现存的思想资料看，我国传统的基本观念是以"公"为本，一切为"公"。即把群体的利益放在首位，坚持以群体为本位的价值取向。先秦时期儒家重要思想代表荀子曾明确指出，人的力气不如牛，奔跑速度不如马，但人能够服牛乘马，利用各种物类，正是因为人"能群"，即能够建立社会组织，依靠社会组织的力量来达到利用和改造万物、为己造福的目的。这就从维护人的生存的高度，充分肯定了建立、维护社会组织的意义和价值。荀子的这种思想，是在综合先秦各家思想的基础上提出的，同时又为后世人们所普遍认同。近代思想家严复曾说："能群者存，不群者灭；善群者存，不善群者灭。"① 梁启超也曾指出：人之所以不能不群，是因为人生存所需要的一切，仅仅依靠自身的力量是无法满足的，"于是乎必相引、相依"，由此便形成了"公共观念"②。概而言之，作为与"私"相对应的概念"公"，是指公共的、群体的，而"私"则是指个体的，或者小团体的。同时，我国古代思想家经常用"公"来代替"公平"。《论语》中说："公则说。"能够公平地对待一切人和事，这样的人自然能够得人拥护，使人喜爱。《礼记·礼运》中也说："大道之行也，天下为公，选贤与能，讲信修睦。"这里的"公"，即是"公平"的意思。实现社会公平，是历代思想家们追求的政治目标，也是广大民众的美好愿望。

我国古代思想家有时还把"公"作为实现"平"的条件、途径，把"平"作为"公"的目标、目的。《吕氏春秋·贵公》中说："公则天下平矣。平得于公。"这里的"平"即安定、和谐的意思。当政者能够做到"公"，即公平地对待一切人和事，那么天下自然也就安

---

① 严复：《天演论·制私案语》。
② 梁启超：《饮冰室合集专集之四：新民说·论合群》。

## 附 录

定和谐了。

西方古代的思想家们则很少使用"公平"一词。他们经常使用的是"公正"、"正义"和"平等"。亚里士多德曾在他的《尼各马科伦理学》中指出："公平和公正实际上是一回事。"当然，这并不是说"公平"和"公正"就没有区别。"公平虽然就是公正，但并不是法律上的公正，而是对法律的纠正。""纠正法律普遍性所带来的缺点，正是公平的本性。"因此，与"公正"相比，"公平"显得"更有力些"，它"优于某种公正"。而到了现代，美国思想家罗尔斯，在他的《正义论》中则提出了著名的"作为公平的正义"理论。在他的思想体系中，"正义的原则是在一种无知之幕后被选择的"。所以，"正义的原则是一种公平的协议或契约的结果"。因此，作为公平的正义"这一名称并不意味着各种正义概念和公平是同一的"。在罗尔斯这里"公平"是"正义原则"得以形成的前提和基础，离开了"公平"，"正义"将无从谈起。

伴随着社会历史的发展、演变和思想文化的交流，在我国当代社会中，"公平"概念的基本含义可以概括为两个方面：第一，是指以同样的态度对待同样的人和事，即如唐代韩愈所说的"一视同仁"，宋代李觏所说的"视人如一"。第二，是指人们在从事同样的社会活动时，必须遵循同一的规则和程序，不允许有任何例外者。总之，"公平"概念所强调的是态度、规则、程序的同一性。显然，在构建社会主义和谐社会的过程中，必须大力提倡、强调社会"公平"。没有社会"公平"，社会生活就不可能安定、有序。但是，如果一味强调社会"公平"也是不行的。这是因为，人们彼此之间在各方面都是有差异的，规则、程序上的"公平"，并不能够保证结果上的"公平"。如果一味强调社会"公平"，那么将可能造成结果上的巨大差异，从而造成社会矛盾。因此，我们在提倡社会"公平"的同时，还必须大力提倡社会"公正"、"正义"、"平等"等原则。

## 二 公正

"公正"一词和"公平"一样,在我国古代文献中早已有之。《管子·任法》中说:"上以公正论,以法制断,故任天下而不重也。"这就是说,君主能够客观公正地论人论事,能够依照法度来断定是是非非,所以他们治理天下得心应手,没有负重的感觉。《淮南子·修务训》在述说尧时,曾明确指出他"公正无私",因而"一言出而万民齐"。同时,中国古代的思想家们对于"公正"一词的使用也如同"公平"一样,习惯于分开来使用。在他们的思想体系中,所谓"公正",也就是公平正直。因此,《吕氏春秋·高义》中便直接用"公直"来述说贤士石渚的为人。还有,思想家们对于"公正"的理解,其侧重点往往在于"正直"。所以,他们在表述有关"公正"的思想时,往往只用"正直",或只用"正"、只用"直"。

《尚书·洪范》中曾提出"三德",其中第一"德"就是"正直"。《论语·颜渊》载:孔子曾用"公正"来解释政治,并要求为政者首先要做到"公正",要为下属百姓做表率。《论语·雍也》载,孔子还曾指出,人生活于社会的根本在于"正直",不正直的人虽然也能够生活下去,虽然一时没有遭遇灾祸,那也只是暂时幸免而已,明确强调了"正直"对于人生的意义。孔子的这种思想,对后世产生了极其深远的影响。

那么,什么是"正直"呢?《荀子·修身》中解释说:"是谓是,非谓非曰直。"即实事求是的评判是非。宋代杨时则认为,好恶出于"公"便是"直"。即以"公"为"直"。这与《吕氏春秋·高义》中所说的"公直"是一致的。明清之际的思想家陈确则指出,当以言语合乎道理作为直的表现。

概而言之,中国古代对于"公正"的基本含义:一是实事求是;二是去私立公;三是遵循一定的道理、规律说话做事。即它所着重强调的是行为处事的态度、立场。

在西方古代思想家那里,"公正"是常用的概念。亚里士多德曾指出:"人的独特之处就在于,他具有善与恶,公正与不公正以及诸如此类的感觉。"又指出:"公正是为政的准绳,因为实施公正可以确定是非曲直。"① 他把"不公正分为两类,一是违法,一是不均,而公正则是守法和均等"②。对于"表现在荣誉、财物以及合法公民人人有份的东西的分配中"的一类公正,亚里士多德认为:"应该按照各自的价值分配才是公正。"③ 或者说"是按照所说的比例关系",即"按照各自提供物品所有的比例","对公物的分配"④。比如,"劳作多的所得多,劳作少的所得少"⑤ 等,而"生成在交往之中"的"矫正性的公正","则是某种均等"⑥。在他这里,"公正"既强调了行为的过程,更强调了行为的结果。即是否违法、是否均等、是否按比例分配。

目前,在我国社会中,人们对于"公正"的理解,既保留了传统的思想认识,更多的则是吸收了西方的观念,即用它来分析说明行为的结果。

由上可见,"公正"与"公平"是有着明显的不同之处的。"公平"概念所强调的只是行为态度、规则、程序的同一性,而"公正"则包含了对行为结果的分析评价,同时还包含了对不公正行为的惩处和矫正。因此,对于某种社会经济制度来说,首先必须做到公平,同时还要着重考虑它所带来的结果是否公正。只有能够带来公正结果的社会经济制度,才能为人们所拥护,才能促进社会的和谐发展。

## 三 正义

"正义"一词,是古今中外的思想家们所普遍乐于使用的政治道

---

① 苗力田主编:《亚里士多德全集》第九卷,中国人民大学出版社1994年版,第7页。
② 苗力田主编:《亚里士多德全集》第八卷,中国人民大学出版社1994年版,第98页。
③ 同上书,第100页。
④ 同上书,第101页。
⑤ 同上书,第279页。
⑥ 同上书,第101页。

德概念。我国古代思想家则依然乐于将其分开来谈论，并且侧重于直接论"义"。

《论语·里仁》中说："君子喻于义，小人喻于利。"是深明于"义"还是深明于"利"，这正是君子与小人的区别所在。《论语·阳货》篇载：孔子明确强调"君子义以为上"。《论语·卫灵公》中也强调："君子义以为质。"就是说，君子所崇尚的是"义"，是把"义"作为根本的。《荀子·儒效》中也说"不学问，无正义，以富利为隆"，是地地道道的粗俗之人。

什么是"义"呢？《孟子·公孙丑上》中说："义，人之正路也。""义"是人们在实际生活中所应当走的正确道路。《管子·五辅》中说："义有七体。"要求人们根据"孝悌慈惠""恭敬忠信"等七条原则，来处理诸如"亲戚""君臣"等各种关系、做好各种事情。《管子·心术上》中又说："义者，谓各处其宜也。"《韩非子·解老》中也说："义者，谓其宜也。"即遵循一定的原则，处于自己应当处的位置，做自己应当做的事，说自己应当说的话，这就是"义"。《周易·系辞下》中则说："理财、正辞、禁民为非曰义。"《礼记·中庸》中说："义者，宜也，尊贤为大。"汉班固《白虎通·性情》中也说："义者，宜也，断决得中也。"理财、正辞、禁民为非、尊贤、断决等，这些都是为政者应当做的事情，如果做得好，合宜、"得中"，这就是"义"的表现。

从上可见，中国古代的思想家们对"义"或"正义"的理解是基本一致的。在他们的心目中，"义"或"正义"一方面是指做自己应当做的事情，诚如南宋学者陈淳《北溪字义·义利》中所说："当营而营，当取而取，便是义。"另一方面是指在做各种事情、处理各种关系时，根据"应当"的原则，做得恰到好处，处理得恰如其分。

与"义"相对应的是"利"。宋代程颢曾说："天下之事，惟义利而已。"[①] 他把天下之事，概括为"义"与"利"两个方面。因此，

---

① 《二程集·河南程氏遗书》卷第十一。

陆九渊指出："凡欲为学，当先识义利公私之辨。"① 所谓"义利之辨"，实质上也就是"公私之辨"。诚如程颐所说："义与利，只是个公与私也。"②"义"所体现的是"公利"，即群体的利益、整体的利益；与"义"相对应的"利"，则是指个体的利益，即"小利"。因此，也可以说"义"也是"利"，即"大利"。"义利之辨"说到底，也就是如何认识和处理"公"与"私"或"大利"与"小利"的关系。围绕着这一问题，中国古代的思想家们展开了深入的讨论。

先秦儒家创始者孔子明确提出：要"无见小利"，因为"见小利，则大事不成"③。所以，他要求人们，要"见利思义"④，"义然后取"⑤。并表示："不义而富且贵，于我如浮云。"⑥孟子则指出，当生命与"义""不可得兼"时，应当"舍生而取义"⑦。《荀子·荣辱》中也曾说："先义而后利者荣，先利而后义者辱。"先秦儒家的这种"见利思义"、"先义后利"、"舍生取义"的义利观，在中国文化发展史上，产生了极其广泛而深远的影响。

《周易·乾·文言》中说："利者，义之和也。"《左传》中也说："义以建利。"⑧"义，利之本也。"⑨《国语》中也有"义以生利，利以丰民""义者，利之足也"⑩。这种"义""利"统一、"义"为"利"本、"义以生利"的义利观，也得到了人们的普遍认同。

通过以上分析不难看出，在中国古代"义"或"正义"是一个非常明确的道德概念。它根据"应当"的原则，向人们提出了自律的要求。同时，思想家们通过对"义""利"关系的论述，明确表达

---

① 《陆九渊集·语录下》。
② 《二程集·河南程氏遗书》卷第十七。
③ 《论语·子路》。
④ 《论语·宪问》。
⑤ 同上。
⑥ 《论语·述而》。
⑦ 《孟子·告子上》。
⑧ 《左传·成公十六年》。
⑨ 《左传·昭公十年》。
⑩ 《国语·晋语二》。

了注重人格提升、充分肯定道德社会价值的思想和立足群体、着眼大局的观念。同时也不难看出，在中国古代"义"或"正义"与"公平""公正"有着明显的不同之处。与"公平""公正"相比较，"义"或"正义"所强调的是行为动机。它是保证"公平""公正"得以实现的道德基础。因此，韩非指出"义必公正"①。

在西方古代，许多思想家、政治家也对"正义"问题提出了各自的主张和见解。

苏格拉底强调指出，"真正的正义就是平等地分享"②。而在《国家篇》中，柏拉图则提出："正义就是做自己分内的事和拥有属于自己的东西。"这显然是就人们之间的相互关系来说的。而就国家来说，"国家的正义在于构成国家的三个阶层的人各司其职"。显然，这与中国古代思想家们对"正义"的理解是有差别的。在他们那里，"正义"是一个明确的经济政治概念，是对国家、个人经济政治方面行为的要求和评价。

正是在他们的思想基础之上，当代美国著名思想家罗尔斯、诺齐克等建立了系统的、具有广泛影响的正义理论体系。罗尔斯在他的《正义论》中说："正义是社会制度的首要价值。"并提出了两个正义原则。后来在《作为公平的正义——正义新论》中，他又对这两个正义原则作了新的表述。其中第二个正义原则是："社会和经济的不平等应该满足两个条件：第一，它们所从属的公职和职位应该在公平的机会平等条件下对所有人开放；第二，它们应该有利于社会之最不利成员的最大利益（差别原则）。"可见，罗尔斯所关心的是"社会之最不利成员的最大利益"，他的正义原则突出的是经济分配上的"平等"。

在罗尔斯的《正义论》发表不久，诺齐克出版了他的《无政府、国家与乌托邦》一书，对罗尔斯的正义理论展开了批判，从而，提出

---

① 《韩非子·解老》。
② ［古希腊］柏拉图：《柏拉图全集》第一卷，王晓朝译，人民出版社2002年版，第375页。

了他的"持有正义"的理论。他在论证"转让的正义原则"时说："无论什么分配，只要它来自当事人一方的自愿交换，就都是可以接受的。"这就需要"一种市场体系的自由运转"。由此可见，诺齐克"持有正义"理论所强调的是经济分配上的"自由"。

罗尔斯、诺齐克的正义理论，在世界范围内产生了极为广泛的影响。在中西方文化激烈碰撞的今天，也自然引起了当代中国学界的高度关注。人们在分析研究和论辩过程中，也自然不断加深在现代社会条件下对正义概念和社会正义问题的认识和理解，从而赋予了"正义"以社会经济政治方面的内涵。

### 四 平等

"平等"一词，在我国古代文献中是很少见的。究其原因，这是封建专制制度长期统治造成的。封建制度强调的是等级，而不是平等。然而，自由、平等乃是人的最崇高的理想和愿望，所以，即使是在封建专制制度下，"平等"观念也会有所表现。

孔子曾指出：人的本性是"相近"的，只是由于后天"习"的不同，才使得彼此"相远"了。这就在一定程度上表露了人性平等的思想。孔子还曾提出"有教无类"，说明人人都有接受教育的平等权利。在孔子之后，孟子提出了人性善，认为人人都具有天生的善性。因此，从可能性上讲，人人都可以成为尧舜那样的圣人。而与此相反，荀子则提出了人性恶。但他也和孟子一样，强调了人人都有成为圣人的可能性。这显然是对孔子人性平等思想的继承和发展。先秦法家思想集大成者韩非也曾提出"法不阿贵"，强调"刑过不避大臣，赏善不遗匹夫"[1]，这在一定程度上表露了法律面前人人平等的思想。同时，中国古代的思想家们还大都强调大自然的客观、无私的特性。比如《荀子·天论》中说："天行有常，不为尧存，不为桀亡。"《韩非子·扬权》中也说："若天若地，孰疏孰亲？"《吕氏春

---

[1] 《韩非子·有度》。

秋·去私》中说得更明白:"天无私覆也,地无私载也,日月无私烛也,四时无私行也,行其德而万物得遂长焉。"这在实际上也就强调了在大自然面前人人都是平等的,人人都有从大自然中获取物质财富,从而求得生存与发展的权利。到了近代,革命家们则都将平等作为奋斗的目标。中国民主革命的先驱孙中山先生在《同盟会宣言》中,把"自由、平等、博爱"作为他所领导的"国民革命"的"一贯之精神"。

在西方,作为"新时代的创造者"的卢梭,在他的《论人类不平等的起源与基础》中,把人类中的不平等分为两种:一种是"自然的或生理上的不平等",另一种是"精神上的或政治上的不平等"。对于第二种不平等的根源,卢梭认为是在于人类自身的进步和发展,在于人们联系的日益密切和关系的日益加深,在于人们对财富的追求和私人占有。而对"权利平等及其产生的正义"的追求,乃是"出自人的天性"。当代美国著名思想家罗尔斯,在他所提出的正义原则中,突出地强调了经济分配上的"平等"。然而,他也深知客观存在的不平等是不可能轻易消除的,所以,他又提出了社会和经济的不平等应该满足的两个条件,以防止这种不平等的恶性发展。

总之,平等、自由是人类的崇高理想与愿望,人类的一切活动,不管是政治的还是经济的,都是围绕着这种崇高理想而展开的。同时,"平等"作为一个社会历史范畴,在不同的时代,有着不同的具体要求。

纵观古今中外人类思想的发展,可以非常清楚地看到,"公平""公正""正义""平等"问题是一个历久而常新的话题。同时也可以清楚地看到,随着社会历史的发展,这些概念的内涵也在发生着相应的变化。还有,尽管有些思想家在使用这些概念时有混用的情况,但总的来看,这些概念既密切联系,也有着明显的区别。

**参考文献:**

[1] 吴忠民:《社会公正论》,山东人民出版社2004年版。

[2][英]以赛亚·伯林:《自由论》,胡传胜译,译林出版社2003年版。

[3]严复:《天演论·制私案语》。

[4]梁启超:《饮冰室合集专集之四:新民说·论合群》。

[5]苗力田主编:《亚里士多德全集》第九卷,中国人民大学出版社1994年版。

[6]苗力田主编:《亚里士多德全集》第八卷,中国人民大学出版社1994年版。

[7]《二程集·河南程氏遗书卷》卷第十一、第十七。

[8]《陆九渊集·语录下》。

[9]《论语·子路》。

[10]《论语·宪问》。

[11]《论语·述而》。

[12]《孟子·告子上》。

[13]《左传·成公十六年》。

[14]《左传·昭公十年》。

[15]《韩非子·解老》。

[16][古希腊]柏拉图:《柏拉图全集》第一卷,王晓朝译,人民出版社2002年版。

[17]《韩非子·有度》。

# 附录2 阿马蒂亚·森以"权利"和"可行能力"看待贫困思想论析[*]

阿马蒂亚·森1933年出生于印度,1953年在本国大学毕业后,又到英国剑桥大学继续学习,并于1955年、1959年先后获得剑桥大学学士学位和博士学位。他虽然也曾一度回印度工作,但其大部分时间是在英国牛津、剑桥和美国的哈佛等大学从事教学和学术研究工作。印度是发展中国家,而英国、美国则是发达的资本主

---

[*] 原载《郑州大学学报》(哲学社会科学版)2011年第1期。

义国家。两类国家之间社会经济政治发展的巨大差距，民众社会生活的巨大悬殊和严酷的不平等现实，使得他这位有"良心"的经济学家、政治哲学家不能不展开深入思考，从而提出了独具特色的贫困与反贫困理论。认真研究他的这种理论，对于我们进一步深化体制改革、构建社会主义和谐社会，具有非常重要的理论和实际意义。

一

不论研究什么问题，首先必须确定研究的方法。所采用的研究方法不同，结论自然也就不同。因此，我们研究思想家们的有关思想时，首先要弄清楚的问题之一，就是明确他所采用的研究方法。阿马蒂亚·森在他的《贫困与饥荒》一书中说："所有权关系是权利关系（entitlementrelation）之一。要理解饥饿，我们必须首先理解权利体系，并把饥饿问题放在权利体系中加以分析。这一方法既可以更一般地应用于贫困分析，也可以更具体地应用于饥荒分析。"[①] 在这里，森明确指出了他分析贫困、饥饿、饥荒所采用的方法是"权利方法"。具体来说，也就是根据"权利关系之一"的"所有权关系"来分析贫困、饥饿、饥荒问题。那么，在阿马蒂亚·森看来与此相关的"权利关系"有哪些呢？

阿马蒂亚·森认为，在一个私人所有制的市场经济中，人们所公认的典型的权利关系主要包括四个方面的内容："以贸易为基础的权利"，"以生产为基础的权利"，"自己劳动的权利"，"继承和转移权利"[②]。他还指出，这些都是或多或少具有直接性的权利关系，而在实际生活中还存在着其他更为复杂的权利关系。同时，这些方面的权利关系也往往是交织在一起的。

阿马蒂亚·森指出，在市场经济中，一个人可以将自己所拥有的

---

① ［印度］阿马蒂亚·森：《贫困与饥荒》，王宇、王文玉译，商务印书馆2001年版，第5—6页。

② 同上书，第6—7页。

## 附 录

商品转换成另一些商品。在转换中，一个人能够获得的各种商品组合所构成的集合，就是这个人所拥有东西的"交换权利"。很显然，"转换"是以"拥有"为前提的。对于一个人来说，只有当他"拥有"某些商品之后，他才能够通过自愿交换，将自己"拥有"的商品转换成自己需要的另一些商品。也就是说，"交换权"是以"所有权"为前提的。这里所说的所有权，是针对具体的商品来说的。对于一个人来说，他拥有了"一个所有权组合"，同时也就具有了"一个交换权利集合"。"所有权组合"与"交换权利集合"的这种对应关系，阿马蒂亚·森称之为"交换权利映射"，缩写为"E-映射"。"E-映射""界定了对应于每一种所有权情况，一个人所拥有的机会"[1]。所以阿马蒂亚·森认为："一个人避免饥饿的能力依赖于他的所有权，以及他所面对的交换权利映射。"[2] 他论证说，在一般情况下，如果食物供应量减少，那么食物的价格就会上涨，从而对一个人的交换权利造成不利的影响，会使他因此受到饥饿的威胁。由此他得出结论："即使饥饿是由食物短缺引起的，饥饿的直接原因也是个人交换权利下降。"[3]

阿马蒂亚·森还指出，除了食物供应量减少之外，造成一个人交换权利下降的原因还有许多方面。比如，由于经济发生了某些变化，影响了一个人的就业机会，这样势必要导致他的交换权利的下降。又如，一个人的工资的增长幅度赶不上物价的上涨幅度，这也同样会导致他的交换权利的下降等。

然而，在阿马蒂亚·森看来，所有权模式和交换权利只是影响人们生活状况的显形的因素。他说："要理解普遍存在的贫困、频繁出现的饥饿或饥荒，我们不仅要关注所有权模式和交换权利，还要关注隐藏在它们背后的因素。这就要求我们认真思考生产方式、经济等级

---

[1] [印度] 阿马蒂亚·森：《贫困与饥荒》，王宇、王文玉译，商务印书馆2001年版，第8页。
[2] 同上书，第9页。
[3] 同上。

结构及其它们之间的相互关系。"① 在这里,他明确指出了在影响人们生活状况的显形因素背后,还隐藏有更为重要的因素,即社会生产方式、经济等级结构及其它们之间的相互关系。也就是说,社会生产方式、经济等级结构才是影响人们生活状况,造成普遍存在的贫困、频繁出现的饥饿或饥荒的根本原因。因此,必须认真思考。

他又指出,饥饿不仅仅依赖于食物的供给,而且依赖于食物的分配,这一说法虽然正确但却无助于问题的解决,不过却可以引出一个重要问题:"在一个社会的不同阶层中,决定食物分配的因素到底是什么呢?权利方法将引导我们思考所有制形式问题。"② 在阿马蒂亚·森看来,仅仅从食物的供给和食物的分配方面进行思考、分析,并不能解决贫困、饥饿、饥荒问题,而必须运用权利分析的方法,深入思考所有制形式,才能弄清楚贫困、饥饿、饥荒问题存在的根源。这里所说的所有制形式,显然是针对生产资料来说的。他强调说,在饥饿和贫困的分析中,权利分析的方法是不可回避的。如果感到这种方法有些奇怪的话,那也是因为传统的思维模式在作怪,"即只考虑到实际中存在着什么东西,而不考虑谁在控制着这些东西"③ 阿马蒂亚·森分析道,一些人挨饿,显然是因为他们没有足够的食物,那么他们为什么没有足够的食物?为什么是一些人而不是另一些人控制了粮食?正是这些问题把我们引向了权利方法,使我们能够透过经济现象,深入社会、政治和法律的层面,去探讨饥饿的原因。说到底,贫困、饥饿、饥荒问题,决不仅仅是食物的供给、分配问题,也不仅仅是经济问题,而是社会、政治和法律制度问题,是社会正义问题。正是因为如此,所以,即使没有出现粮食供给下降,甚至是在经济繁荣时期,饥荒也有可能发生。"如果经济繁荣表现为社会不平等的扩大(如有利于城市人口,不利于农村劳动力),那么,繁荣过程自身就

---

① [印度]阿马蒂亚·森:《贫困与饥荒》,王宇、王文玉译,商务印书馆2001年版,第12页。
② 同上书,第14页。
③ 同上。

有可能成为饥荒的诱因。"① 这正是他超越传统的思维模式,提出权利方法的道理所在。他说:权利方法"强调不同阶层的人们对粮食的支配和控制能力,这种能力表现为社会中的权利关系,而权利关系又决定于法律、经济、政治等的社会特征"②。

不难看出,阿马蒂亚·森的这种认识是与马克思主义的观点相通的。马克思曾明确指出:"物质生活的生产方式制约着整个社会生活、政治生活和精神生活的过程。"③ 对于生产方式,斯大林曾解释说:"生产、生产方式既包括社会生产力,也包括人们的生产关系,而体现着两者在物质资料生产过程中的统一。"④ 而在生产关系中,生产资料所有制形式居于核心地位,它决定着生产关系的性质、各利益集团在生产中的地位和产品的分配、交换等。马克思说:"交换和消费不能是起支配作用的东西,这是不言而喻的。分配,作为产品的分配,也是这样。""一定的生产决定一定的消费、分配、交换和这些不同要素相互间的一定关系。"⑤ 正是基于这样的认识,所以马克思主义认为,要从根本上消除贫困、饥饿、饥荒,必须改变生产资料私有制为生产资料公有制,并建立起一整套与之相适应的经济、政治、法律制度。

## 二

如上所述,阿马蒂亚·森用权利方法对贫困、饥饿、饥荒的成因进行了详细分析。但他也同时指出,权利方法也还是有一定缺陷的。他把这些缺陷具体概括为四个方面。第一,权利不容易被具体界定。因此,阿马蒂亚·森要求不要把主要精力用在对权利的精确描述上,而应该用在对权利内容变化的研究上。第二,权利关系所重视的是一

---

① [印度]阿马蒂亚·森:《贫困与饥荒》,王宇、王文玉译,商务印书馆2001年版,第201页。
② 同上书,第198页。
③ 《马克思恩格斯选集》第2卷,人民出版社1995年版,第32页。
④ 《斯大林文集》,人民出版社1985年版,第219页。
⑤ 同上书,第17页。

个社会既定法律框架中的权利。然而,有些财产转移,比如掠夺和抢劫,会涉及对这些权利的侵犯。同时,从近期饥荒、饥饿发生的情况看,"事实上,法律力量所维护的是违背饥饿者需求的所有权"。阿马蒂亚·森举例说:"在1943年的孟加拉饥荒中,人们之所以饿死在受到政府保护的充足的粮食储备面前,就是因为他们缺乏得到粮食的合法权利,而不是因为他们的权利遭到破坏。"① 第三,人们的实际食物消费水平低于他们的权利所允许的水平可能还有其他原因,在权利分析方法中,这些因素被忽略了。第四,权利方法着重分析的是饥饿,饥饿可以引发饥荒,但它只是引发饥荒的部分原因。这些就是权利方法存在的缺陷。

正是因为阿马蒂亚·森清楚地认识到权利方法所存在的这些缺陷,所以,他又提出"以可行能力剥夺"来看待贫困。阿马蒂亚·森解释说,一个人的可行能力指的是此人有可能实现的、各种可能的功能性活动组合。可行能力因此是一种自由,是实现各种可能的功能性活动组合的实质自由。他指出:根据"可行能力"视角,"贫困必须被视为基本可行能力的被剥夺,而不仅仅是收入低下,而这却是现在识别贫困的通行标准"②。那么,在阿马蒂亚·森看来以"以可行能力剥夺"来看待贫困有什么意义呢?他从三个方面进行了论述。

其一,贫困可以用可行能力的被剥夺来合理地识别。"可行能力"视角关注的是实质自由的剥夺,实质自由自身就是目的,就是价值目标。而"收入低下"只具有工具性意义。所以,"可行能力"视角与"收入低下"标准相比较,更具合理性。

其二,收入对于产生人的可行能力具有工具性意义,但它不是产生人的可行能力的唯一工具,还有其他一些因素也会影响可行能力的被剥夺。所以,"收入低下"标准具有明显的狭隘性缺陷。

---

① [印度]阿马蒂亚·森:《贫困与饥荒》,王宇、王文玉译,商务印书馆2001年版,第67页。
② [印度]阿马蒂亚·森:《以自由看待发展》,任赜、于真译,中国人民大学出版社2002年版,第85页。

其三，低收入可以造成低可行能力，而低收入与低可行能力之间的这种工具性联系，在不同的地方，甚至不同的家庭和不同的个人之间，是可变的。就是说，收入对可行能力的影响是随境况而异的，是有条件的。所以，"收入低下"标准是不准确的。

阿马蒂亚·森还特别指出，在考量和评价旨在减少不平等和贫困的公共措施时，上述第三点尤其重要。并从实际政策制定的特定角度，强调了应当注意的几个方面。

第一，收入和可行能力的关系受到以下因素的强烈影响：人的年龄因素、性别和社会角色因素、所处地域因素、流行病滋生的环境因素，以及个人无法或只能有限控制的其他各种因素。就是说，在制定旨在减少不平等和贫困的实际政策时，一定要充分注意到这些因素，顾及各方面的实际情况。

第二，在收入剥夺与将收入转化为功能性活动的困难这二者之间，存在某种配对效应。就是说，可行能力方面的缺陷，比如年老、残疾等，会降低获取收入的能力，同时，这些因素也使得将收入转化为可行能力更加困难。这就决定了就可行能力而言的"真实贫困"，在显著程度上要比在收入上表现出来的贫困更加严重。比如，具有同等收入水平的两个人，其中的一人体弱多病，那么此人的"真实贫困"程度将更加显著。这是不难理解的。所以，他要求在评估旨在帮助那些收入低且具有"转化"困难的老人和其他人的公共行动时，不仅要考虑到其收入低下，还需要考虑到其将收入转化为可行能力的困难。就是说，在制定旨在减少不平等和贫困的实际政策时，既要注意收入情况，更要注意将收入转化为可行能力的实际情况。

第三，家庭内部的分配，使得根据收入去研究贫困变得更加复杂。因为在世界的绝大多数地方都不同程度地存在性别不平等现象，家庭成员中的女孩、妇女的利益不同程度地存在被忽略的情况，所以，她们的被剥夺程度并不能够用家庭收入恰当地表现出来。而通过考察可行能力剥夺，则比用家庭收入分析更易于揭示她们的被剥夺情况。既然家庭内部的分配以各种方式发挥着作用，因此，在制定旨在减少不平等和贫困的实际政策时,这方面的问题也应该列入被考虑的因素之中。

第四,对收入而言的相对剥夺,会产生对可行能力而言的绝对剥夺。生活在富裕国家的相对贫困的人们,虽然其绝对收入按世界标准是高的,但他们在可行能力上仍然处于非常不利的状态。这是因为,在富裕国家参与社群生活的需要会导致需求的增高,从而给那些相对贫困的人们带来很大压力,造成可行能力的绝对剥夺。所以,在富裕国家,甚至在美国仍然会存在饥饿现象。

总之,在阿马蒂亚·森看来,可行能力视角对贫困的分析,将注意力从收入这种特定手段,转向了人们有理由追求的目的,转向了可以使这些目的得以实现的自由,从而加强了我们对贫困和剥夺的性质和原因的理解,使我们能够在更接近社会正义所要求的信息的层面上来看待贫困和剥夺问题。可行能力贫困视角的重要意义就体现在这里。

## 三

阿马蒂亚·森所提出的分析贫困问题的权利方法和可行能力视角,对于我们来说,都具有重要的启示和借鉴意义。

第一,阿马蒂亚·森运用权利分析方法,分析一个人陷入贫困、遭受饥饿的原因,是在于他自身拥有用来交换的商品的下降或缺失,因而相应地造成了他的交换权利的下降或缺失。这就要求政府必须时刻关注各个社会群体的交换权利状况,并弄清楚造成一些人出现交换权利下降的原因,从而根据社会经济、市场运行、发展的实际情况,采取相应的政策和措施,以保障他们交换权利的稳定和提升。特别是当经济发展出现波动和下滑的情况下,政府更应具有敏感性,更要有大作为,采取强有力的措施,比如增加政府投资,扩大基础设施建设,加强市场调控等,以提供就业机会,稳定市场秩序。从而保证人们的交换权利不至于大幅度下降或丧失。只有如此,才能保持社会稳定,为经济的复苏和发展奠定基础。

第二，阿马蒂亚·森指出，"权利方法将引导我们思考所有制形式问题"。就是说，生产资料所有制的不同形式才是造成贫困、饥饿的根本原因。同时，他还以中国为例说明了在人均食物数量没有明显增加的条件下也可以消灭饥饿。并指出，我国是先消灭饥饿，尔后增加人均食物数量的一个典型。还说，"饥饿的消失反映了权利制度的变迁"①。很显然，阿马蒂亚·森对我国消灭饥饿的做法是非常赞赏的，并从消除饥饿的角度，对我国"权利制度的变迁"，即变生产资料私有制为公有制，给予了肯定。

第三，阿马蒂亚·森指出，"在私人所有制的市场经济中，社会保障是对于市场交换和生产过程的补充，这两种类型的机会结合起来决定了一个人的交换权利"②。就是说，社会保障也是决定一个人的交换权利的重要因素。"如果没有社会保障系统，今天美国或英国的失业状况会使很多人挨饿"③，正是社会保障系统保证了那些失业者具有最低限度的交换权利。在我国，建立完善的社会保障体系，也仍然是非常必要的。不管在何种制度下，社会中总会有弱势群体的存在，比如年老体弱者、身有残疾者等。也不管一个经济体系保持如何好的运行态势，总有一些人会遇到意想不到的事情，并因此陷入困境。同时，事实正如阿马蒂亚·森所说，市场机制对效率的贡献是无可怀疑的，但是，效率结果本身并不保证分配公平。所以，"为了社会公平和正义，市场机制的深远力量必须通过创造基本的社会机会来补充"④。因此，即使是在公有制为主体的社会主义市场经济条件下，也必须建立起完善的社会保障体系。只有如此，才能够保障弱势群体的合法权益，才能够实现社会公平正义与和谐。所以，建立和不断完善社会保障体系，也是我们构建社会主义和谐社会的一项重要任务。

---

① ［印度］阿马蒂亚·森：《贫困与饥荒》，王宇、王文玉译，商务印书馆2001年版，第13页。

② 同上书，第12页。

③ 同上书，第13页。

④ ［印度］阿马蒂亚·森：《以自由看待发展》，任赜、于真译，中国人民大学出版社2002年版，第135页。

第四，阿马蒂亚·森提出以"以可行能力剥夺"来看待贫困，从而为人们提供了一种新的贫困观。这种新的贫困观与传统的以收入低下为标准的贫困观比较起来，确实具有优越性。这种优越性主要体现在两个方面。一是扩大了识别贫困的信息基础，从而"极大地丰富了我们对不平等和贫困的理解"①。二是将关注的焦点由收入转向了可行能力，即由手段转向了目的。这样就使人们对贫困的理解、识别更加全面、深刻和准确。建立在对贫困全面、深刻和准确理解、识别基础之上的扶贫政策和措施，自然会更加客观、合理，更加富有成效。

第五，阿马蒂亚·森曾指出，个人的可行能力严重依赖于经济的、社会的、政治的安排。就是说，提高个人的可行能力是国家、社会的责任所在。他又说："国家和社会在加强和保障人们的可行能力方面具有广泛重要的作用。这是一种支持性的作用，而不是提供制成品的作用。"② 用我们通常使用的语言表述，就是扶贫不仅仅在于为贫困者"输血"，而是在于帮助贫困者恢复和增强其自身的"造血"能力。这显然是一种具有指导意义的思想。因为只有恢复和增强贫困者自身摆脱贫困的能力，才能够使他们最终从贫困中解脱出来。这其中的道理，并不难理解。所以，扶贫的基础性工作，应当是增加投资，加强贫困地区的基础设施建设，比如教育设施建设、医疗保健设施建设、道路建设、水利设施建设等。

**参考文献：**

[1]［印度］阿马蒂亚·森：《贫困与饥荒》王宇、王文玉译，商务印书馆2001年版。

[2]《马克思恩格斯选集》第2卷，人民出版社1995年版。

[3]《斯大林文集》，人民出版社1985年版。

[4]［印度］阿马蒂亚·森：《以自由看待发展》，任赜、于真译，中国人民

---

① ［印度］阿马蒂亚·森：《以自由看待发展》，任赜、于真译，中国人民大学出版社2002年版，第93页。

② 同上书，第43页。

大学出版社 2002 年版。

[5] 刘晓靖：《阿马蒂亚·森"以自由看待发展"思想论析》，《河南社会科学》2010 年第 1 期。

# 附录3　阿马蒂亚·森"以自由看待发展"思想论析[*]

改革开放以来，当"发展是硬道理"成为人们普遍共识之后，接着而来的便是国民经济的高速发展。伴随着国民经济的高速发展，发展的目的到底是什么，以及如何实现国民经济永续发展的问题，也就很自然地逐渐凸显出来，日益成为人们普遍关注的焦点了。而认真研究阿马蒂亚·森"以自由看待发展"的思想，对于我们深刻认识和理解这些问题，具有非常重要的启示意义。

一

在《以自由看待发展》一书的导论中，阿马蒂亚·森明确指出："发展可以看做是扩展人们享有的真实自由的一个过程。聚焦于人类自由的发展观与更狭隘的发展观形成了鲜明的对照。狭隘的发展观包括发展就是国民生产总值（GNP）增长、或个人收入提高、或厂业化、或技术进步、或社会现代化等等的观点。"[①] 在这里，阿马蒂亚·森非常清楚地说明了他的发展观是与众不同的，通常人们总是根据国民生产总值的增长、个人收入水平的提高、社会现代化的程度等因素，来评价发展的，对于这样的发展观，他称为狭隘的发展观。而他则要聚焦于人类的自由，根据人的真实自由的扩展情况来评价发展。

同时，阿马蒂亚·森所说的"自由""真实自由""实质自由"，

---

[*] 原载《河南社会科学》2010 年第 1 期。

[①] ［印度］阿马蒂亚·森：《以自由看待发展》，任赜、于真译，中国人民大学出版社 2002 年版，第 1 页。

也是有其特定内涵的。他指出:"实质自由包括免受困苦——诸如饥饿、营养不良、可避免的疾病、过早死亡之类——基本的可行能力,以及能够识字算数、享受政治参与等等的自由。"① 简言之,即一个人选择有理由珍视的生活的"可行能力"。那么,又当如何理解"可行能力"呢?他说:"一个人的'可行能力'(capability)指的是此人有可能实现的、各种可能的功能性活动的组合。"② 对于这里所说的"功能性活动",他解释道:"功能性活动(functionings)的概念(很明显它源自亚里士多德),反映了一个人认为值得去做或达到的多种多样的事情或状态。"并又进一步解释说:"有价值的功能性活动的种类很多,从很初级的要求,如有足够的营养和不受可以避免的疾病之害,到非常复杂的活动或者个人的状态,如参与社区生活和拥有自尊。"③ 弄清楚他所使用的概念、命题的特定内涵,对于了解、把握他的思想的逻辑结构和精神实质,是至关重要的。

如上所引,阿马蒂亚·森把发展看作扩展人们享有的真实自由的一个过程。就是说,扩展人们享有的真实自由是发展的出发点和最终归宿,真实自由是人的最高的价值追求。学者们已经指出,阿马蒂亚·森的这种思想是与马克思和恩格斯的思想相通的。马克思曾说:"自由确实是人所固有的东西,连自由的反对者在反对实现自由的同时也实现着自由。"又说:"没有一个人反对自由,如果有的话,最多也只是反对别人的自由。"④ 在这里,马克思明确指出了自由确实是人所固有的东西,就是说它是人的本性所在,因此说没有一个人反对自由。有的人反对自由,只不过是在反对别人的自由,反对别人自由的目的,说穿了就是为了实现自己的自由。马克思和恩格斯在《共产党宣言》中又说:"代替那存在着阶级和阶级对立的资产阶级旧社

---

① [印度]阿马蒂亚·森:《以自由看待发展》,任赜、于真译,中国人民大学出版社2002年版,第30页。
② 同上书,第62页。
③ 同上。
④ 《马克思恩格斯全集》第1卷,人民出版社1956年版,第63页。

会的，将是这样一个联合体，在那里，每个人的自由发展是一切人自由发展的条件。"这里所说的"联合体"，也就是未来的共产主义社会。在共产主义社会里，生产力高度发达，物质极大丰富，社会产品按需分配，社会成员之间没有了利益冲突，因此，任何人自由的实现，都不仅不会影响到其他人自由的实现，而且，还会为其他人自由的实现提供条件，从而帮助其他人充分实现自由。由此可见，实现真正的自由，也正是马克思主义的最高理想和价值目标。

阿马蒂亚·森之所以"以自由看待发展"，之所以把真实自由的实现作为发展的出发点与最终目标，是与他坚持个人的主体地位分不开的。如前所述，他曾批评那种把发展看作国民生产总值的增长，或看作是个人收入的提高，或看作社会现代化程度的提高的狭隘的发展观，但他并非忽视上述诸如国民生产总值的增长，个人收入的提高等。在他看来，这种发展是非常重要的。然而，这种发展的重要性正是在于它能够帮助人们消除限制自由的因素和障碍，从而保障人们实质自由的扩展和实现。也就是说，这种发展本身所具有的只是一种工具性的价值和意义，是为人自身的发展服务的。阿马蒂亚·森的这种强调人的主体地位的思想，是与我们所坚持的科学发展观的"以人为本"理念一致的。党的十七大报告明确指出，科学发展观的核心是"以人为本"，因此强调要始终把实现和维护最广大人民的根本利益作为党和国家一切工作的出发点和落脚点，强调要尊重人民主体地位，做到发展为了人民、发展成果由人民共享。因此，认真研究阿马蒂亚·森的关于人的主体地位思想，有助于我们理解、坚持和贯彻落实科学发展观的"以人为本"理念。

## 二

阿马蒂亚·森指出，他之所以要"以自由看待发展"，之所以强调自由在发展过程中的中心地位，是基于两个不同方面的原因和理由。一个是"评价性"的原因和理由，另一个是"实效性"的原因和理由。

所谓"评价性"的原因和理由,就是说,对社会成功、发展、进步的评价必须以人们拥有的实质自由的扩展为首要标准。阿马蒂亚·森说:"当我们评价一个社会的利弊或者某种社会制度的正义与否时,我们很难不以某种方式思考不同类型的自由以及它们在社会中的实现与剥夺。"① 这是因为,实质自由的扩展直接决定着人们生活质量的提高。因此,作为"可行能力"的实质自由本身就是目的、就是价值。它只能作为评价社会成功、发展、进步与否的首要标准,而除此之外,社会成功、发展、进步与否并不需要依赖其他标准来评价。

所谓"实效性"的原因和理由,就是说,实质自由不仅是发展的最终目的,而且是促进发展的强有力的动力和手段,具有非常重要的工具性价值。阿马蒂亚·森从众多的工具性自由中,归纳概括出五个最重要的方面,即:政治自由、经济条件、社会机会、透明性保证、防护性保障。

阿马蒂亚·森认为,政治自由和民主本身作为可行能力的一部分,作为我们有理由珍视的生活的具体内容,本身就具有直接的重要性。同时,政治自由和民主还具有工具性作用和建设性作用。政治自由和民主的工具性作用,指的是政治自由和民主能够对政府和在职官员发挥政治激励作用。人民拥有政治自由和公民权,可以公开明确表达他们的愿望和要求,可以有效地对政府和在职官员的行为进行监督,并对有关政策进行评论,促使政府不能不倾听民众的意见和呼声,从而保证政策的有效性。政治自由和民主的建设性作用,指的是通过行使政治权利,能够促使政府的政策对民众的经济等需要做出回应。阿马蒂亚·森指出:"特别是那些与保障公开的讨论、辩论、批评以及持有不同意见有关的权利,对于产生知情的、反映民意的政策选择过程,具有中心意义。"② 这就是说,通过上述

---

① [印度]阿马蒂亚·森:《理性与自由》,李风华译,中国人民大学出版社2006年版,第6页。

② [印度]阿马蒂亚·森:《以自由看待发展》,任赜、于真译,中国人民大学出版社2002年版,第154页。

政治权利的行使，可以保障政府所选择、制定的政策反映民意，符合民众的愿望和要求。同时，这种讨论和交流，也是形成共享的价值观念、偏好和可行的需要的关键。不仅如此，这种讨论和交流，还可以使民主本身更好地运作。总之，在阿马蒂亚·森看来，民主不仅自身具有直接的重要性，而且其工具性作用和建设性作用也都是非常广泛和重要的。然而，阿马蒂亚·森还特别指出，民主只是提供了一组机会，民主并不能自动解决实际问题。结果如何，关键在于公民如何运用这些机会。这是一个实践问题。他说："要使公民权利和政治民主的贡献就像我们所能够期望的那样，实践这个问题具有核心意义。"① 因此，在实际生活中，我们一方面要不断完善民主规则和程序，疏通和拓宽公民利益诉求表达的路径和渠道，另一方面还要注意引导公民不断提高正确运用民主机会的意识和能力，保证他们能够及时准确地表达自身的利益诉求及各方面的意见和建议。只有如此，才能够不断提高政府对公民利益诉求的敏感性，才能够保证政府的各项政策的正确性和有效性，从而推动社会高效、快速发展。

阿马蒂亚·森所说的"经济条件"，"指的是个人分别享有的为了消费、生产、交换的目的而运用其经济资源的机会"②。阿马蒂亚·森指出，一个人拥有的或可资运用的经济资源的多寡，以及交换条件如何，直接决定着他的经济权益能否得到保障和提升。阿马蒂亚·森所说的"社会机会"，指的是社会在教育、医疗保健及其他方面所实行的安排。阿马蒂亚·森指出，这些方面的安排如何，会严重影响一个人能否享受更好的生活和更有效地参与经济和政治活动。比如，不识字、不会读报、不能与他人进行书面联系，必然对他参与高要求的生产、经济管理和政治活动造成障碍和限制。阿马蒂亚·森所说的"透明性保证所涉及的，是满足人们对公开性的

---

① [印度] 阿马蒂亚·森：《以自由看待发展》，任赜、于真译，中国人民大学出版社2002年版，第158页。

② 同上书，第32页。

需要"①。阿马蒂亚·森认为，从一定意义上讲，"社会是在对信用的一定假设的基础上运行的"②。经验证明，人们只有在信息公开明晰的条件下，相互了解对方需要的和所能提供的东西，彼此才能够交往。所以，信息公开是社会得以运行的基础，而信用则是社会有序运行的保障。所以阿马蒂亚·森指出，如果信用得不到遵守，信息缺乏公开性，那么很多人的生活就会面临受损害的危险。阿马蒂亚·森还特别指出，这种"透明性保证"，"对防止腐败、财务渎职和私下交易所起的工具性作用是一目了然的"③。阿马蒂亚·森所说的"防护性保障"，指的是社会所提供的安全网。阿马蒂亚·森指出，一个经济体系不管运行得如何好，总会有一些人因物质条件发生了对他们不利的变化，从而使他们受到损害而陷入贫困、痛苦、挨饿的境地。这就要求社会必须有"防护性保障"来提供一种安全网，以保障这部分人的生活和合法权益。

阿马蒂亚·森还特别强调了这些工具性自由的相互联系性和互补性，并指出："在考虑发展政策时，掌握这些关联尤为重要。"④ 比如，通过"社会机会"，特别是基础教育，可以促进人力资源的开发，而人力资源的开发，必然会促进经济的增长，而经济的增长反过来又会为人们提供各种"社会机会"，同时，经济的增长，又能够使国家有财力提供更多的包括社会保障在内的社会服务。因此，在他看来，对于经济增长的贡献，不仅要按照私人收入的增加来评判，而且应该按照由经济增长带来的社会服务的扩展来评判。这就涉及对经济增长成果的使用问题。就是说，要把经济增长的成果，更多地用到社会服务和公共产品的提供、扩展和质量的提高上。

不难看出，阿马蒂亚·森是把社会看成一个大系统，各种工具性

---

① ［印度］阿马蒂亚·森：《以自由看待发展》，任赜、于真译，中国人民大学出版社2002年版，第32页。
② 同上。
③ 同上书，第33页。
④ 同上。

自由都是构成这个大系统的各种要素，各要素之间相互联系、相互作用。如果一个方面出现了问题，势必要影响到其他方面，甚至会影响到整个大系统的稳定和发展。所以，他提出："与这些多重相互关联的自由相适应，需要建立并支持多重的机构，包括民主体制、法律机制、市场结构、教育和医疗保健设施、传播媒体及其他信息交流机构，等等。"① 并进一步指出，这些机构的形式可以是私人创建的，或者是公共安排的，或者是混合型的。很显然，阿马蒂亚·森的这些思想和主张是能够为我们所吸收、利用和借鉴的。如何做到机构设置合理、机构职责明确、各种机构之间相互支持帮助，从而促进社会稳定、和谐、健康发展，这正是当前我们所面临的深化体制改革、加强社会建设中的重大问题。

## 三

阿马蒂亚·森指出，他所说的自由是一个包容广阔的概念，其中存在多方面的含义。因此，有必要指出它所具有的某些特征，即可以区分为"过程"和"机会"两个方面。自由的"机会"方面，指的是个人在追求他有理由珍视的事物时的实际能力。"自由的机会不但意味着一个人有机会作出自己的选择"，"而且还意味着他有机会选择——或'发展'——自己可能希望有的偏好"②。自由的"过程"方面，指的是个人在追求他有理由珍视的事物时的过程。

阿马蒂亚·森认为，自由的"过程"和"机会"两个方面，都具有重要性，不自由既可以通过不恰当的过程产生，也可以通过缺乏适当的机会产生。所以，他强调，要从足够宽广的角度来看待自由。要避免把注意力仅仅局限于适当的过程上，或适当的机会上。

阿马蒂亚·森指出，自由的"过程"和"机会"两个方面存在

---

① ［印度］阿马蒂亚·森：《以自由看待发展》，任赜、于真译，中国人民大学出版社2002年版，第42页。
② ［印度］阿马蒂亚·森：《理性与自由》，李风华译，中国人民大学出版社2006年版，第9页。

着重要区别,并认为,弄清楚这两个方面的区别,对于我们理解自由极其关键。但他同时又指出,两者虽然不同,但也不是完全不相干,"并不是说两者是完全不同的因素,不存在任何的相互依赖性"①。因此,他强调:"对过程的考虑并不能与对机会的评价完全割裂开来。"②

不难看出,阿马蒂亚·森将自由区分为"过程"和"机会"两个方面进行研究,具有非常重要的理论意义和实际价值。其意义和价值可以通过对罗伯特·诺齐克"持有正义"理论的分析显现出来。诺齐克指出,他所提出的"持有正义"的主题由三个论点组成。第一个论点是持有的最初获得。这一论点关注的是无主物是"通过哪个或哪些过程可以变成被持有的;那些可以由这些过程变成被持有的事物,它们是在什么范围内由一个特殊过程变成被持有的"。第二个论点是持有的转让。关注的是"一个人可以通过什么过程把自己的持有转让给别人","一个人怎么能从一个持有者那里获得一种持有"③。第三个论点是持有中的不正义的矫正。很显然,诺齐克所强调的是自由的"过程"方面。诺齐克认为,一旦通过合理、公正的过程获得某物以后,那么持有者对此物就具有了权利。正是根据这种权利理论,诺齐克反对国家出于社会公平正义的考虑而进行的再分配。

阿马蒂亚·森还指出,正是对自由的"过程"层面和"机会"层面的区分,使得他所提出的"以自由看待发展"的观点,与把发展定义为"人均产出的增长"的传统观点区别了开来。他说,既然自由既涉及决策的过程,也涉及实现有价值成果的机会,我们关注的领域就不能仅仅局限在成果,不能仅仅关注高额产出和收入的促进、高额消费的产生或者与经济增长相联系的其他变量。诸如参与政治决

---

① [印度]阿马蒂亚·森:《理性与自由》,李风华译,中国人民大学出版社2006年版,第537页。
② 同上书,第9页。
③ [美]罗伯特·诺齐克:《无政府、国家与乌托邦》,何怀宏等译,中国社会科学出版社1991年版,第150页。

策和社会选择等的过程，不能被看作只是发展的手段，而必须被理解为其自身就是发展目的的建构性组成部分。他又说，从自由的"机会"层面考虑，人们拥有的实际收入水平，对于为人们提供相应的机会去购买物品和劳务以提高生活标准，当然是重要的。但是，诸如活得长久一些的自由，逃脱可以避免的疾病的能力，获得有适当报酬的就业机会，在和平的、无犯罪的社区生活等目标实现的机会，就不是仅靠收入水平所能提供的。"这些机会并不是与经济繁荣严格地联系在一起的"[1]。正是根据上述分析，阿马蒂亚·森得出了这样的结论："自由的过程层面和机会层面都要求我们超越把发展定义为'人均产出的增长'的观点。"[2]

显而易见，阿马蒂亚·森的这种思想对于我们具有非常重要的启示意义。我们要坚持以经济建设为中心，但同时也不能忽视政治建设、文化建设和社会建设。特别是在当前，加强社会建设尤为重要。市场经济的发展，促进了生产效率的提高，但也造成了贫富差距的扩大。这种扩大的趋势如果得不到有效控制，势必要影响到社会的和谐与稳定。因此，"为了社会公平和正义，市场机制的深远力量必须通过创造基本的社会机会来补充"[3]。在这方面，政府应当大有作为。

**参考文献：**

[1]［印度］阿马蒂亚·森：《以自由看待发展》，任赜、于真译，中国人民大学出版社2002年版。

[2]《马克思恩格斯全集》第1卷，人民出版社1956年版。

[3] 阿马蒂亚·森：《理性与自由》，李风华译，中国人民大学出版社2006年版。

---

① ［印度］阿马蒂亚·森：《以自由看待发展》，任赜、于真译，中国人民大学出版社2002年版，第291页。

② 同上。

③ 同上书，第135页。

[4]［美］罗伯特·诺齐克：《无政府、国家与乌托邦》，何怀宏等译，中国社会科学出版社1991年版。

# 附录4　阿马蒂亚·森反腐败思想简论[*]

从古至今，都不同程度地存在着腐败现象。因而，如何防止和消除腐败现象，可以说是从古至今人们面对的共同课题。作为1998年诺贝尔经济学奖获得者的阿马蒂亚·森，自然不会忽视对反腐败问题的研究。认真研究阿马蒂亚·森的"实质自由"诉求的正义理论，特别是他的关于如何防止和消除腐败的思想，对于我们分析认识腐败现象存在的根源，制定防止、减少和消除各种腐败现象的制度措施，从而实现社会公平正义，具有非常重要的启示意义。

## 一　腐败并不是一个新现象

阿马蒂亚·森1933年出生于印度，大学毕业后到英国剑桥大学继续深造，先后获学士学位和博士学位。他虽曾回本国工作，但其大部分时间是在剑桥、牛津、哈佛等大学从事教学和学术研究工作。印度是发展中国家，而英、美则是发达国家。这就决定了他对于发展中国家和发达国家的社会经济政治生活状况，都有着深刻的了解。同时，他又将自己的研究聚焦于正义、自由、贫困与饥荒、经济不平等问题。而这些问题又都不可避免地要涉及腐败问题。正是这种生活和研究的实践经历，使得他对于腐败的防止、减少和消除问题，有着比较深刻的认识和理解，并在这种认识和理解的基础之上，提出了一些颇具启示意义的观点。

首先，腐败是阻挡经济进步的主要障碍之一。他从三个方面说明了其中的原因。其一，腐败行为的猖獗，必将造成公共政策的扭曲、失效，而公共政策一旦扭曲、失效，则势必造成社会经济活动秩序的

---

[*] 原载《学习论坛》2013年第6期。

混乱、无序，从而阻碍社会经济的发展。其二，腐败行为的猖獗，还将导致投资者"把投资和经济活动从生产性用途转到追求巨额报偿的欺诈活动上"[①]。这是因为，腐败行为猖獗所造成的社会经济活动秩序的混乱、无序，必将导致正常的生产性经济活动无利可图。与之相反，那些违规、违法的欺诈性经济活动则将借助于腐败行为的猖獗而乘机活跃起来，并从中获得巨额报偿。因此，在腐败行为猖獗的情况下，受巨额报偿驱使，投资者自然要把资本从生产性用途转移到欺诈活动上来。其三，腐败行为的猖獗，还会导致"例如黑手党那样的暴力组织的滋生"[②]。这是因为，腐败行为猖獗不仅会导致社会经济活动秩序的混乱、无序，而且会导致社会政治、社会管理等活动秩序的混乱、无序，甚至会导致黑白颠倒、是非混淆情况的发生。在这种情况下，一些不良分子便会乘机相互勾结，从而形成黑势力团伙甚至暴力组织。

其次，腐败并不是一个新现象，因而对付腐败的各种方案也不是新事物。因为历史上曾经广泛盛行非法活动和腐败，也相应地产生了关于如何减少腐败、特别是减少高级官员腐败的大量文献。森的这番议论，表达了两个方面的思想：一方面，腐败是一种历史现象，腐败的盛行尽管给社会的经济政治生活带来了极其严重的危害，阻碍了社会经济政治的发展、进步，但社会经济政治并没有因此而停滞，社会历史并未因此而止步。另一方面，正是因为腐败是一种历史现象，人们在与腐败行为长期斗争的历史过程中，必然会积累不少减少腐败、特别是减少高级官员腐败的经验。我们要注意总结、吸收防止、减少腐败的历史经验，制定防止、减少腐败的方案、措施，探寻有益的借鉴。

最后，为了探寻防止、减少腐败行为的方案、措施，森对于"腐败"概念进行了明确界定："腐败涉及违反已经确立的关于个人收益

---

① ［印度］阿马蒂亚·森：《以自由看待发展》，任赜、于真译，中国人民大学出版社2002年版，第272页。

② 同上。

和利润的规则。"① 在他看来，引导人们更加注重个人的利益，并不能杜绝腐败。因为这样做的结果，将会更加激起人们对利益的占有欲，从而不顾一切地去攫取个人利益。这样，不仅不能达到防止、减少和消除腐败行为的目的，而且还将适得其反，加剧腐败行为的泛滥。同时，在他看来，"简单地要求人们一般地减少自利动机也行不通——牺牲个人利益总要有特定的理由的"②。这表明，森既承认维护个人利益的合理性，同时又反对鼓励人们更加注重个人利益。很显然，森的这种认识是全面的、合乎实际的，也是和马克思主义的利益观相通的。马克思曾说，"把人和社会连接起来的唯一纽带是天然必然性，是需要和私人利益"③。个人之所以要融入社会中，就是为了满足个人的各种需要，实现个人的利益。在这里，马克思说明了个人在社会活动中，争取、维护个人利益的合理性和必然性。然而，这里所说的"私人利益"或个人利益，是"……正确理解的个人利益"④。诚如邓小平所说："每个人都应该有他一定的物质利益，但是这决不是提倡各人抛开国家、集体和别人，专门为自己的物质利益奋斗，决不是提倡各人都向'钱'看。"⑤

## 二 通过机构改革来改变腐败行为的得失平衡

森明确指出："有可能在某种程度上通过机构改革来改变腐败行为的得失平衡。"⑥ 也就是说，可以通过机构改革的途径，来加强对腐败行为的惩处力度，同时尽量减少腐败的诱因。为了使人们明白其中的道理，他具体从三个方面进行分析论述。

---

① [印度]阿马蒂亚·森：《以自由看待发展》，任赜、于真译，中国人民大学出版社2002年版，第272页。
② 同上。
③ 《马克思恩格斯全集》第1卷，人民出版社1956年版，第439页。
④ 《马克思恩格斯全集》第2卷，人民出版社1957年版，第166页。
⑤ 《邓小平文选》第2卷，人民出版社1994年版，第337页。
⑥ [印度]阿马蒂亚·森：《以自由看待发展》，任赜、于真译，中国人民大学出版社2002年版，第272页。

## 附　录

第一，森指出："审查与惩处系统自古以来一直是人们提出的防止腐败的规则中的重要项目。"① 这里实际上提出了三个方面的措施。其一，加强对官员特别是高级官员的监督审查。为此，就必须制定相应的监督审查规则，建立相应的组织机构，使这种监督审查制度化、规范化、程序化、常态化，从而保证各级官员，特别是高级官员的工作行为始终处于组织的监督之下。其二，制定完善的惩处腐败行为的具体措施，强化对腐败行为的惩处力度，使腐败者付出应当付出的代价。其三，采取强有力的惩处腐败行为的实际行动。对于那些敢于以身试法者，一定要依照规则毫不留情地进行惩处，使监督审查和惩处腐败行为的规则、具体措施落到实处。这样，有了"明晰的规则和惩罚，加上有力的实施"，可以使官员们的"行为模式大不一样"②。

第二，森指出，某些政府管理体制赋予官员以相机处理的权力，使得他们能够给其他人特别是商界人士提供优惠，而这些优惠能给商界人士带来大笔金钱。商界人士为了能够不断得到优惠，自然要将一部分因优惠得来的金钱回送给有关官员。那些得到金钱的官员为了能够不断得到回报，也会继续为商界人士提供优惠。这样，也就形成了人们通常所说的"钱权交易"。所以，森指出，"这样的安排实际上鼓励了腐败"，"过度管制的经济是腐败的温床"③。这种管理体制不仅会造成社会经济活动的无序、混乱，而且会给社会政治等其他方面的活动造成负面影响，从而造成整个社会的无序、动荡，使整个社会为此付出沉重的代价。森通过这种分析，十分清楚地说明了改革政府这种管理体制的必要性和紧迫性。通过政府管理体制的改革，使官员们相机处理的权力得到有效限制，同时不断完善市场体系，这样就可以有效地避免诸如"钱权交易"等腐败行为的发生。

第三，森指出，在官员掌握很大的权力，但他们自己相对来说并

---

① ［印度］阿马蒂亚·森：《以自由看待发展》，任赜、于真译，中国人民大学出版社2002年版，第272页。
② 同上。
③ 同上。

没有多少钱的时候，腐败的诱惑是最强的。他认为，在过度管制的经济中腐败行为之所以会普遍发生，这就是其中非常重要的原因。在这里，森说明了官员的实际收入相对偏低，也是造成官员心理失衡、导致腐败行为普遍发生的客观因素之一。在他看来，古代中国之所以给很多官员发放"防止腐败津贴"，正是基于对这种腐败因素的考虑。他认为，古代中国官府的这种做法，是在"为保持清廉守法提供激励因素"①。很显然，森的意图是要说明，通过改革工资分配制度，适当提高官员的实际收入水平，也是防止腐败行为发生、蔓延的一种措施。

同时，森又指出，以上反腐败措施虽然可以收到一定成效，但也存在一定的局限性。这些局限性表现在以下方面。其一，监督和审查有时不免会出现疏忽和遗漏，这样一些腐败者有时就有可能成为漏网之鱼而逃脱惩罚。另外，那些监督和审查人员也有被腐败者腐蚀、收买的可能。一旦出现这些情况，那么反腐败措施也就不能发挥其应有的作用。同时，为了使监督和审查人员不被腐败者腐蚀、收买，还要向他们提供合适的激励。那么，提供什么样的激励才算合适呢？这也是一个非常复杂的问题。其二，任何政府体制都必定要赋予官员一定的对其他人有价值的权力。那么，有的人就会试图通过贿赂等手段，借用官员手中的权力来为获取自己的私利服务，从而导致官员腐败情况的发生。尽管我们可以通过各种办法、措施，限制、缩小官员手中权力的作用范围，但是，不管限制、缩小到何种程度，仍然存在权力被滥用而导致腐败的可能。其三，一些官员尽管已经很富有，也常常尽力使自己更富有，但他们在足够高的收益面前，是不惜甘冒很大风险的。

然而，森也明确指出，"这些局限性不应该阻止我们去做所能做的一切，来使组织机构改革有所成效，但是单纯依赖于对个人利益的

---

① ［印度］阿马蒂亚·森：《以自由看待发展》，任赜、于真译，中国人民大学出版社2002年版，第272页。

激励不能完全消除腐败"①。这就是说，尽管通过组织机构改革来防止、减少腐败有其局限性，但也必须坚持做下去，要坚持通过这种途径尽量防止和减少腐败现象的发生。同时，也必须注意探寻、选择其他途径来防止、减少腐败行为的发生。

### 三　防止腐败在很大程度上所依赖的是对行为准则的遵从

森分析说，在那些极少见到腐败行为的社会中，防止腐败在很大程度上所依赖的是对行为准则的遵从，而不是对不腐败提供金钱激励。为了说明其中的道理，森引用了柏拉图的下述观点。

森指出："柏拉图《法律篇》建议，强烈的责任感有助于防止腐败。但他也明智地注意到这绝不是一项'容易的任务'。"②

森认为，柏拉图在这里所说的"责任感"，不是一般的责任感，而是对于规则以及遵守规则所持的特定态度，正是这种特定的态度直接关系到腐败的防止。这种特定态度，就是对规则的"敬畏"。柏拉图曾说：每个人都拥有一样最神圣的东西，这就是他的灵魂。正是因为灵魂是神圣的、极为珍贵的，因此，他要求人们要荣耀他们自己的灵魂。而要荣耀自己的灵魂，就不能允许自己的灵魂为所欲为，而是应当有所节制。否则，就会染上最糟糕的心灵疾病，亦即愚蠢，就会变得极端无耻。正是基于这种认识，柏拉图强调："在最高意义上，可以说节制与智慧是同一的。"③ 所谓节制，也就是对规则的"敬畏"和遵守。柏拉图曾特别指出："我们应当使我们的孩子富足，但不是拥有黄金，而是拥有敬畏。"④ 在实际生活中，一个人如果能够做到"敬畏"和遵守规则，那么，他的灵魂就会得到节制，从而保持纯洁和高尚。灵魂纯洁、高尚，就是"善人"，"善人和神都不会接受肮

---

① ［印度］阿马蒂亚·森：《以自由看待发展》，任赜、于真译，中国人民大学出版社2002年版，第273页。

② 同上。

③ ［古希腊］柏拉图：《柏拉图全集》第三卷，王晓朝译，人民出版社2003年版，第710页。

④ 同上书，第729页。

脏的礼物"①，这样就能够有效地避免腐败行为的发生。

从森的具体论述中可以看出，他主要表达了自己的以下思想。

第一，要防止腐败，必须制定包括诚实和正直在内的行为规则和价值标准。他指出，在很多社会，对包括诚实和正直在内的行为规则和价值标准的尊重，"是防止腐败的防护墙"。这里实际上提出了两个问题。一是包括诚实和正直在内的行为规则的制定和价值标准的确立问题。因为人们的行为、活动都是有意识、有选择的；同时，人们的行为、活动的方式也都是有选择的，都是遵循着一定的规则的。也就是说，人们的行为、活动都是在既定的价值标准指导下，在既定的行为规则的制约下进行的。所以，对一个社会来说，有什么样的价值标准和行为规则，就有什么样的社会状况和发展态势。对一个人来说，遵循什么样的价值标准和行为规则，就有什么性质的行为后果。因此，对一个社会来说，首先必须注重包括诚实和正直在内的价值标准的确立和行为规范的制定，从而引导人们诚实、正直，一心向善，远离腐败。这是一个社会义不容辞的职责。二是对既定的包括诚实和正直在内的行为规则和价值标准的宣传教育和具体的贯彻落实问题。要通过广泛的宣传教育，使既定的行为规则和价值标准深入人心，并且严格贯彻落实，为既定的行为规则和价值标准树立权威，使既定的行为规则和价值标准得到人们应有的尊重。既定的行为规则和价值标准的"正当性"和权威性一旦为人们所认同，那么就会在实际行动中自觉遵循。既定的行为规则和价值标准一旦为人们自觉遵循，那么其"防护墙"的作用也就充分发挥出来了。

第二，要防止腐败，必须充分重视并注意消除腐败行为所带来的连锁反应。森指出，人们的行为模式并不是一成不变的。人们如何行为，取决于他们对流行的行为准则的"正当性"和权威性的理解。正如亚当·斯密所说，"很多人行为体面，而且在他们的一生中避免

---

① ［古希腊］柏拉图：《柏拉图全集》第三卷，王晓朝译，人民出版社2003年版，第717页。

任何微小过失",并因此而受到我们的赞许,而他们"只是按照他们所理解的已成惯例的行为规则办事",并没有其他过多地考虑。同时,人们如何行为也受到其他人,特别是与自己地位相近的人的行为的影响。在实际生活中,一些人往往以"别人也是这么干的"为理由,来为自己的腐败行为辩护。森把这种心理称为"相对正义"感。很显然,森的目的是在于强调,对于那些腐败行为一定要及时处理,一定要给予那些腐败者应有的惩罚,使他们付出应当付出的代价。要特别注意消除腐败行为所造成的恶劣影响,力避连锁反应的发生,杜绝人们"相对正义"感的产生。

第三,要防止腐败,必须特别注重高级官员的行为所带来的社会影响。森指出,人们在解读"已成惯例的行为规则"时,会特别重视处于掌权和权威地位的人的行为,因而,高级官员的行为对于行为规范的建立和贯彻落实,具有巨大的影响。一方面,高级官员掌握着重要的用人权力,他们的品质决定着他们喜欢什么样的人、亲近什么样的人、提拔重用什么样的人。一旦处于高位的官员有了腐败心理和腐败行为,那么他所排斥的、不喜欢的肯定是一些有正义感的人;所喜欢、亲近、提拔重用的就会是一些投机腐败分子。有正义感的人遭排斥,腐败分子被重用,这对社会的危害之大,是可想而知的。另一方面,处于高位的官员在人们的心目中是成功者,其行为举止自然会为人们所关注,为人们所仿效。这样,高级官员的行为举止实际上也就具有了引领示范作用。因此,森明确指出,"在'高位'上发生的腐败,其作用可以远远超出那种行为的直接后果",并明确肯定"坚持从上层做起确实有其道理"[1]。只要上层反腐败工作做得好,那么从上到下,一层抓一层,一级抓一级,就会非常有效地防止和减少腐败行为的发生。另外,高级官员行为举止遵循"已成惯例的行为规则",那么就会增强这些规则的"正当性"、权威性和约束力,从而

---

[1] [印度] 阿马蒂亚·森:《以自由看待发展》,中国人民大学出版社2002年版,第274页。

促使人们更加自觉地遵循。总之，在森看来，人们的行为并不仅仅为个人利益所驱使，价值标准和规范对于人们的行为也同样起着重要作用。因而，要特别注重通过组织机构改革来防止腐败行为的发生，但同时必须注重价值标准和行为规范在防止和减少腐败行为发生中的作用，也必须注重高级官员在防止和减少腐败中的引领作用。

**参考文献：**

[1]［印度］阿马蒂亚·森：《以自由看待发展》，任赜、于真译，中国人民大学出版社2002年版。

[2]《马克思恩格斯全集》第1卷，人民出版社1956年版。

[3]《马克思恩格斯全集》第2卷，人民出版社1957年版。

[4]《邓小平文选》第2卷，人民出版社1994年版。

[5]［古希腊］柏拉图：《柏拉图全集》第三卷，王晓朝译，人民出版社2003年版。

# 附录5　罗尔斯的正义理论及其启示[*]

罗尔斯在其《正义论》中指出："正义是社会制度的首要价值。正像真理是思想体系的首要价值一样。一种理论，无论它多么精致和简洁，只要它不真实，就必须加以拒绝或修正；同样，某些法律和制度，不管它们如何有效率，只要它不正义，就必须加以改造或废除。"① 在这里，罗尔斯把"正义"摆在了优先于"效率"的地位，并把它作为衡量、评价一种社会制度的"首要"的价值尺度。这表明，罗尔斯所关注的首要问题是社会制度的正义问题，所以，他所着重讨论的是用于制度的正义原则。之所以如此，是基于他对社会本身的理解。在他看来，社会是由一些个人组成的联合体。人们之所以联

---

[*] 原载《河南社会科学》2006年第2期。

① ［美］约翰·罗尔斯：《正义论》，何怀宏等译，中国社会科学出版社1988年版，第3页。

合起来，是因为通过协力可以产生较大的利益，可以使人们有可能过上一种比仅靠自己的努力独立生活更好的生活。所以他指出，社会具有一种利益一致的典型特征。同时，也正是因为人们联合的目的在于追求能够过上更好的生活，人们对协力产生的较大利益的分配不可能无动于衷，人们都必然希望从中得到较大的份额。所以罗尔斯又指出，社会也具有利益冲突的典型特征。为了缓解和消除利益冲突，就需要一系列原则来指导决定利益分配的社会法律制度的建设和选择。罗尔斯认为，这些所需的原则也就是社会正义的原则。因此，他强调"正义是社会制度的首要价值"。他建立正义理论体系的目的，一方面在于要求政府把实现社会正义作为制度建设的目标指向，另一方面在于为政府提供制度建设中所应当遵循的正义原则。所以，他把正义的主题定位于社会的基本结构。

罗尔斯指出："正义的主题问题是社会的基本结构，或更准确地说，是社会主要制度分配基本权利和义务，决定由社会合作产生的利益之划分的方式。"所谓主要制度，也就是政治结构和主要的经济和社会安排。在罗尔斯看来，社会的基本结构的影响十分深刻并自始至终存在。在社会生活中，人们之所以有着不同的生活前景，究其原因，除自身的自然条件之外，主要是由政治体制和经济、社会条件决定的。社会的基本结构使人们的某些出发点比另一些出发点更为有利，这样，就造成了一种不平等。罗尔斯认为，这类不平等是一种特别深刻的不平等，因为它不仅涉及面广，而且影响到人们在生活中的最初机会。罗尔斯指出，正是这些在社会结构中实际存在的不平等，构成了社会正义原则的最初应用对象。所以，"一种社会正义观将在一开始就被视作是为确定社会基本结构中的分配而提供的一个标准"①。正是这种正义观调节着对一种政治宪法和主要经济、社会体制的选择。

---

① ［美］约翰·罗尔斯：《正义论》，何怀宏等译，中国社会科学出版社1988年版，第9页。

罗尔斯坚持社会正义,"强调社会体制或环境的正当与否及合理性问题"①。很显然,他的这种正义理论具有非常重要的理论价值和实际意义,因为任何社会都是在一定的制度下运行的,任何个人都是在一定的制度环境下生活的,因此只有实现了制度正义,才能实现社会正义,才能保证每个社会成员享受到正义的待遇,也才能够实现社会的和谐稳定。这就要求政府必须注重制度建设,并在制度建设中贯彻正义原则。

一

罗尔斯在说明了社会正义原则的主要问题是社会的基本结构,是社会的制度安排之后,提出了他的"用于制度的两个正义原则"。罗尔斯认为,社会结构可以划分为大致明确的两个部分:一个是政治的,另一个是经济的。他所提出的第一个正义原则适用于社会的第一个部分,第二个正义原则适用于社会的第二个部分。第一个原则是:每个人对与其他人所拥有的最广泛的基本自由体系相容的类似自由体系都应有一种平等的权利。第二个原则是:社会的和经济的不平等应这样安排,使它们被合理地期望适合于每一个人的利益,并且依系于地位和职务向所有人开放。罗尔斯指出,第二个原则中的"每一个人的利益"和"平等地对所有人开放"是"两句含糊的短语"。所以,通过具体分析,他对第二个原则进行了第二次概括:社会的和经济的不平等应这样安排,使它们适合于最少受惠者的最大利益,并依系于在机会公平平等的条件下职务和地位向所有人开放。后来他对第一个原则又进行了这样的表述:每个人对与所有人所拥有的最广泛平等的基本自由体系相容的类似自由体系都应有一种平等的权利。在上述论述的基础上,罗尔斯对两个正义原则作了如下陈述。第一个原则是:每个人对与所有人所拥有的最广泛平等的基本自由体系相容的类似自由体系都应有一种平等的权利。第二个原则是:社会和经济的不平等

---

① 顾肃:《自由主义基本理念》,中央编译出版社2005年版,第354页。

应这样安排,使它们在与正义的储存原则一致的情况下,适合于最少受惠者的最大利益,并且,依系于在机会公平平等的条件下职务和地位向所有人开放。同时,他还提出了两个"优先规则"。第一个是"自由的优先性",第二个是"正义对效率和福利的优先"。后来,他在《作为公平的正义——正义新论》一书中又对这两个正义原则作了新的表述:"(1)每一个人对于一种平等的基本自由之完全适当体制(scheme)都拥有相同的不可剥夺的权利,而这种体制与适于所有人的同样自由体制是相容的;(2)社会和经济的不平等应该满足两个条件:第一,它们所从属的公职和职位应该在公平的机会平等条件下对所有人开放;第二,它们应该有利于社会之最不利成员的最大利益(差别原则)。"[①] 罗尔斯之所以对他所提出的用于制度的两个正义原则进行多次的陈述,一方面是论争的需要,另一方面则是因为这是他的正义理论的核心和最终归宿。同时,这也展现了他的认识不断深化和完善的过程。下面对这两个原则作一简要分析。

第一个原则是为了确定与保障公民的平等自由。这里所说的自由包括:政治上的自由(选举和被选举担任公职的权利)及言论和集会自由,良心的自由和思想的自由,个人的自由和保障个人财产的权利,依法不受任意逮捕和剥夺财产的自由。按照这一原则,这些自由都要求是一律平等的。在一个正义的社会中,所有的公民都必须拥有同样的基本权利。同时,罗尔斯还特别强调第一个原则对于第二个原则的优先性。也就是说,只有在满足第一个原则的前提下第二个原则才能发挥作用,决不允许在基本自由和经济社会收益之间进行交换。

罗尔斯在对第二个原则的多次陈述中,一是两个条件的排列次序发生了变化,这种变化凸显了机会的平等;二是用语发生了变化,在《正义论》中的最初表述是"适合于每一个人的利益",最后的陈述是"适合于最少受惠者的最大利益",而在《作为公平的正义——正义新

---

① [美]约翰·罗尔斯:《作为公平的正义——正义新论》,姚大志译,上海三联书店2002年版,第70页。

论》中的表述则是"有利于社会之最不利成员的最大利益"。由此可见，他对"社会之最不利成员"即社会弱势群体的热切关注，展现了他的正义理论的突出特点和个性特色。按照他的正义理论，必然要求政府在法律制度安排上对市场经济进行适当的干预和调控，对社会财富实行再分配，建立健全社会保障体系。这表明，他认识到了现实社会中存在的分配不平等现象虽然是不可避免的，却是不能放任的。如果将罗尔斯的这种正义理论落实到法律制度安排上，并付诸社会实践，那么其效果必然是使社会贫富之间的差距得到一定程度的缩小，每个社会成员的生活都有一定的保障，从而在一定程度上化解"社会之最不利成员"的一些怨气，这对维护社会的和谐稳定是非常有利的。

## 二

在罗尔斯的正义理论中还包含了对"形式的正义""实质的正义"和"程序的正义"的区分。

在罗尔斯看来，所谓"形式的正义"，也就是对法律和制度的公正一致的管理，即在法律和制度面前人人平等，具体表现为"类似情况得到类似处理，有关的同异都由既定规范来鉴别。制度确定的正确规范被一贯地坚持，并由当局恰当地给予解释"[①]。所谓"实质的正义"，是指法律制度本身符合社会正义原则的要求，具有正义的性质。所谓"程序的正义"，是就法律制度的实际操作运行过程来说的，指法律制度的实际操作运行过程中所遵循的规则符合正义原则。

罗尔斯又具体将"程序的正义"分为"纯粹的程序正义""完善的程序正义"和"不完善的程序正义"，并分别进行了论述。所谓"完善的程序正义"，是指有一个决定什么结果是正义的独立标准，并有一种保证达到这一结果的程序。罗尔斯以分蛋糕为例加以说明。比如几个人要平等地分配一个蛋糕，平等地分配就是公平的标准。而

---

① [美] 约翰·罗尔斯：《正义论》，何怀宏等译，中国社会科学出版社1988年版，第58页。

要使实际的分配结果符合这一标准,明显的办法就是让一个人来划分,并且其他人都被允许先于划分者本人先拿取,划分者本人只能得到最后的一份。这样,划分者就会平等地划分这个蛋糕,因为只有这样,他才能确保自己得到的并不是最小的那一份。罗尔斯指出:"完善的程序正义如果不是不可能的,也是很罕见的。"① 所谓"不完善的程序正义",其基本的标志是:当有一种判断正确结果的独立标准时,却没有可以保证达到它的程序。罗尔斯以刑事审判为例加以说明。人们期望的结果是:只要被告犯有被控告的罪行,他就应当被宣判为有罪,审判程序正是为了实现人们的这种期望而设计的。然而,在实际审判过程中,即便法律被仔细地遵循,过程被公正恰当地引导,还是有可能达到错误的结果。一个无罪的人可能被判作有罪,一个有罪的人却可能逍遥法外。罗尔斯指出,这种"不正义并非来自人的过错,而是因为某些情况的偶然结合挫败了法律规范的目的"②。

所谓"纯粹的程序正义",是指在衡量一种行为是否正义时,只考虑行为过程中的程序规则是否公平,是否被一丝不苟地实际执行,而不考虑其结果如何。罗尔斯以赌博为例加以说明。他指出,只要赌博的程序是公平的,是没有任何偏向的,参赌者是在公平条件之下自由地进入的,那么,不管参赌者拥有的全部现金怎样分配,都是公平的、正义的。他说:"在纯粹程序正义中,不存在对正当结果的独立标准,而是存在一种正确的或公平的程序,这种程序若被人们恰当地遵守,其结果也会是正确的或公平的,无论它们可能会是一些什么样的结果。"③ 当然,只有在一种正义的社会基本结构的背景下,才能说存在必要的正义程序。

罗尔斯既要求"实质的正义",也要求"形式的正义",并对"程序的正义"进行了详细论述,这显然是一种深刻而又辩证的思

---

① [美]约翰·罗尔斯:《正义论》,何怀宏等译,中国社会科学出版社1988年版,第86页。
② 同上。
③ 同上。

想。它启示我们,在法律制度建设中不仅要保证法律制度本身的正义性,而且要保证贯彻落实法律制度程序、过程的正义性。只有如此,才能切实保证社会正义的实现。

## 三

"公平正义"是社会主义和谐社会的基本特征之一,切实维护和实现社会公平和正义,是构建社会主义和谐社会的重要任务。罗尔斯的正义理论,对于我们建构公平正义的社会主义和谐社会,具有很重要的启示和借鉴意义。

第一,罗尔斯强调,"正义是社会制度的首要价值",这与我们的政治主张是相通的。我们党领导全国各族人民,经过长期艰苦卓绝的斗争,推翻人压迫人的剥削制度,建立社会主义制度,最终实现共产主义,目的就是要真正实现社会的公平正义,公平正义正是我们社会主义制度的"首要价值"。然而,要真正实现社会的公平正义,决非一朝一夕之功,是要经历漫长路程的,因此,必须要有长期奋斗的精神准备。同时,既然公平正义的实现需要经历漫长路程,那么,在不同的时代,它的内涵、要求当然是不同的。这就要求我们必须把握所处时代特征,认清当前经济社会发展形势,明确所面临的根本任务和各种问题,正确反映和兼顾各方面群众的利益,正确处理人民内部矛盾和其他各方面的矛盾,妥善协调各方面的利益关系。

第二,罗尔斯所提出的用于制度的"两个正义原则",也同样包含着能够为我们所吸收的合理因素。首先,罗尔斯强调"平等""自由",这是符合人们的共同愿望的。我们全面建设小康社会的重要目标之一,就是发展社会主义民主政治,建设社会主义政治文明。政治建设和政治体制改革的任务之一,就是健全民主制度,丰富民主形式,扩大公民有序的政治参与,保证人民享有广泛的权利和自由。其次,罗尔斯强调了社会和经济的不平等所应该满足的两个条件,这显然是一种具有重要社会价值的思想。尤其是对于发展中国家来说,更具重要意义。我国是目前世界上最大的发展中国家,要迅速增强综合国力，尽快提高人民生活水平，必须坚持以经济建设为中心，必须坚持效率优先，允许具有相对优势的一些地区、一些个人先富起来。只有如此，才能促进经济社会的快速发展。然而，一些国家和地区发展的历程已经证明，当经济社会有了一定程度的发展之后，一些新的社会矛盾和问题便会随之而来，并且日趋复杂和突出。如果能够正确应对，举措得当，就会促进经济社会继续快速平稳发展，如果应对失误，举措不当，就会导致经济徘徊不前，社会动荡不安。目前，我国的经济社会发展正处在这样的关键时期。这就要求我们必须在坚持效率优先的同时，把维护社会公平放到更加突出的位置，必须高度重视收入分配问题，必须建立健全同经济发展水平相一致的社会保障体系。要切实维护和实现权利公平、机会公平和规则公平，要鼓励一些地区、一些个人通过诚实劳动和合法经营先富起来，同时也要通过改革税收制度、增加公共支出等措施，合理调整国民收入分配状况，以解决地区之间、行业之间和部分社会成员之间收入差距过大的问题。要特别关注社会弱势群体，逐步扩大社会保障面，逐步提高社会保障标准和水平。只有这样，才能完成构建社会主义和谐社会的任务，实现全面建设小康社会的宏伟目标。

第三，罗尔斯关于"形式的正义""实质的正义"和"程序的正义"的区分和论述，是深刻的、全面的、辩证的，当然也是合理的，是值得我们认真研究和总结的。"实质的正义"是对立法质量的要求，"形式的正义""程序的正义"则是对司法公正、执法水平的要求。我们要构建社会主义和谐社会，必须健全社会主义法制。在加强社会主义法制建设中，我们既要加强立法工作，制定和完善中国特色社会主义法律体系，同时又要加强对执法活动的监督，维护法制的统一和尊严，保证法律的严格实施。只有这样，才能真正建立起社会主义的政治文明。

**参考文献：**

[1] [美] 约翰·罗尔斯：《正义论》，何怀宏等译，中国社会科学出版社

1988年3月第1版。

［2］顾肃：《自由主义基本理念》，中央编译出版社2005年版。

［3］［美］约翰·罗尔斯：《作为公平的正义——正义新论》，姚大志译，上海三联书店2002年版。

## 附录6　罗尔斯、诺齐克正义理论的比较及其启示*

从人类社会发展的整体过程来看，资本主义制度的建立无疑是一个大的进步。然而，伴随着资本主义生产方式的确立和经济的快速发展，"财富分配方面的不平等状况便日益令人瞩目，自由与平等的矛盾也就日渐显露，平等也越来越具有经济的含义——即如何缩小差距，达到财富和利益的平等分配"。因此，"构成近一百多年来西方社会正义论的主题的，正是这一对矛盾——自由与平等的矛盾"。①罗尔斯与诺齐克等当代思想家们，正是围绕这一主题来建立他们的正义理论体系并展开激烈争论的。

一

罗尔斯于1971年出版了《正义论》一书。他的目的就是要提出一种使传统的社会契约论更为概括和抽象的正义论，用来反对和代替"功利主义"的正义观。罗尔斯指出，功利主义理论的主旨是："如果一个社会的主要制度被安排得能够达到总计所有属于它的个人而形成的满足的最大净余额，那么这个社会就是被正确地组织的，因而也是正义的。"②他在说明"正义"的作用时强调："正义是社会制度的首要价值。正像真理是思想体系的首要价值一样。一种理论，无论它

---

\* 原载《华北水利水电学院学报》（社会科学版）2009年第4期。

① ［美］罗伯特·诺齐克：《无政府、国家与乌托邦》，何怀宏等译，中国社会科学出版社1991年版，第1页。

② ［美］约翰·罗尔斯：《正义论》，何怀宏等译，中国社会科学出版社1988年版，第22页。

多么精致和简洁，只要它不真实，就必须加以拒绝或修正；同样，某些法律和制度，不管它们如何有效率，只要它不正义，就必须加以改造或废除。"① 在这里，他把"正义"摆在了优先于"效率"的地位，并把它作为衡量、评价一种社会制度的首要的价值尺度。

　　罗尔斯认为，正义的主题问题是社会的基本结构，而社会的基本结构之所以成为正义的主题，是因为它的影响十分深刻并自始至终。生于不同地位的人们之所以有着不同的生活前景，究其原因，其中"部分是由政治体制和经济、社会条件决定的"，它"使人们的某些出发点比另一些出发点更为有利"。这样，就造成了一种不平等。在罗尔斯看来，这类不平等是一种特别深刻的不平等，因为它"不仅涉及面广，而且影响到人们在生活中的最初机会"。他指出，正是这些在社会结构中实际存在的不平等，构成了社会正义原则的最初应用对象。关于正义原则，罗尔斯以"社会契约论"为基础在《理论》编的第二章第11节中明确提出了"用于制度的两个正义原则"。第一个原则：每个人对与其他人所拥有的最广泛的基本自由体系相容的类似自由体系都应有一种平等的权利。第二个原则：社会的和经济的不平等应这样安排，使它们被合理地期望适合于每一个人的利益；并且依系于地位和职务向所有人开放。

　　然而，对于这种表述罗尔斯并不满意。所以，他在《制度》编第五章的第46节中又对这两个原则作了"最后陈述"。第一个原则是：每个人对与所有人所拥有的最广泛平等的基本自由体系相容的类似自由体系都应有一种平等的权利。第二个原则是：社会和经济的不平等应这样安排，使它们：在与正义的储存原则一致的情况下，适合于最少受惠者的最大利益；并且，依系于在机会公平平等的条件下职务和地位向所有人开放。同时，他还提出了两个"优先规则"。第一个是"自由的优先性"，第二个是"正义对效率和福利的优先"。后来，他

---

　　① ［美］约翰·罗尔斯：《正义论》，何怀宏等译，中国社会科学出版社1988年版，第3页。

在《作为公平的正义——正义新论》一书中,又对这两个正义原则作了新的表述:"(1)每一个人对于一种平等的基本自由之完全适当体制(scheme)都拥有相同的不可剥夺的权利,而这种体制与适于所有人的同样自由体制是相容的;(2)社会和经济的不平等应该满足两个条件:第一,它们所从属的公职和职位应该在公平的机会平等条件下对所有人开放;第二,它们应该有利于社会之最不利成员的最大利益(差别原则)。"这里之所以把他的多次陈述展示出来,旨在通过对比分析,了解他的正义理论在争论过程中发展变化的轨迹。随着时间的推移和对问题研究的不断深入,使得他对机会平等更加重视,对"社会之最不利成员",即社会弱势群体的利益更加关注,从而展现了他的正义理论的突出特点和个性特色。

尤其值得注意的是,罗尔斯明确指出了市场机制和社会主义制度的相容性。他说:"虽然市场经济在某种意义上是最佳体系这一观念是由所谓资产阶级经济学家仔细考察的,但自由市场与资产阶级的这种联系实属一种历史的偶然,因为至少从理论上说,一个社会主义政权自身也能利用这种体系的优点。这些优点之一就是效率。"[1] 同时,罗尔斯还指出:"市场体系还有另一个更有意义的优点,即在必要的背景制度下,它是和平等的自由及机会的公正平等相协调的。"[2] 在这里,罗尔斯不仅揭示了市场体系的另一个极有意义的优点,更为重要的是指出了这种优点的发挥是需要有一定的背景制度作保证的。这就涉及了市场经济条件下的政府职能问题。在他看来,政府可以"通过调整那些政府控制下的因素,例如整个投资总额、利息率和金钱数额等等来调节经济环境"[3]。很显然,他的这些论述所蕴含的合理性,已为我国社会主义市场经济的实践所证实。通过对他的这些论述的研究,有助于进一步完善社会主义市场经济体制,有助于进一步加强和

---

[1] [美]约翰·罗尔斯:《正义论》,何怀宏等译,中国社会科学出版社1988年版,第272页。
[2] 同上书,第273页。
[3] 同上。

改善宏观调控体系。

## 二

罗尔斯的《正义论》发表不久，诺齐克出版了他的《无政府、国家与乌托邦》一书。他明确表示要用自己提出的正义理论来剖析和批评其它倾向于一种功能较多国家的分配正义理论，尤其是罗尔斯的著名理论。而他对罗尔斯正义理论展开剖析和批评的重点，正是"差别原则"。他指出，人们提出的几乎所有分配正义原则都是模式化的，而罗尔斯的"差别原则是一种特别强的模式化目的原则"[1]。他说："模式化分配正义原则的倡导者们集中注意力于确定谁将收到持有的标准，他们专心地考虑某人应当分有某物以及全部分配图景的理由。他们不仅没有考虑给予比接受更好，而且完全忽略了给予。在考虑物品、收入等东西的分配中，他们的理论是接受者的正义理论，他们完全忽视了一个人可以拥有给予某人以某种东西的权利。"[2] 这就是说，模式化分配正义原则的倡导者们所关注的只是产品的分配问题，而忽视了产品的所有权问题；只重视接受者的权利，而忽视了给予者的权利。他指出，在产生社会合作的收益方面，各方的状态是对称的，因而，分配原则应当是保持中立的。正是基于这样的认识，诺齐克提出了"持有正义"的理论，或称作"权利理论"。

这种"持有正义"的主题由三个主要论点组成：第一个论点是持有的最初获得，或对无主物的获取。他把围绕这一论点的复杂真理称为"获取的正义原则"。第二个论点涉及从一个人到另一个人的持有的转让。有关这一论点的复杂真理，他称之为"转让的正义原则"。第三个论点是"对持有中的不正义的矫正"。

诺齐克在论证"获取的正义原则"时，借用了洛克的获取理论。他说："洛克把对一个无主物的所有权看作是由某人对无主物的劳动

---

[1] ［美］罗伯特·诺齐克：《无政府、国家与乌托邦》，何怀宏等译，中国社会科学出版社1991年版，第211页。
[2] 同上书，第173页。

产生的。"并在一番论证后指出,对于洛克的这种观点应当这样的解释:"对某物的劳动改善了它,使它更有价值;任何人都有权占有一个他创造了其价值的东西。"① 同时,他还强调了"洛克的条件",即"还留有足够的和同样好的东西给其他人共有",也就是"使其他人的状况不致变坏"②。但是,诺齐克也清楚地认识到在实际生活中"洛克的条件"是难以完全达到的。因此,他对"洛克的条件"进行了修正和弱化,然后纳入自己的正义理论体系之中。

在论证"转让的正义原则"时,他强调的是"自愿",即人们是在自愿地与别人交换和转让权利,对他们与任何一方按相互接受的比率进行贸易的自由没有任何限制。他说:"无论什么分配,只要它来自当事人一方的自愿交换,就都是可以接受的。"③ 当然,他所谓的"自愿"也是有着具体限制的。就是说,每个人在条件许可的情况下,在自己所拥有的权利范围内做出的行为选择,这就是"自愿"。很显然,他所强调的"自愿"是建立在"权利"基础之上的。

正是从强调个人权利不容侵犯出发,诺齐克认为,最弱意义上的国家是正确的,同样也是有吸引力和鼓舞人的。他把国家的功能仅限于防止暴力、偷窃、欺骗和强制履行契约等方面。他指出:"国家不可用它的强制手段来迫使一些公民帮助另一些公民;也不能用强制手段来禁止人们从事推进他们自己利益或自我保护的活动。"④ 因此,他反对国家为了平等而对于社会财富进行再分配。在他看来,再分配的确是一件涉及侵犯人们权利的严重事情,劳动所得税与强制劳动是等价的,"拿去几小时的劳动所得就跟从这个人那里拿走几小时一样,就跟强迫这个人为另一个人工作几小时一样"⑤。所以他强调,不能够径直认定必须把平等放进任何正义理论。

---

① [美]罗伯特·诺齐克:《无政府、国家与乌托邦》,何怀宏等译,中国社会科学出版社1991年版,第179页。
② 同上书,第180页。
③ 同上书,第192页。
④ 同上书,第1页。
⑤ 同上书,第174页。

## 附　录

迈克尔·J. 桑德尔在分析罗尔斯与诺齐克的分歧时曾经指出："在罗尔斯的正义理论中，社会的和经济的不平等是被允许的，只要它能保证基本的温饱。在同一问题上，诺齐克所持的正义观只基于自愿的交换和转移，同时排除再分配的政策。"他们的理论的"分歧点可以被精确地找到，因为罗尔斯在发展他的第二个正义原则（它包含差异原则）时，设置了一条推理线索，它开始的立场与诺齐克的相似，但却以罗尔斯自己的立场结束"[①]。桑德尔的分析确实切中了要害。罗尔斯的正义理论之所以能够引起学术界的极大兴趣，之所以招致多方面的批判，关键正是在于他所提出的第二个正义原则。桑德尔在这里所说的"它开始的立场与诺齐克的相似"，就是指罗尔斯的正义理论体系中的第一个正义原则和第二个正义原则中的"自由的优先性"，是与诺齐克的立场观点相似的。"但却以罗尔斯自己的立场结束"，则是指"差别原则"而言。"差别原则"确实体现了罗尔斯自己的立场，是罗尔斯正义理论的特色所在。同时，也正是由于这种"差别原则"，使得他的正义理论更具现实意义和积极意义。

### 三

姚大志先生在他所主编的《当代世界前沿思想家》丛书总序中指出："罗尔斯主张，正义是社会制度的首要价值，而正义意味着平等。"而诺齐克则"主张正义在于权利，而权利是神圣不可侵犯的"。说到底，"罗尔斯与诺齐克之争的关键是平等对权利"。正是罗尔斯与诺齐克在平等与权利上的这种尖锐对立，"支配了当今西方关于价值问题的争论，确立了西方政治哲学的主调"，使得"西方政治哲学的主流只能在罗尔斯与诺齐克之间确定位置"。

平等与权利问题，是人们普遍面临的重大问题，是人们随时随地都在思考的问题。因此，罗尔斯与诺齐克围绕着平等与权利的争论，

---

[①] ［美］迈克尔·J. 桑德尔：《自由主义与正义的局限》，万俊人等译，译林出版社2001年版，第83页。

不仅在西方产生了广泛而深远的影响,而且在我国也引起了学术界的研究热情。诚如龚群先生在他的《罗尔斯政治哲学》的序言中所说:"罗尔斯的思想(还有他的方法)不仅是英美学术思想界的宝贵财富,也是中国思想界的宝贵财富。一项伟大的学术思想、哲学成就不仅应当属于他的民族,而且应当属于全人类。罗尔斯不仅对当代发达的西方社会是重要的,而且对进行现代化追求的当代中国来说也是重要的。"

罗尔斯强调社会正义,提出"差别原则",关注"社会之最不利成员"的利益,表明他承认差别的客观性和必然性。他提出"差别原则",并不是要抹平差别,而是在于缩小差别。他所强调的是平等分配,而并不是平均分配。罗尔斯的这种思想理论是具有普遍意义和价值的。按照他的正义理论,必然要求政府在制度安排上对市场经济进行适当的干预和调控,对社会财富实行再分配,建立健全社会保障体系。这表明,他认识到了社会上实际存在的分配不平等现象虽然是不可避免的,却是不能放任的。如果将罗尔斯的这种正义理论落实到制度安排上,并付诸社会实践,那么其效果必然是使社会贫富之间的差距得到一定程度的缩小,每个社会成员的生活都有一定的保障,这当然有利于社会的和谐与稳定。同时,罗尔斯既要求"实质的正义",也要求"形式的正义",这对于法律制度的建设和贯彻落实也是有利的。因此,他的正义理论是具有重要的社会意义和价值的。然而,如果政府干预过多,职能无限制的扩大,那么势必要影响到"自由"。其结果势必要挫伤一部分社会成员的积极性,从而降低社会活力和效率。诺齐克正是看到了这一点,因此,他便对罗尔斯的这种正义理论展开了批判,从而建立了自己的"持有正义"理论。

诺齐克"持有正义"理论"最后的目的是解除现代福利国家的道德武装,服务于对国家权力的限制和市场权威的重建,核心是反对国家出于平等动机进行再分配"[①]。他的这种理论,虽然"曾经被人

---

[①] 汪行福:《分配正义与社会保障》,上海财经大学出版社2003年版,第119页。

们认为不合时宜或过于保守",但可以促使人们对问题的深入思考。诚如我国学者顾肃先生所说:"当20世纪末东方计划经济为主的全能政府体制被全面超越和改制时,人们再度发觉这一派理论的某些先见之明。"①

当前,我们正在党的"十七大"精神指引下,全面贯彻落实科学发展观。科学发展观的第一要义是发展。只有通过发展,才能够不断改善生活条件,提高人民群众的生活水平;也只有通过发展,才能够保障社会公平正义,实现社会和谐。这就要求:第一,必须始终牢牢扭住经济建设,建立健全相应的激励机制,坚持"按劳分配为主体,同时又必须积极探索能够极大解放和发展社会生产力,充分发挥全社会发展积极性的体制机制,放手让一切劳动、知识、技术、管理、资本的活力竞相迸发,让一切创造社会财富的源泉充分涌流"。第二,必须"着力建立和完善社会主义市场经济体制,发挥市场在资源配置中的基础性作用,推动建立现代产权制度和现代企业制度,同时又注重加强和完善国家对经济的宏观调控,克服市场自身存在的某些缺陷,促进国民经济充满活力、富有效率、健康运行"②。第三,"必须把提高效率同促进社会公平结合起来",只有"讲求效率才能增添活力",只有"注重公平才能促进和谐,坚持效率和公平有机结合才能更好体现社会主义的本质",才能"最大限度增加和谐因素,最大限度减少不和谐因素,不断促进经济效率提高、促进社会和谐"③。

科学发展观的核心是以人为本,这就要求我们必须切实关注民生,"把实现好、维护好、发展好最广大人民的根本利益作为党和国家一切工作的出发点和落脚点,坚持发展为了人民、发展依靠人民、发展成果由人民共享"。必须切实"加快建立覆盖城乡居民的社会保

---

① 顾肃:《自由主义基本理念》,中央编译出版社2005年版,第364页。
② 胡锦涛:《在纪念党的十一届三中全会召开30周年大会上的讲话》,《求是》2008年第24期。
③ 同上。

障体系，加快发展医疗卫生事业，切实加强社会管理，加强生态文明建设，努力使全体人民学有所教、劳有所得、病有所医、老有所养、住有所居"①。同时，还必须做到统筹兼顾，协调社会各方面的发展。特别是要注重统筹城乡发展和协调区域发展。

**参考文献：**

[1] [美] 罗伯特·诺齐克：《无政府、国家与乌托邦》，何怀宏等译，中国社会科学出版社1991年版。

[2] [美] 约翰·罗尔斯：《正义论》，何怀宏等译，中国社会科学出版社1988年版。

[3] [美] 迈克尔·J. 桑德尔：《自由主义与正义的局限》，万俊人等译，译林出版社2001年版。

[4] 汪行福：《分配正义与社会保障》，上海财经大学出版社2003年版。

[5] 顾肃：《自由主义基本理念》，中央编译出版社2005年版。

[6] 胡锦涛：《在纪念党的十一届三中全会召开30周年大会上的讲话》，《求是》2008年第24期。

# 附录7 罗尔斯的"差别原则"及其当代意义*

一

20世纪40年代后期，第二次世界大战的结果给美国垄断资本带来了巨额利润，却给工人阶级带来了失业等严重困难，迫使工人阶级掀起了大规模的罢工浪潮。同时，广大黑人民众也广泛开展反对种族歧视、争取平等权利的斗争。在这种情况下，杜鲁门政府提出"公平施政"，企图通过采取一些改良措施，以缓和日益尖锐的社会矛盾。

---

① 胡锦涛：《在纪念党的十一届三中全会召开30周年大会上的讲话》，《求是》2008年第24期。

\* 原载《河南师范大学学报》（哲学社会科学版）2007年第2期。

然而，由于保守势力的反对，"公平施政"的政策、措施并未真正得到贯彻落实。到了50年代初，美国疯狂对外侵略扩张，悍然发动了侵朝战争。战争的失败，导致了统治集团内部矛盾的激化。1953年，艾森豪威尔上台。在他的任期内，美国社会虽然相对稳定，但也发生了三次经济危机。60年代，肯尼迪与约翰逊两届政府继续采取一些改革措施，使得美国经济出现了繁荣。然而，伴随着经济的繁荣，却是社会的动荡。尼克松上台后，面对严峻的通货膨胀，采取了紧缩财政和货币的"姑且一试"计划。结果"不仅未能抑制住通货膨胀，反而触发了战后美国第五次经济危机"[1]。从60年代后期开始出现的通货膨胀的恶性发展，使得美国经济在整个70年代处于长期停滞的状态。尼克松、福特和卡特政府所采取的一系列政策、措施均以失败而告终。进入80年代，里根政府抛弃凯恩斯主义，以供应学派和货币主义的思想观点为基础，提出了"经济复兴计划"。这种"劫贫济富"计划的实行，虽然"取得6年低通货膨胀率下的经济增长，但也面临着许多严重问题"[2]。甚至导致了"超贫穷人口"的出现。布什取代里根之后，继续推行里根的经济政策，使美国"走上了一条不付出高昂的经济、社会、人文代价就不可以持续下去的道路"[3]。克林顿当选后，采取"中间道路"，奉行"宏观调控，微观自主"的经济政策。"在这种总政策的影响下，克林顿政府的一些具体经济政策促成了新经济的产生和发展"[4]。然而，这并不意味根本矛盾的解决，许多社会不良状况依然存在。

正是在上述社会背景下，罗尔斯展开了对社会正义问题的研究和探索。他在长达50年孜孜不倦的研究探索中，写出了《正义论》《政治自由主义》《作为公平的正义——正义新论》等影响巨大的学术论著。他以思辨的形式，探寻眼前大量不平等、不正义现象存在的

---

[1] 刘绪贻、杨生茂：《美国通史》（第6卷·上），人民出版社2005年版，第362页。
[2] 刘绪贻、杨生茂：《美国通史》（第6卷·下），人民出版社2005年版，第508页。
[3] 同上书，第512页。
[4] 同上书，第560页。

社会政治根源，为从根本上解决社会不平等、不正义问题提供理论依据。

《正义论》开宗明义："正义是社会制度的首要价值，正像真理是思想体系的首要价值一样。一种理论，无论它多么精致和简洁，只要它不真实，就必须加以拒绝或修正；同样，某些法律和制度，不管它们如何有效率和有条理，只要它们不正义，就必须加以改造或废除。"① 这表明，他是要从社会制度的层面来讨论正义问题的。所以他指出："正义的主要问题是社会的基本结构，或更准确地说，是社会主要制度分配基本权利和义务，决定由社会合作产生的利益之划分的方式。"②

罗尔斯之所以把社会的基本结构作为正义的主要问题，是因为他认识到，社会的基本结构对人的影响十分深刻。在实际生活中，人们之所以有着不同的生活前景，除了自身的原因之外，就是由政治体制和经济、社会条件决定的。社会结构使一些人们的出发点比另一些人更为有利，这样就造成了一种不平等。罗尔斯认为，这类不平等是一种特别深刻的不平等。因为它不仅涉及面广，而且影响到人们在生活中的最初机会。因此他指出，正是这些社会生活中实际存在的、由社会结构造成的不平等，构成了社会正义原则的最初应用对象。

罗尔斯的这种认识是非常深刻的。他实际上已经明确指出了目前西方资本主义国家内部所存在的极大的贫富悬殊、尖锐的矛盾冲突和种种不良行为，说到底是由于资本主义社会的基本结构造成的。所以，要从根本上解决上述问题，必须从改造社会的基本结构入手，实现制度正义。正是基于这种认识，罗尔斯在《正义论》中提出了他的"用于制度的两个正义原则"。

《正义论》一经发表，便引起了学界的广泛关注。正是在广泛的论辩之中，罗尔斯的认识得到了进一步深化，政治自觉性进一步增

---

① [美]约翰·罗尔斯：《正义论》，何怀宏等译，中国社会科学出版社1988年版，第3页。
② 同上书，第7页。

强，于是，便在1993年出版了他的《政治自由主义》一书，"将《正义论》所提出的公平正义学说转换为一种适应社会基本结构的政治的正义观念"①。2001年，罗尔斯又出版了《作为公平的正义——正义新论》，进一步说明了如何理解作为公平的正义。罗尔斯之所以要进行这种"转换"，是因为在他所生活的资本主义社会里，"实际的政治生活和社会生活常常充满着大量非正义"。他认为，在这个世界上，政治的目标就是要消除非正义和引导社会朝一种公平的基本结构变化。因此他强调，"一种正义观念，必须具体指明政治行为的总体方向"②。作为公平的正义，就是"按照社会基本结构的具体情况而设计的"③。两个正义原则，就是指导基本制度如何实现自由和平等之价值的指南。经过上述"转换"之后，作为公平的正义主题的两个正义原则，指导和调节的目标对象也就更加明确和集中了。

## 二

罗尔斯所提出的第一个正义原则是："每一个人对于一种平等的基本自由之完全适当体制（scheme）都拥有相同的不可剥夺的权利，而这种体制与适于所有人的同样自由体制是相容的。"这一原则是为了确定和保障现代民主社会的平等的基本自由。第二个正义原则是："社会和经济的不平等应该满足两个条件：第一，它们所从属的公职和职位应该在公平的机会平等条件下对所有人开放；第二，它们应该有利于社会之最不利成员的最大利益（差别原则）。"④ 这一原则是为现代民主社会中经济财富和收入分配的不平等的安排提供一种应当遵循的规定和原则。这表明，他深刻认识到了在现代民主社会中社会和经济的不平等不仅是客观存在的，而且是不可能完全消除的。正是这

---

① [美]约翰·罗尔斯：《政治自由主义》，万俊人译，译林出版社2000年版，第29页。
② 同上书，第302页。
③ [美]约翰·罗尔斯：《作为公平的正义——正义新论》，姚大志译，上海三联书店2002年版，第32页。
④ 同上书，第70页。

种存在扩大趋势的社会和经济的不平等,造成了社会矛盾的不断激化和社会秩序的动荡不安。因此,对于这种不平等决不能任由其随意扩大和恶性发展,而必须建立起一定的制度,制定一定的规则,采取一定的措施,把这种不平等限制在一定的限度之内,以防止社会矛盾的激化,从而实现和保持社会的稳定和发展。这就是罗尔斯提出第二个正义原则的根本目的所在。那么,具体说来对社会经济财富和收入分配的不平等应当怎样进行限制呢?他认为,社会和经济的不平等应该满足两个条件,也就是运用这两个条件来限制社会和经济的不平等。

第一个条件:"它们所从属的公职和职位应该在公平的机会平等条件下对所有人开放。"这一条件的作用是在于纠正在自然自由体系中形式的机会平等的缺点。这一条件不仅要求公职和社会职位在形式上是开放的,而且要求所有人都应该有获得它们的公平的机会,以保证那些拥有同等天资和能力并具有同样意愿的人们具有相同的成功前景,而无论他们出身于什么样的社会阶级,属于什么样的经济阶层,以及成年之前的发展程度如何。为了实现这样的目标,就需要超越自然的自由体系,赋予社会基本结构某些具有强制性的规则。这就要求,一种自由市场体系必须建立在一定的政治制度和法律制度的框架之内,用这种制度框架来调整经济力量的长期发展趋势,以防止社会财富的过分集中等。同时,还"必须为所有人建立平等的受教育机会,而不管其家庭收入的多少"①。

第二个条件:"它们应该有利于社会之最不利成员的最大利益。"此即"差别原则"。这种"差别原则"实际上也就是一种狭义的分配原则。这一条件的作用是在于调节社会和经济的不平等,把公民之间实际存在的社会和经济的不平等,限制在一定的限度之内。为了挑选和确定谁是社会中的最不利成员,罗尔斯在论证中引入了基本善的理念,并把这种基本善区分为五种:(1)基本的权利和自由:思想自

---

① [美]约翰·罗尔斯:《作为公平的正义——正义新论》,姚大志译,上海三联书店2002年版,第72页。

由、良心自由和其他自由；（2）在拥有各种各样机会的背景条件下的移居自由和职业选择自由；（3）拥有权威和责任的官职和职位之权力和特权；（4）收入和财富；（5）自尊的社会基础。罗尔斯指出，社会之最不利者就是通过基本善的指标来辨明的。差别原则所适用的不平等，就是指公民在整个人生中对基本善的期望方面的差别，而这些期望就是他们的生活前景。在秩序良好的社会里，"最不利者是指拥有最低期望的收入阶层"①。这些人同其他公民共同享有基本的平等自由和公平的机会，但是拥有最少的收入和财富。

罗尔斯还指出，作为公平的正义所关注的公民的生活前景方面的不平等，是受下面三种偶然性因素影响的：（1）他们所出身的社会阶级，（2）他们的自然天赋，（3）他们在人生过程中的幸与不幸，亦即社会偶然性、自然偶然性、幸运偶然性。但是，这些偶然性因素并不能界定"最不利者"。"差别原则"中所说的"最不利者"，是指那些在某种特殊体制下变得更糟者。而一旦改变这种体制，那么这些"最不利者"的生活前景也就可以得到改善了。由此可见，罗尔斯之所以提出"差别原则"，一方面是为了要求通过改变体制来解决社会之最不利成员的生活前景问题，另一方面也是为体制改变提供一种评价尺度。

罗尔斯又指出，"差别原则"是以平等分配为出发点的。因而，它在最深的层面上涉及互惠性，是互惠性的一种形式。这表明，贯彻"差别原则"并不是要"劫富济贫"，而是要在有利于社会之最不利成员的最大利益的前提下，使每一个社会成员都能够得到实际利益。明确强调这一点，具有非常重要的意义。

第一，在自由平等的民主社会中，理性必然呈现出多元化的特征。在理性多元化的条件下，一种思想原则要想得到社会认可并得到实际贯彻执行，必须得到"重叠共识"的支持。"差别原则"既然是

---

① ［美］约翰·罗尔斯：《作为公平的正义——正义新论》，姚大志译，上海三联书店2002年版，第95页。

互惠性的一种形式,那么与极端自由主义和激进平等主义者的主张相比较,它更容易得到"重叠共识"的支持。

第二,民主社会是一种自由和平等公民之间公平合作的体系。而这种公平合作体系的形成、稳定和延续,必须具备三个前提条件:一是合作必须由公共认可的规则与程序来引导,合作者把这些规则与程序看作是恰当的;二是所有介入合作并按规则与程序履行其职的人,都将以一种适当的方式受益于合作;三是合作的参与者要合理得利,这种合理性是以平等分配为基准的。这三个前提条件,实质上所体现的就是互惠性。"差别原则"既然在最深的层面上涉及互惠性,既然是互惠性的一种形式,那么它也就在一定程度上满足了上述三个前提条件。因而,"差别原则"的贯彻实施,必将有力地促进民主社会这种公平合作体系的长治久安。

第三,人们对于自己的未来是充满希望和积极乐观,还是无能为力或无动于衷,既依赖于同人们的社会地位联系在一起的不平等,也依赖于公共的正义原则。正义原则通过对制度的调整,不仅可以满足人们现有的愿望和追求,而且可以唤起人们对未来的愿望和追求。这样,正义原则通过对制度的调整,也就发挥了鼓励和教育公民的公共功能。正义原则能够使人们拥有一种自由和平等的自我观念,这种观念能够鼓励人们树立乐观主义的态度,对自己的未来充满信心。而按照"差别原则"对社会经济的不平等进行调整,则使人们感觉到自己得到了公正的对待,这样就会大大激发人们的工作热情,从而促进民主社会的进步和发展,并使人们都能从这种进步和发展中受益,都能伴随着社会的发展而发展。由此可见,正是这种互惠性使得"差别原则"更具理论价值和实际意义。

## 三

当前,我们正在致力于社会主义和谐社会的建设。而"公平正义"既是社会主义和谐社会的基本内涵和特征,又是实现社会和谐的基本条件。罗尔斯的正义理论,特别是"差别原则",对于我们加强制度建设，促进社会和谐，具有重要的借鉴意义。

影响社会和谐的因素固然是多方面的，但是最基本的因素往往在于社会经济财富和收入分配的不平等。罗尔斯提出"差别原则"，表明他是承认差别存在的客观性和必然性的。他提出"差别原则"，并不是要抹平差别，而是为了缩小差别。他所强调的是平等分配，而决不是平均分配。罗尔斯的这种思想理论是具有普遍意义的。

党的十六届六中全会通过的《中共中央关于构建社会主义和谐社会若干重大问题的决定》中，强调要加强制度建设，保障社会公平正义。要求完善收入分配制度，规范收入分配秩序。加强收入分配宏观调节，在经济发展的基础上，更加注重社会公平，着力提高低收入者收入水平。同时要求完善社会保障制度，逐步建立社会保险、社会救助、社会福利、慈善事业相衔接的覆盖城乡居民的社会保障体系。

首先，我们必须保持清醒的头脑。目前，我国经济尽管继续保持高速发展的势头，社会财富总量不断增加，但我们仍然处于社会主义初级阶段，我们仍然属于发展中国家。所以，"发展"仍然是"硬道理"。同时，我们也必须严格遵循市场经济的基本规律和基本分配规则。因此在收入分配上，我们必须坚持"各尽所能，按劳分配"的社会主义基本分配原则不动摇，必须承认和允许人们收入分配上差别的存在。要深刻认识这种差别存在的客观性和必然性，而决不能够仅凭主观愿望人为地去消除它、抹平它，决不能重走"大锅饭"的老路。所以在"初次分配"上，必须注重效率，必须坚持机会平等、公平竞争原则，必须注意保护人们的积极性，必须让那些能力强、贡献大者理直气壮地先富起来。否则，社会就会失去活力，经济社会发展必将遭受挫折。

其次，必须牢记我们所追求的发展是可持续发展，是科学发展。就是说，在发展过程中必须始终坚持以人为本，必须始终把最广大人民群众的根本利益作为发展的出发点和落脚点，要使全体人民共享发展成果。同时，还必须坚持协调发展，还要统筹城乡发展，促进城乡协调发展；要统筹区域发展，促进区域协调发展。要采取各种措施，促进行业协调发展，促进全体社会成员协调发展。只有方方面面都实现了协调发展，那么才能最终实现社会和谐。这就要求在"二次分配"上，必须更加注重公平。要通过税收、通过建立农民增收减负长效机制、健全最低工资制度、逐步提高社会保障标准等措施，来帮助社会弱势群体，使他们的收入水平不断得到提高。

最后，还要充分认识"三次分配"的重要性和积极意义。通过"二次分配"，虽然社会弱势群体中的大多数成员会从中受益，收入水平、生活质量会不断得到提高，但也会有一些最弱者的生活水平的提高不能够达到预期的景况。而要解决这些最弱者的生活问题，那就需要社会救助、社会福利和慈善机构的捐赠了。因此要不断完善社会救助、社会福利制度，积极发展慈善事业。这可以帮助解决社会最弱者的生活问题，更重要的是能够增强人们的社会责任意识和慈善意识，提高人们的精神境界和道德水平，提高社会的温暖度，从而增进友谊，和谐人际关系。

**参考文献：**

［1］刘绪贻、杨生茂：《美国通史》（第6卷·上），人民出版社2005年版。

［2］刘绪贻、杨生茂：《美国通史》（第6卷·下），人民出版社2005年版。

［3］［美］约翰·罗尔斯：《正义论》，何怀宏等译，中国社会科学出版社1988年3月第1版。

［4］［美］约翰·罗尔斯：《政治自由主义》，万俊人译，译林出版社2000年版。

［5］［美］约翰·罗尔斯：《作为公平的正义——正义新论》，姚大志译，上海三联书店2002年版。

# 参考文献

## 一 著作

白志刚:《利益公平与社会和谐》,中国社会出版社2008年版。
慈继伟:《正义的两面》,生活·读书·新知三联书店2001年版。
韩丹:《发展的伦理审视》,中国广播电视出版社2009年版。
何建华:《分配正义论》,人民出版社2007年版。
胡启忠:《契约正义论》,法律出版社2007年版。
黎珍:《正义与和谐》,人民出版社2008年版。
林火旺:《正义与公民》,吉林出版集团有限责任公司2008年版。
林进平:《马克思的"正义"解读》,社会科学文献出版社2009年版。
刘绪贻、杨生茂主编:《美国通史》(第六卷·上),人民出版社2005年版。
刘绪贻、杨生茂主编:《美国通史》(第六卷·下),人民出版社2005年版。
《诺贝尔奖讲演全集》编译委员会编译:《诺贝尔奖讲演全集》(经济学卷Ⅱ),福建人民出版社2004年版。
钱乘旦、许洁明:《英国通史》,上海社会科学院出版社2007年版。
沈晓阳:《正义论经纬》,人民出版社2007年版。
苏小和:《我们怎样阅读中国》,北京航空航天大学出版社2009年版。
汤剑波:《重建经济学的伦理之维——论阿马蒂亚·森的经济伦理思

想》,浙江大学出版社 2008 年版。

万俊人:《义利之间》,团结出版社 2003 年版。

汪行福:《分配正义与社会保障》,上海财经大学出版社 2003 年版。

王锋:《行政正义论》,中国社会科学出版社 2007 年版。

王艳萍:《克服经济学的哲学贫困——阿马蒂亚·森的经济思想研究》,中国经济出版社 2006 年版。

徐贲:《通往尊严的公共生活:全球正义和公民认同》,新星出版社 2009 年版。

徐亚文:《程序正义论》,山东人民出版社 2004 年版。

杨俊:《中国公共养老保险制度宏观经济学分析》,中国劳动社会保障出版社 2009 年版。

姚大志:《何谓正义:当代西方政治哲学研究》,人民出版社 2007 年版。

姚洋主编:《转轨中国:审视社会公正和平等》,中国人民大学出版社 2004 年版。

应奇、刘训练主编:《马克思与诺齐克之间——G. A. 柯亨文选》,江苏人民出版社 2007 年版。

詹世友:《公义与公器:正义论视域中的公共伦理学》,人民出版社 2006 年版。

周文文:《伦理 理性 自由——阿马蒂亚·森的发展理论》,学林出版社 2006 年版。

[德] 威尔福莱德·亨氏:《被证明的不平等:社会正义的原则》,倪道钧译,中国社会科学出版社 2008 年版。

[法] 西尔维·布吕内尔:《饥荒与政治》,王吉会译,社会科学文献出版社 2010 年版。

[美] 彼得·S. 温茨:《环境正义论》,朱丹琼、宋玉波译,世纪出版集团、上海人民出版社 2007 年版。

[美] 亨利·哈里斯:《科学与人》,商梓书、江先声译,商务印书馆 1994 年版。

［美］罗伯特·诺齐克：《无政府、国家与乌托邦》，何怀宏等译，中国社会科学出版社1991年版。

［美］罗纳德·德沃金：《原则问题》，张国清译，江苏人民出版社2005年版。

［美］罗纳德·德沃金：《至上的美德》，冯克利译，江苏人民出版社2007年版。

［美］玛莎·C.纳斯鲍姆：《寻求有尊严的生活——正义的能力理论》，田雷译，中国人民大学出版社2016年版。

［美］玛莎·C.纳斯鲍姆：《正义的前沿》，朱慧玲、谢惠媛、陈文娟译，中国人民大学出版社2016年版。

［美］迈克尔·J.桑德尔：《自由主义与正义的局限》，万俊人等译，译林出版社2001年版。

［美］迈克尔·沃尔泽：《正义诸领域：为多元主义与平等一辩》，褚松燕译，译林出版社2002年版。

［美］希拉里·普特南：《事实与价值二分法的崩溃》，应奇译，东方出版社2006年版。

［美］约翰·罗尔斯：《正义论》，何怀宏等译，中国社会科学出版社1988年3月第1版。

［美］约翰·罗尔斯：《政治自由主义》，万俊人译，译林出版社2000年版。

［美］约翰·罗尔斯：《作为公平的正义——正义新论》，姚大志译，上海三联书店2002年版。

［瑞典］理查德·斯威德伯格：《经济学与社会学》，安佳译，商务印书馆2003年版。

［印度］阿马蒂亚·森等著：《生活水准》，徐大建译，上海财经大学出版社2007年版。

［印度］阿马蒂亚·森：《惯于争鸣的印度人》，刘建译，上海三联书店2007年版。

［印度］阿马蒂亚·森：《后果评价与实践理性》，应奇编，东方出版

社 2006 年版。

［印度］阿马蒂亚·森：《理性与自由》，李风华译，中国人民大学出版社 2006 年版。

［印度］阿马蒂亚·森：《伦理学与经济学》，王宇、王文玉译，商务印书馆 2000 年版。

［印度］阿马蒂亚·森：《贫困与饥荒》，王宇、王文玉译，商务印书馆 2001 年版。

［印度］阿马蒂亚·森：《以自由看待发展》，任赜、于真译，中国人民大学出版社 2002 年版。

［印度］阿马蒂亚·森：《集体选择与社会福利》，胡的的、胡毓达译，上海科学技术出版社 2004 年版。

［印度］阿马蒂亚·森：《论经济不平等/不平等之再考察》，王利文、于占杰译，社会科学文献出版社 2006 年版。

［印度］阿马蒂亚·森、［美］玛莎·努斯鲍姆主编：《生活质量》，龚群、聂敏里、王文东、肖美、唐震煊译，社会科学文献出版社 2008 年版。

［印度］阿马蒂亚·森、让·德雷兹：《印度：经济发展与社会机会》，黄飞君译，社会科学文献出版社 2006 年版。

［印度］阿马蒂亚·森：《身份与暴力——命运的幻象》，李风华、陈昌升、袁德良译，中国人民大学出版社 2009 年版。

［印度］让·德雷兹、阿马蒂亚·森：《饥饿与公共行为》，苏雷译，社会科学文献出版社 2006 年版。

［英］G. A. 柯亨：《自我所有、自由和平等》，李朝晖译，东方出版社 2008 年版。

［英］布莱恩·巴里：《正义诸理论》，孙晓春、曹海军译，吉林人民出版社 2004 年版。

［英］布莱恩·巴利：《社会正义论》，曹海军译，江苏人民出版社 2007 年版。

［英］布莱恩·巴利：《作为公道的正义》，曹海军、允春喜译，江苏

人民出版社 2008 年版。

［英］布劳尼斯娄·马林诺夫斯基：《自由与文明》，张帆译，世界图书出版公司北京公司 2009 年版。

［英］戴维·米勒：《社会正义原则》，应奇译，江苏人民出版社 2005 年版。

［英］伦纳德·霍布豪斯：《社会正义要素》，孔兆政译，吉林人民出版社 2006 年版。

［英］迈克尔·莱斯诺夫等：《社会契约论》，刘训练等译，江苏人民出版社 2005 年版。

［英］诺曼·巴里：《福利》，储建国译，吉林人民出版社 2005 年版。

［英］亚当·斯密：《道德情操论》，谢宗林译，中央编译出版社 2008 年版。

［英］以赛亚·伯林：《自由论》，胡传胜译，译林出版社 2003 年版。

［英］约翰·密尔：《论自由》，许宝骙译，商务印书馆 1959 年版。

## 二 论文

卞绍斌：《自由与平等的前提追问——马克思"社会主义"理论的深度阐释》，《长白学刊》2009 年第 6 期。

丛梅：《发展就是拓展"实质自由"——兼评阿马蒂亚·森的自由发展观》，《理论月刊》2009 年第 4 期。

邓大鸣：《论正义的追求与和谐的实现》，《现代哲学》2009 年第 5 期。

董青梅：《和谐语境中的正义：人际和谐》，《西北大学学报》2008 年第 4 期。

范晓丽：《论和谐社会与人的自由发展——阿马蒂亚·森"以自由看待发展"的发展观探析》，《山东行政学院山东省经济管理干部学院学报》2007 年第 2 期。

高兆明：《"分配正义"三题》，《社会科学》2010 年第 1 期。

何建华：《多元文化背景下国际正义面临的新课题》，《毛泽东邓小平理论研究》2009 年第 7 期。

何建华：《全球化时代正义问题的实质及其困境》，《浙江社会科学》2008 年第 10 期。

李风华：《阿马蒂亚·森的自由观述评》，《现代哲学》2006 年第 2 期。

李晓红、周文：《贫困与反贫困的产权分析》，《马克思主义研究》2009 年第 8 期。

梁光晨：《正义的本质内涵与当代宪法中的正义观》，《西南科技大学学报》（哲学社会科学版）2008 年第 6 期。

刘莘：《康德、罗尔斯与全球正义》，《哲学研究》2008 年第 11 期。

罗文东：《社会公正是中国特色社会主义的本质要求》，《重庆邮电大学学报》2008 年第 5 期。

潘建伟：《阿马蒂亚·森的发展观及其启示》，《中国流通经济》2008 年第 7 期。

潘建伟、王艳萍：《全球化、不平等与制度改革——评阿马蒂亚·森的全球化观点》，《当代经济研究》2009 年第 7 期。

彭德琳：《英美日社会福利安排的文化诱因与我国社会福利的和谐安排》，《湖北社会科学》2007 年第 11 期。

强以华：《论福利经济学的伦理学基础》，《湖北大学学报》2006 年第 5 期。

任俊：《论阿马蒂亚·森对传统理性观的批评及回应》，《广西师范大学学报》（哲学社会科学版）2019 年第 4 期。

任重道、徐小平：《作为公平的正义与作为自由的发展——罗尔斯与阿马蒂亚·森的相互影响》，《社会科学》2008 年第 9 期。

沈晓梅：《论公平原则的优先性——关于公平和效率关系的再思考》，《燕山大学学报》2008 年第 1 期。

石婷婷：《"帕累托效率原理"与构建和谐社会》，《经济社会体制比较》2007 年第 3 期。

宋君卿、栾福茂：《西方正义理论的历史演进及我国政府规制的改革》,《沈阳师范大学学报》2008 年第 3 期。

孙君恒:《阿马蒂亚·森的分配正义观》,《伦理学研究》2004 年第 5 期。

孙君恒:《阿马蒂亚·森的经济发展伦理观》,《苏州科技学院学报》(社会科学版) 2005 年第 3 期。

孙君恒:《经济发展的伦理追寻——以阿马蒂亚·森的思想为基础》,《中共长春市委党校学报》2005 年第 4 期。

王凤才:《从"作为公平的正义"到多元正义——罗尔斯、沃尔泽的正义理论评析》,《哲学动态》2008 年第 10 期。

王广:《对分配正义的批判与反思——基于〈哥达纲领批评〉的视角》,《哲学研究》2009 年第 10 期。

王广:《马克思视域中的劳动、生产资料与正义》,《江海学刊》2009 年第 4 期。

王淑芹、曹义孙:《柏拉图与亚里士多德正义观之辨析》,《哲学动态》2008 年第 10 期。

王淑荣、王平:《自由主义平等的潜在性——兼论正义、主体与法的关联性》,《社会科学战线》2008 年第 7 期。

王新生:《当代中国的社会转型与公平正义的市民社会根基》,《马克思主义与现实》2008 年第 5 期。

王艳萍:《阿马蒂亚·森的"能力方法"在发展经济学中的应用》,《经济理论与经济管理》2006 年第 4 期。

吴秀荣:《劳动报酬在初次分配中比重逐年下降的几大危害》,《中共南京市委党校学报》2008 年第 6 期。

徐大建:《论生活水准作为经济发展的衡量标准》,《上海财经大学学报》2007 年第 5 期。

徐大建:《社会公平、和谐与经济效率》,《上海财经大学学报》2006 年第 1 期。

徐晓海:《论制度正义实现的有效途径》,《长白学刊》2009 年第 3 期。

杨国荣：《"正义"的历史限度及其超越》，《学术月刊》2009年第10期。

姚大志：《罗尔斯：来自马克思主义的批评》，《马克思主义与现实》2009年第3期。

姚大志：《罗尔斯与功利主义》，《社会科学战线》2008年第7期。

姚大志：《正义的张力：马克思和罗尔斯之比较》，《文史哲》2009年第4期。

张健：《社会主要矛盾的新变化与实现社会公平正义》，《长白学刊》2009年第6期。

赵敦华：《正义：公德与私德的张力》，《社会科学战线》2008年第8期。

周文文：《阿马蒂亚·森发展理论探析》，《经济经纬》2008年第2期。

周文文：《新的平等：阿马蒂亚·森的"可行能力平等"》，《理论界》2005年第1期。

周文文：《新的平等：阿马蒂亚·森经济伦理中的自由观》，《江淮论坛》2004年第2期。

朱巧香：《论社会正义感的养成与和谐社会的构建》，《社会科学战线》2008年第7期。

朱振：《可行能力与权利——关于法治评估之权利指数的前提性思考》，《河南大学学报》（社会科学版）2019年第2期。

［德］阿克塞尔·霍耐特：《承认与正义——多元正义理论纲要》，《学海》2009年第3期。

［美］阿马蒂亚·森：《简论人类发展的分析路径》，尔冬编译，《马克思主义与现实》2002年第6期。

［美］阿马蒂亚·森：《什么样的平等？》，闲云译，《世界哲学》2002年第3期。

［美］阿马蒂亚·森：《一种并非奢侈的价值观》，程晓农译，《书屋》2001年第1期。

［印度］阿马蒂亚·森：《超越危机的资本主义》，杨思远译，《中国特色社会主义研究》2009年第6期。

［印度］阿马蒂亚·森：《佛陀与现代世界》，《南亚研究》2009年第2期。

［印度］阿马蒂亚·森：《共同的文化——诺贝尔经济学奖获得者阿马蒂亚·森访谈》，李惠译，《国外社会科学文摘》2003年第12期。

［印度］阿马蒂亚·森：《论社会排斥》，王燕燕摘译，《经济社会体制比较》2005年第3期。

［印度］阿马蒂亚·森：《为什么恰恰承诺对于理性是重要的》，杨未昌译，张建民校，《华东经济管理》2007年第10期。

［印度］阿马蒂亚·森：《有关全球化的十个问题》，朱雅文译，《国外社会科学文摘》2001年第9期。

［印度］阿马蒂亚·森：《越过危机重识"资本主义"》，严春松编译，《中国社会科学报》2009年第7版。

［印度］阿马蒂亚·森：《如何评价全球主义》，王金良摘译，《国家行政学院学报》2008年第2期。

［印度］阿马蒂亚·森：《我们的全球文明》，王云川、孟兰译，《北京大学学报》（哲学社会科学版）2007年第1期。

## 三 英文文献

Amartya K. Sen, *Demography and Welfare Economics*, Kluwer Academic Publishers, Printed in the Netherlands, Empirica 22, 1995.

Amartya Sen, *The Idea of Justice*, England, the Penguin Group, First published 2009.

Frances Stewart and Severine Deneulin, *Amartya Sen's Contribution to Development Thinking*, Studies in Comparative International Development, Summer 2002, Vol. 37, No. 2.

Keith Dowding, Robert E. Goodin and Carole Paterman, *Justice and De-*

mocracy, Cambridge: Cambridge University Press, 2004.

Lawrence Daka, *Towards a Human Empowerment Approach to Justice: an Appropriation of Amartya Sen's Capability Approach, With Particular Reference to the Zimbabwe Land Reform*, The Graduate School of Arts and Sciences Department of Philosophy, Boston College, May 2006.

Marc Fleurbaey, *Development, Capabilities, and Freedom*, Studies in Comparative International Development, Summer 2002, Vol. 37, No. 2.

Matt Matravers, *Responsibility and Justice*, Malaysia: Polity Press, 2007.

Michael C. Braswell, Belinda R. McCarthy, Bernard J. McCarthy, *Justice, Crime and Ethics*, Second Edition Anderson Publishing Co. /Cincinnati, OH, 1996.

Mozaffar Qizilbash, *Development, Common Foes and Shared Values*, Review of Political Economy, Volume, 14, Number 4, Carfax Publishing Company, 2002.

Naomi Roht-Arriaza and Javier Mariezcurrena, *Transitional Justice in the Twenty-First Century*, New York: Cambridge University Press, 2006.

Paul Spicker, *The Idea of Poverty*, Great Britain, The Policy Press, 2007.

Pete Alcock, *Understanding Poverty*, New York: Palgrave Macmillan, Third Edition, 2006.

Peter Evans, *Collective Capabilities, Culture, and Amartya Sen's Development as Freedom*, Symposium on Development as Freedom by Amartya Sen, Studies in Comparative International Development, Summer 2002, Vol. 37, No. 2.

# 最后的话

本书是我的博士论文，此次出版，稍作修改。

2007年，我十分荣幸地拜入当代中国著名法学家、政治学家、教育家、政治政策咨询专家、吉林大学资深教授王惠岩先生门下学习。然而，正当我为此而兴奋不已之时，他老人家却因无情的病魔而离开了我们！面对如此残酷的现实，理性告诉我只能将万分的悲痛化为奋进的不竭动力！对他老人家最好的孝敬和怀念，就是秉承他老人家的遗志，发扬他老人家的精神，光大他老人家热爱的事业！多年来，老人家的高风亮节、光辉精神，始终在激励着我！鼓舞着我！并将激励我、鼓舞我一生！

张贤明老师担起了培养我、指导我的担子。张老师学识渊博、思维敏锐、治学严谨。对学生要求严格，而又不失宽容。张老师的言传身教，使我不敢疏忽懈怠！张老师善于运用启发式、讨论式教学。他经常将我们同学组织在一起，针对一些具体问题展开多种形式的研讨。正是在这种热烈活跃的讨论之中，丰富了同学们的知识，提高了同学们的认识，扩大了同学们的学术视野，深化了同学们的思想，增进了同学们的友谊。在我的论文写作过程中，张老师更是倾注了大量心血！从论文的选题、大纲的拟定，到思路的进一步拓展、内容的进一步充实，张老师都给予了精心指导。论文写作过程中的每一步，都是在张老师的精心指导下完成的。对于老师的谆谆教诲，学生将永远铭记在心！

在学习和论文写作过程中，我还得到了周光辉老师、王彩波老师的热情指导和关爱,得到了卢贵华老师的帮助和关心。聆听了宝成关,李德志,彭向刚,王家福,刘清才,黄凤志,张创新,张亲培,刘雪莲,张锐昕,孙晓春,颜德如,龚蔚红等老师的教导。学生特向各位老师深表衷心的谢意!

本书的附录,是我独立发表的相关论文。

这些论文之所以能够与读者见面,离不开各位编辑的辛勤劳动。感谢各位编辑的认真修改和热情指导!

本书能够出版,要感谢郑州大学政治与公共管理学院李慎明院长、余丽副院长的积极帮助和热情鼓励!还要感谢中国社会科学出版社的领导和编辑们的大力支持!

感恩所有帮助我、鼓励我、支持我成长、进步的所有师长、朋友、亲人们!